Oiseaux

DU QUÉBEC ET DES MARITIMES

Oiseaux
DU QUÉBEC ET DES MARITIMES

Textes
Jean Paquin

Illustrations
Ghislain Caron

Révision scientifique et linguistique
Philippe Blain

ÉDITIONS
MICHEL
QUINTIN

Données de catalogage avant publication (Canada)

Paquin, Jean, 1958-

    Oiseaux du Québec et des Maritimes

    (Guides nature Quintin)
    Comprend des réf. bibliogr. et un index.

    ISBN 2-89435-101-1

    1. Oiseaux - Québec (Province).   2. Oiseaux - Provinces maritimes.
I.Titre.   II. Collection.

QL685.5.Q8P36 1998   598'.09714   C98-940225-8

Éditeur-conseil: Johanne Ménard

Conception graphique et infographie: Standish Communications

ISBN 2-89435-101-1
Dépôt légal - Bibliothèque nationale du Québec, 1998

© Copyright 1998
Éditions Michel Quintin

C.P. 340
Waterloo (Québec)
Canada J0E 2N0
Tél. : (450) 539-3774
Téléc. : (450) 539-4905

Courrier électronique : mquintin@mquintin.com

Imprimé au Canada

2 3 4 5 6 7 8 9 0 — 5 4 3 2 1 0 9

À ma famille et à Nicole,
en souvenir de beaux moments
passés à découvrir les oiseaux.

Jean Paquin

À Noémie...

Ghislain Caron

Remerciements

Nous tenons à remercier les personnes suivantes qui, par leur soutien ou leurs commentaires, ont apporté une précieuse collaboration à la réalisation de cet ouvrage :

Philippe Blain, David Christie, André Cyr, Normand David, Luc Goulet, Daniel Jauvin, Nicole Landry, Jacques Larrivée, Johanne Ménard, Michel Quintin, Louise Salman.

Nos sincères remerciements s'adressent également aux nombreuses autres personnes grâce à qui la publication de ce livre a été rendue possible.

Ce guide, réalisé en collaboration avec l'Association québécoise des groupes d'ornithologues (AQGO), a bénéficié d'une aide financière du programme *Étalez votre science* du ministère de l'Industrie, du Commerce, de la Science et de la Technologie du Québec.

TABLE DES MATIÈRES

Quelle fierté pour les Éditions Michel Quintin que d'accueillir dans sa collection de guides nature un ouvrage aussi essentiel et unique que le guide des *Oiseaux du Québec et des Maritimes*. Réalisé en collaboration avec l'Association québécoise des groupes d'ornithologues (AQGO), ce guide met enfin entre les mains des amateurs d'ornithologie de nos régions un outil conçu expressément pour eux : le premier guide d'observation complet regroupant exclusivement les espèces présentes au Québec et dans les Maritimes.

Pendant plus de trois ans, l'auteur Jean Paquin, l'illustrateur Ghislain Caron ainsi que de nombreux et précieux collaborateurs ont travaillé étroitement à la gestation de cet ouvrage original afin qu'il comble le plus possible les attentes d'un public averti et de plus en plus large.

Rédacteur en chef de la revue *QuébecOiseaux* depuis près de dix ans, Jean Paquin connaît bien son sujet! Les textes qu'il nous présente de façon concise et claire nous permettent d'identifier le plus facilement possible 314 espèces répertoriées sur le territoire québécois et des Maritimes. Bien adaptées à la région touchée, ces informations évitent au lecteur d'errer parmi un nombre impressionnant d'espèces qui ne sont pas présentes chez nous, comme c'est le cas dans les autres guides d'identification, qui couvrent des territoires beaucoup plus grands.

Peintre animalier reconnu, Ghislain Caron a aussi grandement contribué à conférer au livre sa personnalité propre, sa saveur et sa couleur. Soucieux de fournir aux amoureux de notre faune ailée des représentations à la fois claires et attrayantes, il a réalisé minutieusement chaque illustration de façon à mettre en valeur les caractéristiques spécifiques à chaque espèce. Représentés de biais (pour mettre en relief les formes), ou dans une position particulière à l'espèce, l'oiseau est souvent placé sur un fond nature nous renseignant sur un habitat caractéristique ou un élément d'alimentation spécifique.

Responsable de la révision scientifique et linguistique de l'ouvrage, Philippe Blain fait de l'observation d'oiseaux depuis trente ans. Biologiste et traducteur de formation, il a participé à la traduction de nombreux documents et ouvrages en sciences naturelles et plus particulièrement en ornithologie.

Le guide des *Oiseaux du Québec et des Maritimes* est divisé en deux parties distinctes qui ajoutent au côté novateur de l'ouvrage. La première partie, guide d'identification, contient les planches couleurs accompagnées des cartes de répartition les plus à jour et de textes donnant des renseignements précieux sur les éléments d'identification les plus pertinents selon l'espèce (le plumage et ses variantes, des comportements clés, la voix, l'habitat). La deuxième partie fournit quant à elle des informations supplémentaires très intéressantes sur la répartition, l'alimentation et la nidification.

Que l'ornithologie soit pour vous un passe-temps ou une passion, que vous fassiez partie des débutants ou des experts en la matière, nous espérons que ce nouveau guide saura vous combler par sa simplicité d'utilisation, sa facture attrayante et la mine de renseignements qu'on y déniche.

Michel Quintin

Ces oiseaux qui vivent près de nous

Au coeur des grandes villes, au fond des campagnes, en forêt, sur les rivières et sur les lacs, en pleine mer, partout, toujours, des oiseaux s'ébattent, témoins de l'immense capacité d'adaptation de cette classe de vertébrés. Certes, le nombre d'espèces varie d'un habitat à l'autre, la diversité biologique n'étant pas également partagée. Cependant, une chose demeure : les oiseaux sont présents partout.

L'omniprésence des oiseaux et la facilité avec laquelle on peut les voir et les entendre contribuent à leur popularité auprès d'un très vaste public. Comme certaines espèces n'hésitent pas à s'approcher de nos maisons, on peut souvent partir à la découverte des oiseaux sans guère s'éloigner du pas de sa porte. Dans le confort de son salon, on peut même observer les oiseaux qui viennent se nourrir aux mangeoires, en hiver. La curiosité aiguisée, on s'aventure par la suite dans les parcs et les bois à la recherche des espèces moins familières...

L'observation des oiseaux est un loisir peu coûteux et peu exigeant : une paire de jumelles, le présent guide sous le bras, de bonnes chaussures et des vêtements confortables, et nous voilà prêts...

Un guide conçu pour le Québec et les Maritimes

Alors que les autres guides d'identification d'oiseaux, traduits de l'américain, couvrent toute l'Amérique du Nord, ou, à tout le moins, la moitié du continent, celui-ci a été rédigé en français dans la seule perspective du Québec et des Maritimes (Nouveau-Brunswick, Nouvelle-Écosse, Île-du-Prince-Édouard). Par conséquent, on y trouve une description plus précise des aires de distribution et une caractérisation plus fine des habitats.

Ce guide décrit toutes les espèces présentes chaque année, et même plus rarement, au Québec et dans les Maritimes. Parmi les 314 espèces traitées ici, certaines nichent dans nos régions, d'autres passent seulement en migration, certaines ne viennent qu'en hiver et d'autres visitent nos eaux côtières en été.

En se limitant aux espèces présentes au Québec et dans les Maritimes, on facilite la tâche de l'observateur. Comme l'identification des oiseaux procède par élimination des espèces semblables, l'observateur n'a pas à se dépêtrer parmi une multitude d'espèces dont beaucoup sont absentes de nos régions.

Le texte est lui aussi adapté au territoire du guide. Ainsi, pour les limicoles, observés surtout en migration d'automne chez nous, on traite d'abord du plumage d'automne.

L'ouvrage est divisé en deux parties bien distinctes. Tandis que la première constitue un véritable guide de terrain, la seconde donne des renseignements complémentaires fort utiles sur chaque espèce.

Nomenclature

Toutes les espèces du guide portent le nom français utilisé dans l'ouvrage intitulé *Noms français des oiseaux du monde*, publié en 1993 par la Commission internationale des noms français des oiseaux. Dans le cas où le nom a changé au Québec, on indique entre parenthèses le nom en usage avant cette date. Les noms anglais et scientifiques sont ceux que préconise l'*American Ornithologists' Union* (AOU) dans la *Checklist of North American Birds* (6e édition). (Le nom scientifique latin est formé de deux éléments dont le premier désigne le genre auquel appartient l'espèce, le second étant propre à l'espèce.)

Première partie : Identification des oiseaux

L'identification des oiseaux fait appel à plusieurs critères. L'un des plus fondamentaux étant l'habitat, on a donc choisi dans cette partie du livre de diviser les oiseaux en deux grandes catégories : les espèces aquatiques et les espèces terrestres.

À l'intérieur de chaque catégorie, des textes de présentation accompagnent des regroupements plus ou moins nombreux d'espèces ayant des traits communs. Ces regroupements facilitent ensuite l'identification sur chaque planche, où l'on retrouve des espèces d'une même famille ou encore des espèces non apparentées mais qui partagent des traits morphologiques ou un même habitat.

Pour identifier les oiseaux, il faut les observer avec méthode, et noter mentalement la silhouette, la forme du bec, la longueur et la couleur des pattes, qui sont autant d'indices de leur identité.

Les comportements sont également révélateurs de l'identité de l'oiseau. Nage-t-il en hochant la tête comme une foulque ? Vole-t-il en planant avec aisance comme une buse, ou bat-il des ailes comme une tourterelle ? S'alimente-t-il à la nage, ou en marchant en eau peu profonde ? Grimpe-t-il sur les troncs ?

On arrive assez facilement à reconnaître du premier coup d'oeil les espèces devenues familières, comme les connaissances de longue date qu'on aperçoit de loin, dans la rue...

En étudiant le guide à la maison, on se familiarise avec les espèces de nos régions, et surtout avec la façon dont elles sont regroupées.

La taille

Le guide donne la taille de chaque espèce. Il s'agit des tailles extrêmes de l'oiseau adulte, mesurées sur des spécimens étendus sur le dos, du bout du bec à l'extrémité de la queue.

Sur le terrain, un oiseau peut paraître plus petit, notamment s'il se tient la queue dressée, comme les troglodytes, par exemple. Cependant, cette indication demeure utile, car elle permet de comparer les familles, les genres et même les espèces. Notons cependant qu'il est souvent difficile d'évaluer correctement la taille d'un oiseau en l'absence de repère précis.

Les tailles indiquées sont tirées de la dernière édition de l'ouvrage de W. Earl Godfrey, *Les Oiseaux du Canada*.

Le plumage

Le plumage est certainement le critère d'identification le plus utile et le plus facile pour les espèces apparentées qui fréquentent des habitats semblables. Afin de pouvoir bien utiliser le guide à cet égard, il importe de se familiariser avec l'anatomie externe de l'oiseau, qu'on présente aux pages suivantes.

Chez les animaux et les plantes, les individus ne sont jamais identiques. En outre, chez les oiseaux, l'apparence peut varier selon l'âge, le sexe et les saisons. La plupart des oiseaux muent complètement une fois l'an, après la saison de reproduction : ils perdent graduellement leur plumage pour en acquérir un nouveau qu'ils conserveront jusqu'à la fin de l'hiver. À cette époque, ils subissent une mue partielle qui leur restitue leur plumage nuptial.

Chez bien des espèces, le mâle est différent de la femelle ; chez les autres espèces, la femelle porte la même livrée que le mâle mais son plumage est parfois plus terne. Quant à l'immature, son plumage diffère toujours de celui du mâle adulte. Par ailleurs, chez certains goélands et d'autres espèces, le plumage adulte n'est acquis qu'après plusieurs années, et les immatures présentent des plumages caractéristiques pendant plusieurs saisons. En outre, certains rapaces et hérons présentent des variantes de coloration sans égard à l'âge ni au sexe. Tous les plumages importants pour l'identification des espèces sont illustrés dans le guide.

Enfin, dans les planches du guide, bien des oiseaux sont illustrés en vol parce qu'on les observe couramment ainsi ; le texte fait mention des caractéristiques de ces oiseaux en vol.

La voix

La voix est un autre critère important, souvent plus fiable que le plumage, dans l'identification des oiseaux. Chez les oiseaux, c'est généralement le mâle qui chante, pour revendiquer un territoire et attirer la femelle, au printemps. De plus, les oiseaux ont un répertoire plus ou moins varié de cris, souvent caractéristiques, qui servent à garder le contact entre les individus ou encore à sonner l'alarme en présence du danger.

Malgré des variantes individuelles et régionales, le chant d'une espèce d'oiseau se conforme à une structure et une musicalité particulières. Les chants sont parfois rendus dans le texte par des onomatopées qui permettent de les retenir plus facilement, mais seule l'expérience sur le terrain permettra de maîtriser l'identification des oiseaux par le chant. Le recours aux enregistrements est un moyen utile de se familiariser avec les chants d'oiseaux.

Morphologie de l'oiseau

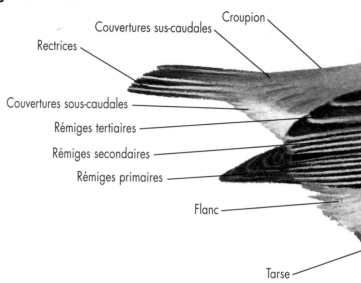

Croupion

Couvertures sus-caudales

Rectrices

Couvertures sous-caudales

Rémiges tertiaires

Rémiges secondaires

Rémiges primaires

Flanc

Tarse

Dessous de l'aile

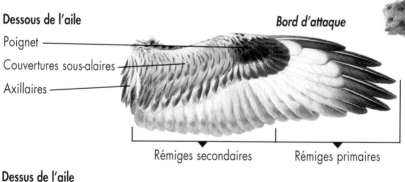

Bord d'attaque

Poignet

Couvertures sous-alaires

Axillaires

Rémiges secondaires

Rémiges primaires

Dessus de l'aile

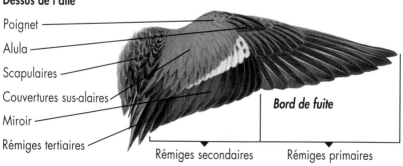

Poignet

Alula

Scapulaires

Couvertures sus-alaires

Miroir

Rémiges tertiaires

Bord de fuite

Rémiges secondaires

Rémiges primaires

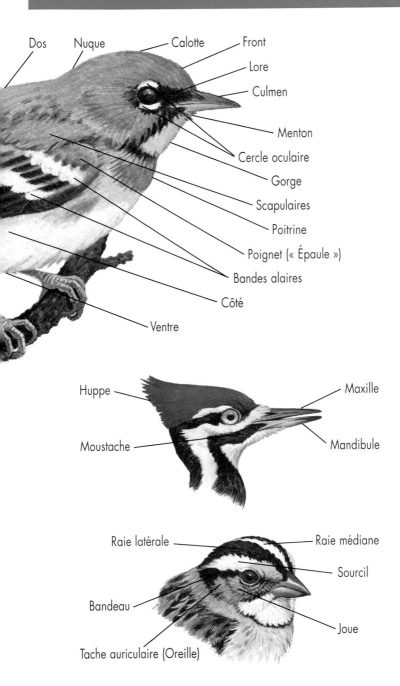

Dos

Nuque

Calotte

Front

Lore

Culmen

Menton

Cercle oculaire

Gorge

Scapulaires

Poitrine

Poignet (« Épaule »)

Bandes alaires

Côté

Ventre

Huppe

Maxille

Moustache

Mandibule

Raie latérale

Raie médiane

Sourcil

Bandeau

Joue

Tache auriculaire (Oreille)

L'habitat

Toutes les espèces d'oiseaux ont un habitat qui les caractérise. Ce critère d'identification est très précieux, mais on a parfois tendance à le négliger. Pourtant, l'identification des oiseaux est bien plus facile quand on sait exclure de l'habitat où on se trouve les espèces qui en sont absentes. Ainsi, en été, la Grive à joues grises est aussi improbable dans l'érablière à caryer que la Grive des bois en forêt boréale. La Buse à queue rousse chasse généralement au-dessus des champs, la Buse à épaulettes, presque jamais.

Chez les espèces migratrices, l'habitat change avec les saisons ; en outre, les oiseaux sont généralement moins sélectifs hors de la saison de reproduction. Ainsi, en migration, il n'est pas rare que se côtoient dans nos parcs et nos jardins des passereaux qui arrivent de la forêt boréale avec d'autres qui nichent en forêt mixte ou décidue. En hiver, une espèce migratrice de la taïga, le Sizerin flammé, se voit aux mêmes mangeoires que le Cardinal rouge, oiseau méridional sédentaire.

La première partie du guide présente donc l'habitat de l'espèce en été, en migration et en hiver. L'habitat de nidification, plus circonscrit, est précisé dans la deuxième partie.

Les cartes de répartition

Tout comme l'habitat, l'aire de répartition est un critère fondamental pour l'identification des oiseaux. C'est pourquoi le guide inclut, sauf pour les espèces trop peu fréquentes chez nous, une carte de répartition qui indique l'aire de nidification, l'aire d'hivernage et les zones de présence à l'année, le cas échéant. Cette carte couvre non seulement le Québec et les Maritimes mais aussi Terre-Neuve, une partie de l'Ontario et le nord-est des États-Unis.

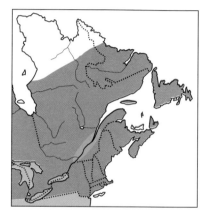

■ aire de nidification

▨ aire d'hivernage

▧ présence à l'année

(Une ligne pointillée dans l'eau indique une limite imprécise et variable de l'aire de répartition en hiver.)

Deuxième partie : Pour en savoir plus

L'ornithologie, ce n'est pas seulement identifier les espèces d'oiseaux. Leurs mœurs sont fascinantes, et on veut en savoir plus. Dans quel habitat exactement, dans quelle région, l'espèce niche-t-elle ? Où construit-elle son nid ? Que mange-t-elle ?

La deuxième partie du guide répond à ces questions, et à bien d'autres. On y retrouve différentes rubriques pour chaque espèce, présentée ici dans l'ordre systématique tel que défini par l'*American Ornithologists' Union* (AOU), c'est-à-dire un ordre assez conforme à ce qu'on sait de l'évolution des oiseaux.

Présence et répartition

Cette rubrique précise l'information fournie par les cartes de répartition, en indiquant la présence de l'espèce dans les diverses régions du Québec et des Maritimes au cours de l'année. Elle donne également des détails de l'abondance et de la fréquence des espèces sur le territoire du guide.

Alimentation

On décrit ici le menu de l'oiseau, en indiquant les changements de régime alimentaire au fil des saisons, et le mode particulier d'alimentation de certaines espèces.

Habitat de nidification

Cette rubrique précise l'information présentée dans la première partie sur l'habitat. On y caractérise davantage l'habitat des espèces durant la saison de nidification.

Nidification

Cette rubrique donne des renseignements relatifs à la nidification de l'espèce : de quoi le nid est fait, où il se trouve, quel parent le construit, combien d'oeufs il contient, combien de temps dure la couvaison et l'élevage des petits.

1

IDENTIFICATION
DES OISEAUX

Qu'ils nichent sur la côte ou qu'ils séjournent en mer lors des migrations ou en hiver, certains oiseaux affectionnent particulièrement le milieu marin. C'est notamment le cas des plongeons, des cormorans et des alcidés, qui ont tous un plumage noir et blanc. Les grèbes, plus particulièrement le Grèbe esclavon et le Grèbe jougris, qu'on observe principalement en migration dans nos régions, fréquentent également le littoral, et hivernent sur la côte atlantique.

Plongeons et cormorans

Oiseaux aquatiques de grande taille qui courent sur l'eau à l'envol. À l'aise dans l'eau, les plongeons nagent souvent à demi submergés; ils plongent de la surface ou se laissent couler, utilisant leurs pattes comme gouvernail sous l'eau. Leurs pattes sont placées à l'arrière du corps, ce qui rend leur démarche laborieuse au sol. Le Plongeon huard ne sort d'ailleurs de l'eau que pour se rendre dans son nid, construit toujours très près. Quant au Plongeon catmarin, c'est le seul à pouvoir s'envoler à partir du sol. Chez les plongeons, l'immature de première année ressemble à l'adulte en hiver.

Les cormorans sont aussi d'excellents nageurs et plongeurs. Ils plongent de la surface et se dirigent sous l'eau à l'aide de leurs pattes et parfois de leurs ailes. Les cormorans se tiennent souvent le corps droit et les ailes à demi ouvertes, pour faire sécher leurs plumes. Chez les cormorans, l'immature de première année a un plumage différent de l'adulte. Les cormorans volent en file ou en formation comme les oies.

Grand Cormoran

Grèbes

Oiseaux aquatiques sans queue apparente. Excellents nageurs, les grèbes varient leur niveau de flottaison en modifiant la quantité d'air emprisonnée dans leur plumage. Ils plongent de la surface ou se laissent simplement couler. Ils volent rarement et s'envolent laborieusement en courant sur l'eau. Les pattes aux doigts lobés sont situées loin à l'arrière du corps, ce qui gêne leur locomotion sur la terre ferme, où ils sont rarement observés. Le plumage des adultes change en hiver, et les jeunes en duvet sont généralement rayés noir et blanc.

Alcidés

Oiseaux aquatiques trapus, au plumage noir et blanc, le pingouin, les guillemots, le mergule et le macareux sont d'excellents nageurs qui se déplacent sous l'eau en battant des ailes. Leur envol est très laborieux et s'effectue au prix d'une longue course à la surface de l'eau; les ailes battent très rapidement et donnent l'impression qu'elles sont trop petites pour l'oiseau.

Rares en eau douce, les alcidés vivent en mer et ne viennent à terre que pour s'y reproduire. Sur les sites de nidification, ils se perchent debout sur des rochers parce que leurs pattes sont placées loin à l'arrière du corps. Ils quittent les abords de la colonie une fois les jeunes hors des nids, et gagnent le large. L'immature ressemble à l'adulte en hiver.

Grèbe à bec bigarré

Macareux moine

Grèbe esclavon

Guillemot à miroir

Plongeon huard (Huart à collier) 71-89 cm
Common Loon • *Gavia immer* • Gaviidés [p.214]

Grand plongeon au motif en damier sur le dos. En plumage d'été, noter le collier incomplet et le cou foncé. En hiver, la joue, la gorge et le devant du cou sont blancs ; le blanc semble entailler le cou. Lorsque l'oiseau nage, il tient son gros bec bien droit, à l'horizontale, contrairement aux cormorans qui nagent habituellement le bec relevé. Sexes semblables. En vol, noter le cou affaissé de l'oiseau. **Voix :** Cris forts et variés émis souvent en vol : trémolos, plaintes modulées et rires hystériques. **Habitat :** Niche sur les grands lacs d'eau douce ; hiverne en mer, près des côtes, où certains individus non reproducteurs passent l'été.

Plongeon catmarin (Huart à gorge rousse) 61-69 cm
Red-throated Loon • *Gavia stellata* • Gaviidés [p.214]

Petit plongeon au bec fin et retroussé. En hiver, la face et la gorge sont blanches tandis que le cou, foncé derrière et blanc devant, ne présente pas le motif formant entaille du Plongeon huard. En été, la tête et le côté du cou sont gris et une tache rousse orne la gorge ; le dos est assez uniformément foncé. Sexes semblables. En vol, noter les battements d'ailes rapides. **Voix :** Normalement silencieux en migration et en hiver ; émet un cri plaintif en période de reproduction ainsi qu'un *kwouk* répété en vol, qui ressemble à un caquetage de canard. **Habitat :** Observé principalement en migration et en hiver, surtout près des côtes ; quelques individus passent à l'intérieur des terres en automne.

Cormoran à aigrettes 73-89 cm
Double-crested Cormorant • *Phalacrocorax auritus* • Phalacrocoracidés [p.221]

Grand oiseau noir avec une poche gulaire orange et des aigrettes noires peu visibles. Le bec fin, crochu au bout, est généralement relevé lorsque l'oiseau nage, le corps à demi submergé. Sexes semblables. L'immature de 1re année a le devant du cou et la poitrine plus pâles que le ventre, contrairement au Grand Cormoran immature, où c'est l'inverse. En vol, la queue relativement longue et le long cou légèrement replié distinguent ce cormoran des autres gros oiseaux foncés. **Voix :** Généralement silencieux. **Habitat :** Niche en colonies dans les arbres et sur les falaises, autant en eau douce qu'en eau salée.

Grand Cormoran 86-101 cm
Great Cormorant • *Phalacrocorax carbo* • Phalacrocoracidés [p.220]

Cormoran de grande taille des côtes de l'Atlantique, au bec plus fort que le Cormoran à aigrettes. En plumage nuptial, la poche gulaire est bordée d'une large bande blanche et les flancs sont marqués de blanc. Sexes semblables. L'immature de 1re année a le cou et la poitrine plus foncés que le ventre. En vol, noter la tache blanche sur le flanc de l'adulte en plumage nuptial et le ventre pâle de l'immature. **Voix :** Généralement silencieux. **Habitat :** Niche en colonies sur des falaises côtières ; exceptionnel à l'intérieur des terres.

été

été

hiver

Plongeon huard

hiver

été

hiver

Plongeon catmarin

adulte

1re année

Cormoran à aigrettes

Grand Cormoran

adulte

1re année

Plongeons

Cormorans

29

Grèbe esclavon (Grèbe cornu)   32-38 cm
Horned Grebe • *Podiceps auritus* • Podicipédidés   [p.215]

En plumage d'hiver, petit grèbe noir et blanc dont la calotte noire contraste nettement avec le côté blanc de la face. L'oeil est rouge en toutes saisons. En plumage nuptial, le cou est roux et la tête est ornée d'aigrettes jaunes. Sexes semblables. Rarement observé en vol; noter cependant les plumes secondaires blanches. **Voix:** Silencieux en migration et en hiver; émet un trille strident sur les lieux de nidification. **Habitat:** Observé en eau douce ou salée en migration; hiverne près des côtes. Niche sur les étangs où il y a de la végétation émergente.

Grèbe jougris   46-52 cm
Red-necked Grebe • *Podiceps grisegena* • Podicipédidés   [p.216]

Le plus gros grèbe du nord-est du continent. En hiver, le long cou est grisâtre et il y a une marque blanche sur le côté de la tête. En plumage nuptial, la tache blanche qui couvre la joue et la gorge, et le marron du cou caractérisent l'espèce. Ce grèbe se voit surtout en migration; plusieurs individus ont alors un plumage intermédiaire entre celui d'été et celui d'hiver: la tache sur la joue est plus ou moins nette et le marron du cou est plus ou moins étendu. Le bec jaune est long et fort, ce qui permet de le distinguer de loin du Grèbe esclavon. Sexes semblables. Rarement observé en vol; noter cependant le blanc sur les secondaires et la bande blanche bien visible à l'épaule. **Voix:** Cris variés et forts émis sur les lieux de nidification. Produit aussi un *crîk-crîk* sonore. **Habitat:** Observé principalement en migration, sur divers plans d'eau, autant à l'intérieur des terres que sur la côte. Hiverne près des côtes; niche en eau douce sur les lacs peu profonds.

Grèbe à bec bigarré   31-38 cm
Pied-billed Grebe • *Podilymbus podiceps* • Podicipédidés [p.215]

Petit grèbe brunâtre, au bec pâle marqué d'une ligne noire verticale en plumage nuptial. Le menton et la gorge sont aussi marqués de noir. En plumage d'hiver, le noir du bec a disparu, et le menton et la gorge sont blancs. En été, le juvénile est rayé de noir et nage souvent à proximité des adultes. Le premier hiver, l'immature a la gorge plus terne que l'adulte. Sexes semblables. Rarement observé en vol; noter les ailes uniformément foncées. **Voix:** Cri fort, *couc couc cou cou cou cou cou cou-oup-cou-oup,* qui permet d'ailleurs de repérer facilement l'oiseau sur les lieux de nidification. **Habitat:** Niche sur les étangs d'eau douce et dans les marais.

Grèbe esclavon

été

hiver

Grèbe jougris

hiver

été

immature

Grèbe à bec bigarré

hiver

été

juvéniles

Petit Pingouin
Razorbill • *Alca torda* • Alcidés

40-47 cm
[p.289]

La grosse tête, le bec fort et la queue souvent retroussée lorsque l'oiseau nage permettent d'identifier cet alcidé, même de loin. De plus près, noter la fine ligne blanche verticale sur le bout du bec et le trait blanc qui relie l'oeil à la base du bec en plumage nuptial. L'oeil très petit est difficile à voir. En hiver, la gorge est blanche et la ligne reliant l'oeil au bec est absente. L'immature diffère de l'adulte en plumage d'hiver par son bec plus petit, qui conserve la forme caractéristique de l'espèce. Sexes semblables. En vol, noter le bec fort de cet oiseau au plumage noir dessus et blanc dessous. **Voix:** Plutôt silencieux en mer; émet de légers grognements dans les colonies où il niche. **Habitat:** Niche dans les falaises de la côte et des îles. Déserte la colonie dès que les jeunes quittent le nid. Hiverne en mer.

Guillemot marmette (Marmette de Troïl)
Common Murre • *Uria aalge* • Alcidés

42-46 cm
[p.288]

Alcidé brun foncé au long cou et au bec effilé. En plumage nuptial, la tête, le cou, le dos et les ailes sont brun foncé mais l'oiseau semble noir de loin. Certains individus sont de la « forme bridée »: ils ont un cercle oculaire blanc prolongé d'une fine ligne de même couleur qui s'étend derrière l'oeil. En hiver, une ligne noire marque la joue blanche. Sexes semblables. Ressemble beaucoup au Guillemot de Brünnich qui est plus noir et dont le bec porte toujours une ligne blanche, visible de près. En vol, la forme du bec et de la tête confère un profil effilé à cet oiseau au corps foncé dessus et blanc dessous. **Voix:** Généralement silencieux en mer; plus bruyant sur les sites de nidification, où il émet des grognements rauques. **Habitat:** Niche en colonies dans les falaises de la côte et des îles. Se tient près des falaises en période de nidification et au large en hiver.

Guillemot de Brünnich (Marmette de Brünnich)
Thick-billed Murre • *Uria lomvia* • Alcidés

43-48 cm
[p.289]

D'assez près, la ligne blanche sur le côté du bec identifie ce guillemot en toutes saisons. Ressemble beaucoup au Guillemot marmette mais, en hiver, le noir descend plus bas de chaque côté de la tête et il n'y a pas de ligne noire sur la joue. En été, son plumage est noir, au lieu de brun foncé comme chez le Guillemot marmette. Noter aussi la pointe blanche qui monte jusqu'au menton. Sexes semblables. En vol, oiseau noir et blanc au profil effilé à cause de la forme du bec. **Voix:** Généralement silencieux en mer, il émet des grognements rauques dans les colonies. **Habitat:** Niche en colonies dans les falaises des îles. Se voit l'été en mer près des colonies. Hiverne en mer.

Petit Pingouin

été

été

hiver

été

immature

Guillemot marmette

été

été

été

hiver

été

Guillemot de Brünnich

été

été

hiver

été

Mergule nain
Dovekie • *Alle alle* • Alcidés

19-23 cm
[p.288]

Minuscule alcidé de la taille d'un étourneau. En plumage d'hiver, le blanc de la poitrine et de la gorge s'étend jusque derrière l'oeil, où il forme un croissant. En plumage nuptial, le noir s'étend de la tête à la poitrine. La petite taille de l'oiseau n'est cependant pas toujours facile à évaluer, surtout en pleine mer. Toutefois, le mergule se distingue de tous les autres alcidés par son très petit bec, à peine visible. En été, prendre garde de le confondre avec l'immature du Petit Pingouin, également petit mais dont le bec a tout de même la forme caractéristique de son espèce. Sexes semblables. En vol, noter le battement très rapide des ailes, qui sont entièrement noires. **Voix:** Silencieux lorsqu'on l'observe en hiver. **Habitat:** Observé en mer à la fin de l'automne et en hiver. Hiverne en bon nombre au large de la côte du sud-ouest de la Nouvelle-Écosse.

Guillemot à miroir
Black Guillemot • *Cepphus grylle* • Alcidés

31-36 cm
[p.290]

Petit alcidé qui fréquente les estuaires et les baies. La grande tache blanche sur le dessus de l'aile, appelée miroir, visible autant lorsque l'oiseau nage que lorsqu'il vole, identifie l'espèce dans tous les plumages. Cet oiseau noir au bec effilé a des pattes rouges bien visibles en vol ou au sol. Le plumage est beaucoup plus blanc en hiver: seuls les ailes et le dos sont noirs. Sexes semblables. Le juvénile a le plumage de l'adulte en hiver. En vol, en toutes saisons, le dessus de l'aile est noir, marqué du miroir blanc. Le guillemot vole rapidement et demeure généralement au ras de l'eau. **Voix:** Sifflements aigus, *ssrriiiii*, émis par les adultes près des nids. **Habitat:** Observé près des côtes rocheuses en période de nidification et en hiver. Le plus côtier des alcidés.

Macareux moine
Atlantic Puffin • *Fratercula arctica* • Alcidés

29-35 cm
[p.290]

Avec son gros bec vivement coloré en plumage nuptial, le macareux ne ressemble à aucun autre oiseau. En plumage d'hiver et chez l'immature, le bec est plus petit et plus terne, la face est grise, mais le noir et le blanc se répartissent de la même façon qu'en été. L'immature diffère du Petit Pingouin immature par sa face grise, son col noir comme celui de l'adulte et le dessous foncé des ailes. Sexes semblables. En vol, le macareux a les pattes orange vif et un col noir; il bat des ailes rapidement. Le dessous des ailes est toujours foncé. **Voix:** Généralement silencieux en mer; il émet cependant un meuglement nasillard près de son nid. **Habitat:** Niche en colonies sur des îles ou dans les falaises de la côte. Hiverne surtout en pleine mer; peu commun près des côtes en hiver.

Mergule nain

été

hiver

hiver

Guillemot à miroir

été

été

immature du Petit Pingouin

été

hiver

juvénile

été

hiver

Macareux moine

été

été

été

hiver

immature

Vaste famille d'oiseaux aquatiques aux coloris très divers. Grégaires en migration et en hiver, ils s'observent facilement là où ils se concentrent. Leur mode d'alimentation donne lieu à deux catégories : les plongeurs et les barboteurs.

En effet, certains canards plongent pour atteindre leur nourriture (macreuses, eiders, fuligules, garrots, harles et d'autres) alors que d'autres anatidés immergent seulement l'avant de leur corps, en culbutant, pour se nourrir en eau peu profonde (cygnes, oies et canards barboteurs).

Les plongeurs

Les canards de ce groupe se nourrissent en plongeant ; leur envol nécessite une longue course sur l'eau. Les pattes, placées loin à l'arrière du corps, leur confèrent une démarche laborieuse sur le sol.

Certaines espèces sont maritimes. Elles nichent sur le littoral ou fréquentent les côtes en migration ou en hiver : macreuses, arlequin, eiders et harelde.

Les autres genres de canards plongeurs sont les fuligules, les garrots, l'Érismature rousse et les harles. Ces derniers ont un long bec effilé et dentelé qui leur permet de capturer les poissons dont ils se nourrissent.

Harle couronné

Chez toutes ces espèces, le mâle et la femelle diffèrent par le plumage. De plus, le plumage adulte est acquis au deuxième hiver chez le mâle et le jeune mâle ressemble à la femelle.

Les barboteurs

Les barboteurs peuvent se départager en deux grands groupes selon leur taille : les cygnes et les oies d'une part, les canards barboteurs d'autre part.

Les cygnes et les oies

Chez les cygnes, les oies et aussi les bernaches, mâle et femelle sont identiques et leur plumage est le même toute l'année ; le mâle n'a pas de plumage d'éclipse comme chez les canards barboteurs. De plus, les couples sont formés pour la vie.

Les cygnes sont plus gros et ont le cou plus long que les oies et les bernaches ; les adultes de nos espèces sont entièrement blancs, sans noir sur les ailes comme l'Oie des neiges ou l'Oie de Ross. Les sexes sont semblables et les immatures ont un plumage brunâtre.

Cygne siffleur

Chez les oies et les bernaches, le plumage est semblable chez les deux sexes. Chez l'Oie des neiges, l'immature est plus gris que l'adulte.

Bernache du Canada

Les canards barboteurs

Les canards barboteurs s'envolent à la verticale, sans courir à la surface de l'eau. Chez la plupart des espèces, un miroir fait de plumes irisées, sur l'aile, aide à l'identification. Le plumage nuptial du mâle et celui de la femelle diffèrent ; il est très coloré chez le mâle de plusieurs espèces. Vers la fin de l'été, le mâle mue et acquiert un plumage beaucoup plus terne, dit d'« éclipse », qui ressemble à celui de la femelle.

Canard souchet ♂

Chez les barboteurs, les femelles sont plus difficiles à identifier, car elles se ressemblent d'une espèce à l'autre. Nous les avons donc regroupées sur des planches à part, ce qui en facilite la comparaison. On constatera que des traits autres que le plumage, comme la forme de la marque sur le bec, permettent de les reconnaître. Finalement, le cri de la femelle, différent de celui du mâle, est lui aussi utile pour l'identification.

Canard souchet ♀ et ses petits

Macreuse noire (Macreuse à bec jaune)   43-54 cm
Black Scoter • *Melanitta nigra* • Anatidés   [p.241]

Canard de mer foncé. Le mâle adulte est entièrement noir en plumage nuptial. Son bec, généralement tenu parallèle à la surface de l'eau, est orné à la base d'une protubérance orangée. Le plumage de la femelle est brun foncé, marqué d'une tache pâle à la joue et sur la gorge qui la distingue des autres macreuses femelles. L'immature ressemble à la femelle mais il a le dessous pâle. En vol, noter les rémiges pâles chez les deux sexes, et l'absence de la tache blanche de la Macreuse brune. **Voix:** Sifflement aigu chez le mâle et grognements chez la femelle. **Habitat:** Observée surtout en migration, principalement près des côtes.

Macreuse brune (Macreuse à ailes blanches)   48-58 cm
White-winged Scoter • *Melanitta fusca* • Anatidés   [p.240]

La plus grosse macreuse atteint presque la taille de l'Eider à duvet. En plumage nuptial, le bout du bec du mâle est orangé. Noter également la « larme » blanche sous l'oeil. Femelle: bec large, emplumé jusqu'aux narines, et deux taches pâles, l'une sur le côté de la tête, l'autre sur la joue. L'immature ressemble à la femelle mais il est pâle dessous. La tache blanche à l'aile, autant chez le mâle que chez la femelle, n'est pas toujours visible lorsque l'oiseau nage. En vol, cette tache permet cependant d'identifier facilement l'espèce. **Voix:** Le mâle émet une note sifflée rappelant le chant d'une rainette crucifère, tandis que la femelle fait *karr*. **Habitat:** Observée surtout en migration, principalement sur la côte.

Macreuse à front blanc   48-58 cm
Surf Scoter • *Melanitta perspicillata* • Anatidés   [p.240]

Le mâle en plumage nuptial est très noir et porte des taches blanches, bien nettes, sur le front et la nuque. Son bec est vivement coloré d'orange, de blanc et de noir. La femelle est brune et se distingue des autres macreuses par les deux taches blanches sur le côté de la tête. L'immature ressemble à la femelle, avec le dessous du corps pâle. En vol, noter le plumage uniformément noir du mâle, sans marque sur les ailes. **Voix:** Grognements chez les deux sexes, plutôt coulants chez le mâle. **Habitat:** Niche sur les lacs d'eau douce. Observée surtout sur les côtes, en migration et en hiver.

Arlequin plongeur (Canard arlequin)   38-45 cm
Harlequin Duck • *Histrionicus histrionicus* • Anatidés   [p.239]

Petit canard foncé dont le mâle, marqué de taches blanches à la tête et au corps, a une allure bien particulière. Ses couleurs nuptiales ne sont appréciées que de près et sous un bon éclairage. Les trois taches blanches de chaque côté de la tête de la femelle sont caractéristiques et la distinguent notamment de la femelle la Macreuse à front blanc, plus grosse. En vol, canard au corps foncé; le ventre est pâle chez la femelle. **Voix:** Le mâle émet un grincement nasillard, *gwa gwa gwa*, la femelle, *îk, îk, îk, îk*. **Habitat:** Niche près des torrents. Lorsque la nidification est terminée, l'espèce redescend sur la côte et fréquente les rivages rocheux.

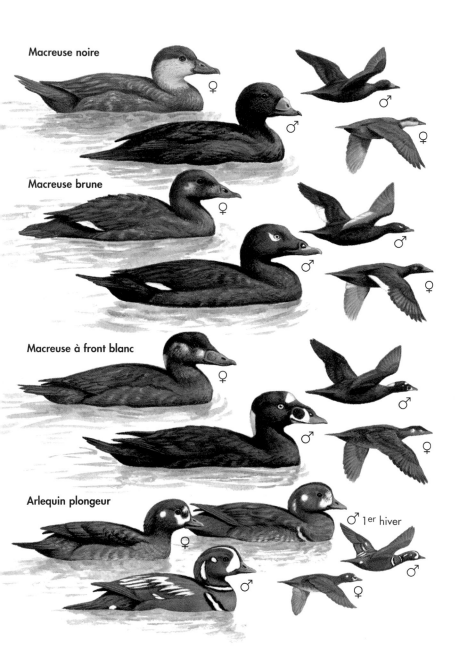

Macreuse noire

Macreuse brune

Macreuse à front blanc

Arlequin plongeur

Eider à duvet
Common Eider • *Somateria mollissima* • Anatidés

53-71 cm
[p.239]

Gros canard noir et blanc vivant en eau salée. La disposition des plages noires sur le corps blanc du mâle en plumage nuptial est unique à cette espèce. Le plumage de la femelle est havane et rayé de noir sur les flancs; ces rayures ne forment pas de croissants comme chez la femelle de l'Eider à tête grise. Le front fuyant et la silhouette aplatie de la tête différencient la femelle eider du Canard noir qui fréquente également la côte. Le jeune mâle de l'Eider à duvet est brunâtre comme la femelle, mais sa poitrine est blanche. En vol, le mâle est noir et blanc; les eiders volent généralement à la file indienne, presque au ras des vagues. **Voix:** Dès le printemps, le mâle émet un *aw-ouu-ourr* plaintif et la femelle, un *kor-r-r* guttural. **Habitat:** Commun dans l'estuaire du Saint-Laurent et sur le littoral, où il niche; hiverne en eaux libres de glace. Rare dans les terres.

Eider à tête grise
King Eider • *Somateria spectabilis* • Anatidés

53-63 cm
[p.238]

Plus petit que l'Eider à duvet. Avec sa bosse orange bordée de noir, le bec du mâle en plumage nuptial est spectaculaire. Le dos noir du mâle permet souvent de le repérer parmi une troupe d'Eiders à duvet. Le jeune mâle a la tête très foncée et la poitrine blanche. La femelle au plumage brun-roux a les flancs marqués de croissants, ce qui aide à la distinguer de la femelle de l'Eider à duvet. En vol, la poitrine blanche du mâle en plumage nuptial contraste avec le corps noir. Noter aussi la tache blanche restreinte à la partie antérieure de l'aile chez le mâle en plumage nuptial. **Voix:** Semblable à celle de l'Eider à duvet. **Habitat:** Passe dans le Nord-Est lors des migrations et y hiverne, près des rives de l'estuaire du Saint-Laurent et sur nos côtes.

Harelde kakawi (Canard kakawi)
Oldsquaw • *Clangula hyemalis* • Anatidés

43-59 cm
[p.241]

En plumage d'hiver, le mâle ne ressemble à aucune autre espèce: il est blanc avec du noir au sommet du dos, aux ailes, à la poitrine et au côté de la tête. En plumage nuptial, le mâle est plus foncé, et le noir de la poitrine s'étend jusqu'à la tête, marquée d'une tache pâle. La queue du mâle est toujours longue et pointue. La femelle, plus foncée, n'a pas la longue queue du mâle et les marques foncées sur son plumage sont moins nettes. En hiver, le mâle immature ressemble au mâle adulte, mais il est plus terne et n'a pas la longue queue. En vol, les ailes noires contrastent avec le dessous blanc du corps du mâle en plumage d'hiver. Les kakawis volent vite et assez près de la surface de l'eau, en bandes irrégulières et compactes. **Voix:** Un *ah-ah-ahoulè* musical et nasillard, transcrit en kakawi. **Habitat:** Migrateur et hivernant assez commun dans l'estuaire du Saint-Laurent et sur la côte Est. Passe un peu à l'intérieur des terres en migration.

Eider à duvet

♀

♂ 1er hiver

♂

♂

♀

Eider à tête grise

♀

♂ 1er hiver

♂

♀

Harelde kakawi

♀ été

♀ hiver

♂ hiver

♂ été

♂ été

♂ hiver

♀ hiver

Fuligule à dos blanc (Morillon à dos blanc)   48-66 cm
Canvasback • *Aythya valisineria* • Anatidés   [p.236]

Le profil fuyant et le corps très blanc au centre et foncé aux extrémités du mâle permettent de l'identifier d'assez loin. Le marron de la tête et du cou se voit de près. Les deux sexes ont le long bec foncé et le front fuyant, mais le cou, la tête et la poitrine sont plus pâles chez la femelle. En vol, chez le mâle, le corps blanc contraste avec la poitrine et la tête foncées. **Voix :** Croassement grave et grognements chez le mâle ; *couac* doux chez la femelle. **Habitat :** Observé en migration, surtout en eau douce.

Fuligule à tête rouge (Morillon à tête rouge)   43-58 cm
Redhead • *Aythya americana* • Anatidés   [p.236]

Un bon éclairage révèle le rouge de la tête du mâle et l'oeil doré de ce fuligule au corps gris. Les deux sexes ont un bec bleu au bout noir. La femelle est d'un brun plutôt uniforme. En vol, les ailes sont marquées d'une bande grise chez les deux sexes. **Voix :** Miaulement chez le mâle ; *couac* doux chez la femelle. **Habitat :** S'observe sur divers plans d'eau, y compris les étangs artificiels.

Fuligule à collier (Morillon à collier)   38-46 cm
Ring-necked Duck • *Aythya collaris* • Anatidés   [p.237]

Le dos foncé et la pointe verticale blanche devant l'aile repliée permettent d'identifier aisément le mâle à distance ; son bec bleu est annelé de blanc. Noter aussi la tête anguleuse de l'oiseau. La femelle brunâtre a un anneau blanc moins contrasté au bec ainsi qu'un mince cercle oculaire. En vol, l'avant de l'aile est foncé et une bande grise marque les secondaires. **Voix :** Le mâle émet un sifflement et la femelle un ronronnement doux. **Habitat :** Observé sur les étangs forestiers et les cours d'eau, et en eau salée.

Fuligule milouinan (Grand Morillon)   43-53 cm
Greater Scaup • *Aythya marila* • Anatidés   [p.237]

Fuligule dont le mâle a le corps pâle. Sa tête aux reflets verts est plus ronde que celle du Petit Fuligule. La femelle est pratiquement identique à celle du Petit Fuligule et il est presque impossible de les distinguer sur le terrain. En vol, le blanc du dessus des secondaires s'étend jusqu'aux primaires, alors qu'il est restreint aux secondaires chez le Petit Fuligule. **Voix :** Quelques croassements graves. **Habitat :** En migration, fréquente les lacs, les grands cours d'eau et les côtes.

Petit Fuligule (Petit Morillon)   38-46 cm
Lesser Scaup • *Aythya affinis* • Anatidés   [p.238]

La tête anguleuse aux reflets violacés et la poitrine noire caractérisent le mâle, dont le dos et le côté du corps sont plus foncés que ceux du Fuligule milouinan. La femelle est pratiquement impossible à identifier avec certitude. En vol, la bande blanche sur le dessus de l'aile est restreinte aux secondaires. **Voix :** Grognements et ronronnements ainsi qu'un sifflement grave particulier au mâle. **Habitat :** Observé en migration sur les lacs et en eau salée, sur le littoral.

Fuligule à dos blanc

Fuligule à tête rouge

Fuligule à collier

Fuligule milouinan

Petit Fuligule

Grand Harle (Grand Bec-scie)   53-69 cm
Common Merganser • *Mergus merganser* • Anatidés   [p.244]

Grand canard plongeur au corps très blanc et à tête foncée. Le dos est noir et la tête verte chez le mâle adulte en plumage nuptial ; il n'a ni la huppe du Harle huppé mâle, ni sa poitrine rousse. La femelle grisâtre a une tête rousse qui tranche nettement avec le blanc du cou et de la poitrine, contrairement à la femelle du Harle huppé. Le bec effilé et dentelé est du même rouge que les pattes. Le jeune mâle ressemble à la femelle. En vol, noter la grande tache blanche, marquée d'une ligne noire, sur l'aile du mâle en plumage nuptial. Chez la femelle, le blanc est restreint à une zone à l'arrière de l'aile. **Voix :** Croassement grave et grinçant. **Habitat :** Observé principalement en eau douce, sur les lacs et les rivières. On le rencontre rarement en mer, sauf à l'embouchure des rivières. Hiverne régulièrement en bordure des glaces, aux endroits où l'eau ne gèle pas.

Harle huppé (Bec-scie à poitrine rousse)   51-64 cm
Red-breasted Merganser • *Mergus serrator* • Anatidés   [p.244]

Plus sombre et un peu plus petit que le Grand Harle. La huppe, le collier blanc et la poitrine foncée caractérisent le mâle adulte en plumage nuptial. La femelle est grisâtre, avec la tête et le cou roux ; le roux du cou est diffus et ne tranche pas nettement sur la poitrine comme chez la femelle du Grand Harle. Le jeune mâle ressemble à la femelle. En vol, deux lignes noires divisent la grande tache blanche de l'aile du mâle en plumage nuptial. Chez la femelle, la tache alaire est divisée par une seule ligne noire. **Voix :** Généralement silencieux. Émet des grognements et des croassements. **Habitat :** Plus fréquent que le Grand Harle en eau salée, dans l'estuaire et sur les côtes. En migration, passe aussi en eau douce, et y niche.

Harle couronné (Bec-scie couronné)   43-58 cm
Hooded Merganser • *Lophodytes cucullatus* • Anatidés   [p.243]

C'est le plus petit de nos harles. La huppe du mâle adulte, blanche en plumage nuptial, n'est pas bien visible quand elle est abaissée. Le corps foncé contraste avec la poitrine blanche et la ligne verticale à l'avant de l'aile repliée du mâle. Le Petit Garrot mâle a également une grande tache blanche sur le côté de la tête mais il a les flancs blancs. La petite taille et la tête de forme rectangulaire à cause de la huppe distinguent la femelle de celles des deux autres harles. Le jeune mâle ressemble à la femelle. En vol, ce petit harle au corps et aux ailes foncés n'a pas les grandes taches alaires des deux autres. **Voix :** Grognement rauque et enroué. **Habitat :** Surtout en eau douce ; niche sur les lacs et les rivières en forêt et sur les étangs de castor. En migration, on l'observe dans des habitats comparables ; rare en eau salée où il fréquente surtout les endroits abrités.

Femelle et juvéniles

♂

♀

♀

♂

Grand Harle

♂

♀

♀

♂

Harle huppé

♂

♀

♀

♂

Harle couronné

Garrot à oeil d'or   41-51 cm
Common Goldeneye • *Bucephala clangula* • Anatidés   [p.242]

Canard plongeur au-dessus du dos noir et à la tête foncée marquée d'un rond blanc chez le mâle. La femelle, grisâtre, a la tête brune et le bec sombre avec un peu de jaune au bout en été. En vol, les ailes qui battent très rapidement produisent un sifflement. Les ailes du mâle sont marquées d'une grande tache blanche. **Voix :** Chez le mâle, en paradant, un *pî-ik*. La femelle émet un *graa* rauque. **Habitat :** Niche près des lacs et des rivières aux rives boisées. Passe en migration sur divers plans d'eau ; hiverne dans les eaux côtières et les eaux douces.

Garrot d'Islande (Garrot de Barrow)   41-52 cm
Barrow's Goldeneye • *Bucephala islandica* • Anatidés   [p.243]

La tache noire ramifiée, à la base de l'aile repliée, caractérise le mâle en plumage nuptial, qui a également le dos noir et les scapulaires ornées de rectangles blancs. Sa tête foncée est ornée d'un croissant blanc. La femelle est grisâtre et ressemble beaucoup à celle du Garrot à oeil d'or mais son dos et sa tête sont plus foncés. Elle s'en distingue aussi par le front plus abrupt et le bec plus petit, tout jaune en été. Le premier hiver, le mâle ressemble à la femelle. En vol, la tache blanche à l'aile est traversée par une ligne noire chez les deux sexes. Noter aussi le sifflement produit par les ailes. **Voix :** Grognement doux pour le mâle, *ka-KAA*, et un *graa* rauque pour la femelle. **Habitat :** Observé dans nos régions en migration sur divers plans d'eau, et surtout en hiver dans les eaux salées de l'estuaire et de la côte.

Petit Garrot   30-38 cm
Bufflehead • *Bucephala albeola* • Anatidés   [p.242]

Petit canard plongeur, très blanc, avec le dessus du dos noir et la tête foncée ornée d'une grande tache blanche chez le mâle en plumage nuptial. La femelle, plus foncée, a une tache blanche ovale derrière l'oeil. Le jeune mâle ressemble à la femelle. En vol, l'aile du mâle en plumage nuptial présente une grande tache blanche. **Voix :** Le mâle émet une note brève, roulée, rappelant celle du Garrot à oeil d'or en plus aigu et plus métallique ; la femelle émet un *grak* rauque. **Habitat :** Niche dans des cavités ; s'observe en eau douce, près des forêts, en période de nidification. Fréquente aussi les lacs d'eau douce ainsi que l'estuaire et la côte en migration.

Érismature rousse (Canard roux)   36-43 cm
Ruddy Duck • *Oxyura jamaicensis* • Anatidés   [p.245]

Curieux petit canard des étangs d'eau douce rare dans nos régions : grosse tête ornée de « cornes » visibles lorsqu'il parade, grande tache blanche sur la joue et gros bec bleu chez le mâle. La queue est souvent dressée lorsque l'oiseau nage. La tache blanche est encore visible chez le mâle en plumage d'hiver. La femelle diffère du mâle en plumage d'hiver par la ligne foncée sur la joue pâle. En vol : petit canard foncé. **Voix :** Le mâle émet un gloussement complexe lorsqu'il parade, *tchik-ik-ik-ik-k-k-k-kurrr*. **Habitat :** Espèce de l'Ouest qu'on observe parfois dans les étangs de nos régions.

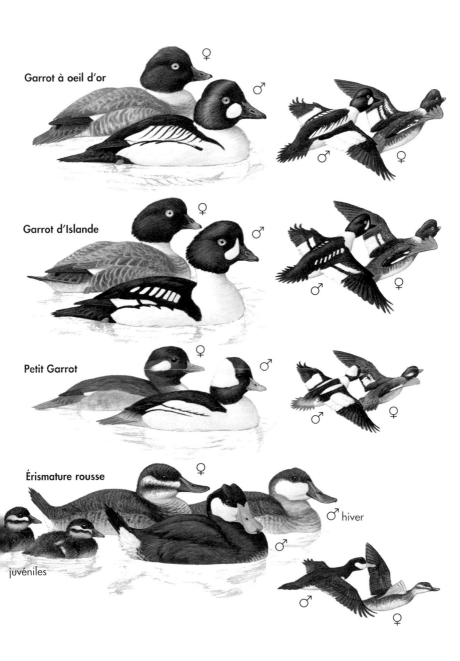

Garrot à oeil d'or ♀ ♂ ♂ ♀

Garrot d'Islande ♀ ♂ ♂ ♀

Petit Garrot ♀ ♂ ♂ ♀

Érismature rousse ♀ ♂ ♂ hiver

juvéniles ♂ ♀

Cygne siffleur
Tundra Swan • *Cygnus columbianus* • Anatidés

121-140 cm
[p.230]

La grande taille et la blancheur du cygne permettent de repérer facilement cet oiseau au long cou généralement droit. Le bec est noir avec, chez certains individus, un point jaune devant l'oeil. Le mâle et la femelle sont semblables et l'immature est grisâtre, avec du rose sur le bec. En vol, noter le long cou, les ailes entièrement blanches et les pattes noires. **Voix :** Un *woua-woua-woua-woua* assez aigu, de la même tonalité que le cri de la Bernache du Canada. **Habitat :** Dans notre région, le Cygne siffleur passe en migration, surtout au printemps, alors qu'il fréquente les champs inondés et différents plan d'eau.

Cygne tuberculé
Mute Swan • *Cygnus olor* • Anatidés

147 cm
[p.230]

Cygne gracieux au cou arqué caractéristique, originaire d'Eurasie. Le bec orange, surmonté d'une protubérance noire à sa base, pointe habituellement vers le bas. Sexes semblables. Le juvénile est plus brun que l'adulte. L'espèce se distingue assez facilement du Cygne siffleur, qui nage le cou bien droit et qui a le bec noir, sans protubérance. En vol, les ailes entièrement blanches émettent un son caractéristique. **Voix :** Habituellement silencieux, il émet quelques grognements à l'occasion. **Habitat :** Ce cygne est élevé en captivité dans les parcs et les jardins. Des individus qui se sont échappés vivent maintenant à l'état sauvage dans certaines régions.

Oie des neiges (forme blanche)
Snow Goose • *Chen caerulescens* • Anatidés

64-76 cm
[p.228]

Les grands voiliers d'oies signalent habituellement le retour du printemps dans nos régions. Oie blanche aux primaires noires. Noter le « sourire » caractéristique sur le côté du bec rose. Sexes semblables. La tête est souvent teintée de rouille par la terre ferreuse des marais où l'oie se nourrit en migration. L'immature est grisâtre et se reconnaît facilement parmi les adultes lors de la migration automnale. En vol, les primaires noires de l'oiseau sont caractéristiques. **Voix :** Un aboiement nasal : *whouak*. **Habitat :** Niche dans l'Arctique ; s'observe principalement en migration dans nos régions dans les marais à scirpe et, de plus en plus souvent, dans les champs. Fréquente aussi les marais à spartine des régions côtières.

Oie de Ross
Ross' Goose • *Chen rossii* • Anatidés

53-58 cm
[p.228]

Plus petite que l'Oie des neiges avec laquelle on l'observe généralement, l'Oie de Ross est à peine plus grosse qu'un Canard colvert. Le bec est petit et n'a pas le « sourire » de l'Oie des neiges ; de près, il est possible d'en voir la base verruqueuse. Sexes semblables. L'immature est plus grisâtre. En vol, noter les primaires noires bien visibles. **Voix :** Un aboiement plus aigu que celui de l'Oie des neiges. **Habitat :** Se voit en migration, au printemps et en automne, parmi les Oies des neiges avec lesquelles elle s'alimente dans les champs et les marais.

Cygne siffleur

immature

adulte

Cygne tuberculé

adulte

immature

Oie des neiges

adulte

immature

Oie de Ross

adulte

Oie des neiges

Oie de Ross

Bernache du Canada
56-102 cm

Canada Goose • *Branta canadensis* • Anatidés
[p.229]

C'est la mieux connue des oies du Nord-Est. La tache blanche du menton et de la joue est caractéristique. Le long cou noir tranche avec la poitrine pâle. Sexes semblables. La taille varie beaucoup d'une sous-espèce à l'autre. **En vol**, les ailes sombres, les sous-caudales blanches et le croissant blanc sur le croupion sont caractéristiques. **Voix:** Chez le mâle, le cancanement grave et bisyllabique *a-honk* fait penser à un aboiement; la femelle a un cri plus aigu et monosyllabique: *hink*. **Habitat:** S'alimente dans les champs inondés et les marais en migration; niche sur les lacs et les étangs d'eau douce.

Bernache cravant
58-76 cm

Brant • *Branta bernicla* • Anatidés
[p.229]

Petite bernache des bords de mer, au corps à peine plus gros que celui d'un canard. La tête, le cou et la poitrine sont noirs, sans la joue blanche caractéristique de la Bernache du Canada. Noter aussi la petite marque blanche, rayée de noir, sur le cou de l'adulte. Sexes semblables. En vol, les ailes sombres et le cou noir tranchent avec le dessous pâle du corps de l'oiseau. **Voix:** Émet un cri guttural distinctif: *kr-r-r-rônk*. **Habitat:** Niche dans l'Arctique et passe en migration dans nos régions, surtout sur les côtes et le long de l'estuaire. Plus tardive au printemps que la Bernache du Canada.

Oie rieuse
66-76 cm

Greater White-fronted Goose • *Anser albifrons* • Anatidés [p.227]

Seule oie avec une marque blanche bien visible autour du bec. Oie brunâtre de taille moyenne avec un bec rose, sauf chez la race du Groenland où il est orange. Le ventre est marqué de noir et les pattes sont orangées. Sexes semblables. Les immatures n'ont pas le blanc autour du bec. En vol, noter la tache blanche en forme de U sur le croupion de l'oiseau. **Voix:** Un *lia-liok*, aigu et répété en chœur. **Habitat:** Migrateur rare, cette oie passe habituellement avec les bandes d'oies et de bernaches au printemps et à l'automne.

Oie des neiges (forme sombre)
64-76 cm

Snow Goose • *Chen caerulescens* • Anatidés
[p.228]

Oie foncée à la tête et au cou blancs. On retrouve plusieurs formes de coloration, les parties brunes étant plus ou moins étendues. L'ampleur du blanc sur la tête et le cou varie beaucoup avec l'âge de l'oie. En vol, on repère facilement cette oie parmi les oies blanches. Noter aussi le bleuté de la partie antérieure de l'aile. **Voix:** Le même aboiement nasillard que l'Oie des neiges de la forme blanche: *whouak*. **Habitat:** Observée dans le même type d'habitat que l'Oie des neiges de la forme blanche avec qui on la retrouve. Elle est observée principalement en migration dans nos régions: dans les marais à scirpe, et, de plus en plus souvent, dans les champs. Fréquente aussi les marais à spartine des régions côtières.

Bernache du Canada

Bernache cravant

Oie rieuse
de la taïga
du Groenland
du Groenland
du Groenland

Oie des neiges
forme sombre
immature

Canard noir
American Black Duck • *Anas rubripes* • Anatidés

53-61 cm
[p.233]

Le plus foncé des canards barboteurs. Brun chocolat, presque noir à distance, avec la tête plus pâle. C'est notre seule espèce de canard barboteur chez qui les sexes sont semblables (sauf pour la couleur du bec, jaunâtre chez le mâle et vert chez la femelle). En vol, le dessous blanc de l'aile contraste nettement avec le corps foncé. Le miroir violet est bordé de noir. **Voix :** *Kouèk* grave et nasal ainsi qu'un sifflement doux comme chez le Canard colvert. **Habitat :** C'est le canard commun des marais de l'estuaire du Saint-Laurent et des côtes des Maritimes. Fréquente aussi les marais d'eau douce, les tourbières, les rivières et les lacs.

Canard chipeau
Gadwall • *Anas strepera* • Anatidés

46-56 cm
[p.231]

Le corps grisâtre, noir à l'arrière, caractérise le mâle en plumage nuptial. Ce canard un peu plus petit que le colvert a les parties supérieures grises et le ventre blanc. En vol, le blanc du miroir identifie l'espèce. **Voix :** *Bik* grave, ainsi qu'un cri sifflé. **Habitat :** Ce canard est surtout observé en eau douce, y compris dans les étangs artificiels ou aménagés.

Canard pilet
Northern Pintail • *Anas acuta* • Anatidés

66-76 cm
[p.235]

Élégant canard au corps élancé, le pilet est caractérisé, chez le mâle en plumage nuptial, par une longue queue pointue et un long cou. Le blanc de la poitrine et du cou se termine en pointe sur le côté de la tête. En vol, le long cou et la queue pointue le distinguent des autres canards barboteurs. **Voix :** Sifflement grave en deux parties distinctes : *proup-proup*. **Habitat :** Recherche souvent sa nourriture dans les champs de chaume au printemps. Il fréquente les étangs et les marais, d'eau douce et d'eau salée.

Canard colvert
Mallard • *Anas platyrhynchos* • Anatidés

50-69 cm
[p.233]

C'est le plus connu des canards. En plumage nuptial, le mâle a la tête verte, séparée de la poitrine marron par un mince collier blanc. Le bec jaune, le corps grisâtre et les rectrices centrales noires et frisées de la queue le caractérisent également. En vol, le miroir bleu bordé de deux lignes blanches est distinctif. Noter aussi le bout blanc de la queue. **Voix :** *Kouèk* grave et nasal ainsi qu'un sifflement doux. **Habitat :** Fréquente les milieux humides et les habitats les plus variés. Devenu très commun dans l'Est, il s'hybride souvent avec le Canard noir.

Canard souchet
Northern Shoveler • *Anas clypeata* • Anatidés

43-53 cm
[p.234]

Le bec en forme de cuillère caractérise cet oiseau dans tous les plumages. En plumage nuptial, le mâle a la tête verte, la poitrine blanche et le flanc roux. En vol, le miroir est vert et l'avant de l'aile est bleu, comme chez la Sarcelle à ailes bleues qui est plus petite et n'a pas le bec aussi long. **Voix :** *Monk-monk* grave. **Habitat :** S'observe dans les marais et sur les étangs.

Canard noir

♂

♂

C. noir

♀

C. chipeau

♂

♀

♂

Canard chipeau

Canard pilet

♂

♂

C. pilet

♀

C. colvert

♂

Canard colvert

♂

♀

Canard souchet

♂

♀

♂

C. souchet

Sarcelle d'hiver (Sarcelle à ailes vertes)   37 cm
Green-winged Teal • *Anas crecca* • Anatidés   [p.235]

Le plus petit canard barboteur du Nord-Est. La ligne verticale blanche sur le côté du corps du mâle en plumage nuptial permet de l'identifier de loin sur l'eau. Chez la sous-espèce européenne, cette ligne est horizontale, et placée dans l'aile. En plumage nuptial, le mâle a la tête marron, avec une tache verte. En vol, noter le miroir vert et l'aile foncée. **Voix :** Sifflement court et doux, répété plusieurs fois, ressemblant au chant de la rainette crucifère : *pip-pip*. **Habitat :** Étangs et marais. En migration, passe souvent sur la côte et dans l'estuaire.

Sarcelle à ailes bleues   36-41 cm
Blue-winged Teal • *Anas discors* • Anatidés   [p.234]

Petit canard barboteur, facile à reconnaître de loin grâce au croissant facial blanc du mâle. En plumage nuptial, le mâle a la tête et le haut du cou gris acier ainsi que le corps brun et tacheté. En vol, on voit le miroir vert et l'avant de l'aile bleu. **Voix :** Sifflement ténu : *tsip-tsip*. **Habitat :** Marais et étangs d'eau douce ; rare en eau salée.

Canard d'Amérique (Canard siffleur d'Amérique)   46-56 cm
American Wigeon • *Anas americana* • Anatidés   [p.232]

La tête grise marquée de vert du mâle en plumage nuptial porte une tache blanche sur le front et le dessus de la tête. En vol, la large bande blanche de l'aile devant le miroir est distinctive. Noter aussi le contraste entre le ventre blanc et la poitrine foncée ainsi que les aisselles blanches et non foncées comme chez le Canard siffleur. **Voix :** Un *whî whî, whî-whîou* sifflé. **Habitat :** Se nourrit souvent dans les champs ; niche en eau douce en bordure des étangs et des lacs. Se voit aussi sur le littoral en migration.

Canard siffleur (Canard siffleur d'Europe)   43-51 cm
Eurasian Wigeon • *Anas penelope* • Anatidés   [p.232]

Espèce apparentée au Canard d'Amérique. Une tache beige couvre le front et le dessus de la tête rousse du mâle en plumage nuptial. La poitrine est rosée et le corps, plutôt grisâtre. En vol, ce canard arbore une large bande blanche à l'avant du miroir ; le mâle et la femelle ont les aisselles foncées et non blanches comme chez le Canard d'Amérique. **Voix :** Un *whîn whî-whîou* sifflé. **Habitat :** Visiteur de plus en plus régulier au printemps. Se tient généralement en compagnie de Canards d'Amérique, dans leur habitat.

Canard branchu   43-53 cm
Wood Duck • *Aix sponsa* • Anatidés   [p.231]

Canard très particulier. Le motif blanc de la face du mâle est distinctif dans tous les plumages. En plumage nuptial, noter l'oeil rouge, la huppe vert bouteille et les plumes irisées du mâle. En vol, on remarque la queue carrée, la grosse tête et le bec pointé vers le bas. **Voix :** Un sifflement très doux : *pfuit pfuit*. **Habitat :** Niche dans des trous d'arbres. Fréquente les forêts inondées, les étangs ainsi que les rivières bordées d'arbres. Se perche dans les arbres.

Sarcelle d'hiver

d'Eurasie

♂

S. d'hiver

♂

♀

Sarcelle à ailes bleues

♂

S. à ailes bleues

♂

♀

♂

C. d'Amérique

♀

Canard d'Amérique

♂

Canard siffleur

♂

♀

C. siffleur

♂

C. branchu

♀

Canard branchu

♂

Canard noir
American Black Duck • *Anas rubripes* • Anatidés

54-61 cm
[p.233]

Grosse cane très foncée. La femelle a le même plumage chocolat que le mâle, ce qui la différencie de loin des autres canes. Noter le bec verdâtre marqué d'une tache sombre dessus. En vol, s'identifie au dessous blanc des ailes, contrastant avec le reste du corps et le miroir violet. **Voix :** Un *coin coin-coin-coin, coin coin-coin-coin*, croissant puis décroissant comme chez la cane colvert. **Habitat :** Niche dans les milieux où la végétation ligneuse est présente ; observée avec ses petits dans les marais d'eau douce ou d'eau salée.

Canard chipeau
Gadwall • *Anas strepera* • Anatidés

46-56 cm
[p.231]

Cette cane brunâtre au corps tacheté ressemble beaucoup à la femelle du colvert. De près, noter le bec orangé, au bout plus effilé, et marqué d'une bande noire sur toute la longueur et non d'une simple marque en travers. En vol, le miroir blanc et le ventre de même couleur identifient l'espèce. **Voix :** Plus aigu que le cri de la cane colvert : *gag-ag-ag-ag-ag*. **Habitat :** Niche dans l'herbe en terrain sec près de l'eau où elle s'observe avec ses petits durant l'été.

Canard pilet
Northern Pintail • *Anas acuta* • Anatidés

51-61 cm
[p.235]

Le long cou et la queue allongée de cette femelle lui confèrent une silhouette élégante caractéristique ; la tête et le cou sont plus pâles que le corps. En vol, noter le miroir brun, la silhouette allongée et la mince ligne blanche de la bordure arrière de l'aile. **Voix :** Une série de *couac* graves et descendants, mais plus faibles que chez la cane colvert. **Habitat :** Niche dans les champs ; elle accompagne par la suite ses canetons sur les étangs d'eau douce.

Canard colvert
Mallard • *Anas platyrhynchos* • Anatidés

50-69 cm
[p.233]

Cane brunâtre de forte taille. La couleur du bec la distingue de la femelle du chipeau. Chez la cane colvert, le bec est large et orangé, marqué d'une tache noire en travers sur le dessus et non d'une ligne noire sur toute la longueur comme chez la femelle du chipeau. En vol, deux lignes blanches délimitent le miroir bleu. **Voix :** Un *coin coin-coin-coin, coin coin-coin-coin*, croissant puis décroissant. **Habitat :** Niche dans les champs, généralement près de l'eau où la femelle conduit ses canetons après l'éclosion.

Canard souchet
Northern Shoveler • *Anas clypeata* • Anatidés

43-53 cm
[p.234]

Le gros bec en forme de cuillère caractérise les deux sexes et permet d'identifier la cane nageant en compagnie de ses petits. En vol, noter le bleu sur l'avant de l'aile et la silhouette particulière que lui confère son gros bec. **Voix :** Quatre ou cinq *couac* descendants ; parfois des *couac* graves. **Habitat :** Niche relativement près d'un lac peu profond, d'un marais ou d'un étang.

Canard noir

Canard chipeau

Canard pilet

Canard colvert

Canard souchet

Sarcelle d'hiver (Sarcelle à ailes vertes)   37 cm
Green-winged Teal • *Anas crecca* • Anatidés   [p.235]

C'est le plus petit canard barboteur de nos régions. Le bec, plus court que celui de la Sarcelle à ailes bleues, est couvert de taches noires. Le miroir vert s'aperçoit parfois chez les oiseaux posés. En vol, noter le miroir vert et l'absence de bleu sur l'aile, qui la distinguent de la Sarcelle à ailes bleues. **Voix :** La cane émet un *hin, hin, hin-hin-hin.* **Habitat :** Niche au sol, dans l'herbe, habituellement près de l'eau. En été, fréquente les étangs et les marais en compagnie des jeunes.

Sarcelle à ailes bleues   36-41 cm
Blue-winged Teal • *Anas discors* • Anatidés   [p.234]

Petit canard barboteur brunâtre. La cane diffère de celle de la Sarcelle d'hiver par la taille légèrement plus grande, mais surtout par le bec plus long et plus large précédé d'une tache pâle. En vol, noter que l'avant de l'aile est bleu comme chez le Canard souchet, dont le bec est différent. **Voix :** *Ouac* aigu et nasillard. **Habitat :** Niche à proximité des étangs et des lacs en eau douce ; fréquente aussi les rives herbeuses des rivières.

Canard d'Amérique (Canard siffleur d'Amérique)   46-56 cm
American Wigeon • *Anas americana* • Anatidés   [p.232]

Le roux des flancs et de la poitrine distingue cette cane de toutes les autres sauf de celle du Canard siffleur, dont la tête est différente. Noter la tête ronde et grise marquée d'une multitude de petits points noirs, ainsi que le bec bleu-gris à bout noir. En vol, le devant de l'aile est blanc ; les aisselles blanches la distinguent de la femelle du Canard siffleur qui les a foncées. **Voix :** *Peurrr* grave. **Habitat :** Niche en eau douce, dans les prés humides et au bord des étangs et des lacs.

Canard branchu   43-53 cm
Wood Duck • *Aix sponsa* • Anatidés   [p.231]

La tache blanche en forme de goutte d'eau sur l'oeil caractérise cette cane brunâtre. Noter aussi la huppe, qui est cependant moins longue que celle du mâle. En vol, la longue queue carrée lui confère une silhouette particulière. Comme le mâle, la cane vole en pointant généralement le bec vers le bas. **Voix :** *Whou-î-î-î-îk* perçant et *wik, wik.* **Habitat :** Niche dans les trous d'arbres ou les nichoirs artificiels en forêt, près de l'eau.

Sarcelle d'hiver

Sarcelle
à ailes bleues

Canard
d'Amérique

Canard
branchu

Des marais mystérieux montent souvent des sons étranges, notamment à la tombée du jour et durant la nuit. Ces milieux aquatiques abritent une avifaune diversifiée, plusieurs espèces d'oiseaux tirant avantageusement profit de ce riche habitat. Que ce soit dans les marais d'eau douce où poussent roseaux, quenouilles et une multitude de plantes submergées, tout comme dans les marais où l'eau est salée, les oiseaux sont particulièrement présents.

C'est notamment le cas des râles, hérons et aigrettes qui y nichent ou s'y alimentent. Les râles vivent dans la végétation dense, tandis que les gallinules, foulques, hérons et aigrettes fréquentent volontiers les eaux libres.

Gallinule, Foulque et Râles

Oiseaux foncés des marais, les foulques et les gallinules nagent souvent en hochant la tête d'avant en arrière. Ils sont beaucoup plus faciles à observer que les râles puisqu'ils nagent souvent en eau libre. Les foulques et les gallinules se distinguent notamment des autres oiseaux de marais par leur plaque frontale : rouge chez la Gallinule poule-d'eau et blanche chez la Foulque d'Amérique. Les foulques courent sur l'eau avant de s'envoler ; on les voit rarement en vol.

Gallinule poule-d'eau

Râle de Virginie

Furtifs, les râles se déplacent discrètement dans la végétation des marais et sont difficiles à observer ; quand on les dérange, ils s'enfuient en courant, sans voler. Ils ne volent habituellement que sur de petites distances, d'un vol lent, les pattes pendantes, et retournent rapidement se cacher dans la végétation. Les râles sont fort volubiles : ils émettent des sons un peu inusités et chantent souvent la nuit ; on les entend plus souvent qu'on ne les voit. Chez les râles, les petits ont tous un duvet noir.

Les échassiers

On regroupe ici des oiseaux aux longues pattes, au long cou et au bec pointu qui s'alimentent en eau peu profonde. À la pariade, les couleurs sont avivées chez les hérons et les aigrettes; la coloration du bec, du lore et des pattes varient selon les saisons et, chez l'Aigrette bleue, les immatures ont un plumage blanc qui diffère du plumage foncé des adultes.

Sans parenté avec les hérons, la grue leur ressemble tout de même avec son long cou et ses longues pattes. Par contre, elle vole le cou et les pattes bien étendus, ce qui la distingue des hérons. La grue s'alimente souvent sur la terre ferme, loin de l'eau, et en migration, on peut la voir dans les champs.

Héron garde-boeufs

Grue du Canada

Le butor, le blongios et le bihoreau sont plus trapus; les jeunes ont un plumage différent des adultes au cours de la première année. Dérangés, le butor et le blongios ont tendance à demeurer immobiles, le bec pointant vers le haut. Ils tentent ainsi de se fondre à la végétation environnante afin de passer inaperçu.

Grand Héron

Butor d'Amérique

Héron vert

Gallinule poule-d'eau (Poule-d'eau)   31-38cm
Common Moorhen • *Gallinula chloropus* • Rallidés   [p.258]

Oiseau foncé qui nage en hochant la tête. La ligne horizontale blanche sur le flanc, le bec rouge et la plaque frontale de même couleur identifient facilement cette espèce en plumage nuptial. Sexes semblables. Le juvénile est plus terne et n'a pas le bec rouge ; la ligne blanche sur le flanc le distingue des foulques. **Voix :** Un *kek, kek, kek, kek, kek* retentissant, un *kr-r-rouk* répété ainsi qu'un *ou-èp*. **Habitat :** Niche dans les marais d'eau douce et fréquente aussi les rivières calmes en période de reproduction.

Foulque d'Amérique   33-41cm
American Coot • *Fulica americana* • Rallidés   [p.258]

En plumage nuptial, le bec blanc et le plumage noir ardoisé, sans ligne blanche sur le flanc, caractérisent cette espèce. Sexes semblables. Le juvénile ressemble à l'adulte mais son plumage semble délavé. **Voix :** Caquetages variés : *ka-hè, ka-hè, ha-hè, ha-hè* ; ou *ka ka ka ka ka ka ka* ; ou encore *kuk-kuk-kuk-kuk-kuk*. **Habitat :** Niche dans les marais d'eau douce ; la foulque se tient souvent en eau libre, loin de la végétation émergente.

Râle de Virginie   23-26 cm
Virginia Rail • *Rallus limicola* • Rallidés   [p.257]

Quelquefois observé alors qu'il se déplace furtivement dans la végétation, ce râle est caractérisé par un bec long et rougeâtre. Noter aussi les joues grises de cet oiseau de la taille du merle. Sexes semblables. Le juvénile a un plumage plus noirâtre que l'adulte. **Voix :** Cris variés : *kik, kidik, kidik… ouak, ouak, ouak, ouak* ascendant ou *tchi-tchi-tchi-tchi-tchirrrrr*. **Habitat :** Niche dans les parties peu profondes des marais d'eau douce, dans la végétation dense ; il fréquente parfois les marais salés.

Marouette de Caroline (Râle de Caroline)   20-30 cm
Sora • *Porzana carolina* • Rallidés   [p.257]

C'est notre rallidé le plus répandu. Chez l'adulte, noter le bec court et jaunâtre ainsi que la gorge noire ; le noir se prolonge jusque sur la poitrine. Sexes semblables. Le juvénile a le plumage plus terne et le bec court. **Voix :** *Keûr-oui* sifflé et répété, ou *huî-hî-hî-hî-hî-uuu* ascendant, sifflé et ricané. **Habitat :** Niche dans les marais d'eau douce où poussent les quenouilles ; on la retrouve aussi dans les marais salés et les prés humides.

Râle jaune   15-19 cm
Yellow Rail • *Coturnicops noveboracensis* • Rallidés   [p.256]

Le plus petit râle du nord-est du continent a la taille du moineau. Furtif et nocturne, il est rarement observé. Noter le bec court et jaunâtre, brun-noir chez la femelle, et le plumage jaunâtre des adultes. Sexes semblables. Le juvénile est plus foncé que l'adulte. Les taches blanches sur les secondaires caractérisent l'adulte en vol. **Voix :** Bruit sec de deux cailloux frappés l'un contre l'autre : *tic-tic, tic-tic-tic*. **Habitat :** Fréquente l'étage supérieur des marais côtiers et les prés humides ; en eau douce, fréquente la végétation basse.

Gallinule poule-d'eau

adulte

juvénile

adulte

adulte

juvénile

Foulque d'Amérique

adulte

adulte

Marouette de Caroline

Râle de Virginie

adulte

juvénile

adulte

petit

juvénile

adulte

adulte

Râle jaune

Grue du Canada
Sandhill Crane • *Grus canadensis* • Gruidés

86-122 cm
[p.259]

Oiseau grisâtre de grande taille dont l'allure rappelle le héron, à cause des longues pattes et du long cou. L'adulte a le corps entièrement gris, le seul contraste étant offert par le rouge du front et de la calotte. Le plumage est parfois taché de roux par les substances ferreuses contenues dans la boue des terrains de nidification. Sexes semblables. Le jeune est plus terne. En vol, le cou est allongé et bien droit, ce qui distingue la grue des hérons, qui volent le cou replié. **Voix :** Le cri, très caractéristique, consiste en un *gar-o-ou* roulé et qui porte à plus d'un kilomètre. **Habitat :** Niche notamment dans les marais de la baie James ; se voit en migration dans les champs et les marais.

Grand Héron
Great Blue Heron • *Ardea herodias* • Ardéidés

108-132 cm
[p.222]

Grand échassier au corps gris-bleu, au long cou rayé de noir et au long bec jaune et fort. La tête de l'adulte est blanche et marquée de raies noires prolongées par des aigrettes en plumage nuptial. Sexes semblables. Le dessus de la tête de l'immature est noir et dépourvu d'aigrettes. En vol, noter le long cou replié en S. **Voix :** Les cris consistent en divers croassements rauques : *frahnk, frahnk, frahnk.* **Habitat :** Niche en colonies, les héronières, souvent situées dans des îles peu accessibles. Pêche souvent en eau peu profonde au bord des lacs et des rivières, ainsi qu'en eau salée, dans les zones abritées, notamment les marais et les baies.

Aigrette bleue
Little Blue Heron • *Egretta caerulea* • Ardéidés

50-74 cm
[p.224]

Petit échassier qui semble tout noir de loin ; on ne distingue le bleu foncé du corps et le pourpre du cou et de la tête de l'oiseau en plumage nuptial que sous un bon éclairage et de près. Les individus non nicheurs sont plus violacés. Les pattes sont foncées chez l'adulte et verdâtres chez l'immature (voir page 66). Sexes semblables. En vol, petite aigrette foncée qui vole le cou replié comme tous les membres de sa famille. **Voix :** Généralement silencieuse. **Habitat :** Visiteur occasionnel de nos marais.

Aigrette tricolore
Tricolored Heron • *Egretta tricolor* • Ardéidés

64 cm
[p.224]

L'adulte en plumage nuptial a la tête, le dos et les ailes foncés, qui contrastent avec le ventre blanc. En plumage nuptial, noter aussi le devant du cou blanc et les deux aigrettes blanches. Le bec long et effilé est bleuté à la base et noir au bout. Sexes semblables. En vol, le ventre blanc contraste avec le corps sombre. **Voix :** Croassement rauque. **Habitat :** Visiteur rare qui fréquente généralement les marais côtiers.

Grue du Canada

Grand Héron

Aigrette bleue

Aigrette tricolore

Héron garde-boeufs
Cattle Egret • *Bubulcus ibis* • Ardéidés

48-51 cm
[p.225]

Petit héron trapu au plumage complètement blanc chez l'immature et les individus non reproducteurs; le bec et les pattes sont jaunes. En plumage nuptial, le blanc est marqué de beige sur le dos, la poitrine et la calotte; noter aussi que le bec et les pattes rougissent. Sexes semblables. En vol, le cou est replié comme chez tous les hérons; noter le plumage blanc et le battement d'ailes rapide. **Voix:** Croassement rauque. **Habitat:** Souvent observé dans les pâturages où il s'alimente d'insectes dérangés par les sabots du bétail. Suit aussi, avec les goélands, les tracteurs qui labourent les champs.

Aigrette neigeuse
Snowy Egret • *Egretta thula* • Ardéidés

50-68 cm
[p.223]

Petite aigrette entièrement blanche aux pattes noires, dont l'adulte a les pieds jaunes. Le bec noir et effilé caractérise aussi cette espèce. Noter également le lore jaune. Chez l'immature de l'Aigrette bleue, le lore est grisâtre et le bec est plus fort. Sexes semblables. L'immature n'a pas les pieds jaunes; ses pattes sont jaune-verdâtre à l'arrière et noires devant. En vol, noter les pieds jaunes au bout des pattes noires de cet oiseau au plumage entièrement blanc qui vole le cou replié comme tous les hérons. **Voix:** Croassement grave. **Habitat:** Visiteur dans le Nord-Est, cette aigrette est généralement observée dans les marais, autant en eau douce qu'en eau salée.

Aigrette bleue immature (adulte illustré p.64)
Little Blue Heron • *Egretta caerulea* • Ardéidés

50-74 cm
[p.224]

Aigrette blanche de la taille de l'Aigrette neigeuse. Le plumage, qui semble complètement blanc à distance, est marqué de gris sur le bout des primaires, ce qui est visible surtout chez l'oiseau en vol. Certains immatures en mue ont par ailleurs un plumage plus ou moins maculé de bleu. Noter le lore grisâtre et non jaune comme chez l'Aigrette neigeuse, ainsi que le bec gris au bout foncé. En vol, noter le gris du bout des primaires et les pattes verdâtres. **Voix:** Généralement silencieuse. **Habitat:** Cette aigrette s'observe habituellement dans les marais d'eau douce ou salée.

Grande Aigrette
Great Egret • *Ardea alba* • Ardéidés

88-107 cm
[p.223]

Aigrette entièrement blanche, à peine plus petite que le Grand Héron dont elle a le profil; c'est la plus grande aigrette blanche du Nord-Est. Noter les pattes entièrement noires et le long bec jaune. Le lore est vert chez l'adulte en plumage nuptial et jaune chez l'immature. Sexes semblables. En vol, cette grande aigrette blanche dont les pattes noires dépassent la queue a la silhouette typique d'un héron. **Voix:** Croassement grave et rauque. **Habitat:** Niche en colonies; s'alimente dans les marais et en eaux calmes, autant en eau douce qu'en eau salée.

Héron garde-bœufs

immature

adulte

adulte

Aigrette neigeuse

adulte

immature

adulte

adulte

Aigrette bleue

immature

adulte

Grande Aigrette

immature

G. Aigrette

adulte

Butor d'Amérique
American Bittern • *Botaurus lentiginosus* • Ardéidés

61-86 cm
[p.221]

Échassier trapu, couleur cognac, au dessous du corps rayé. Noter la raie noire caractéristique de l'espèce de chaque côté du cou de l'adulte. Sexes semblables. L'immature n'a pas de raies noires sur le cou. En vol, l'extrémité noire de l'aile identifie cet oiseau au dessus brunâtre. **Voix :** Bruit mystérieux de pompe à main qui monte des marais : *oun-ka-tchoung, oun-ka-tchoung, oun-ka-tchoung* répété plusieurs fois. **Habitat :** Niche dans la végétation dense des marais d'eau douce. Fréquente des milieux humides très divers, autant en eau douce qu'en eau salée, incluant les tourbières de la forêt boréale.

Petit Blongios (Petit Butor)
Least Bittern • *Ixobrychus exilis* • Ardéidés

28-36 cm
[p.222]

Petit échassier furtif de la taille d'un quiscale. Noter la calotte, le dos et la queue noirs du mâle en plumage nuptial. Chez la femelle adulte, ces parties sont brunes. Le plumage du jeune est semblable à celui de la femelle. En vol, noter le bout noir des ailes et la tache marron sur le dessus de l'aile de ce petit échassier lorsqu'il vole au-dessus du marais. **Voix :** Une suite de *cou-cou-cou-cou-cou* qui rappelle un peu le chant du Coulicou à bec noir. **Habitat :** Niche dans les marais d'eau douce à végétation dense. Vole parfois au-dessus du marais et se perche au sommet des quenouilles.

Héron vert
Green Heron • *Butorides virescens* • Ardéidés

41-56 cm
[p.225]

Petit héron foncé des rives boisées des lacs et des rivières. L'oiseau semble en bonne partie noir à distance mais un bon éclairage révèle les nuances de vert du dessus de la tête, du dos et des ailes. Noter aussi le cou marron, sauf sur le devant, ainsi que les pattes et les pieds jaunes. Sexes semblables. L'immature a pour sa part le dessus du corps plus brun, le dessous fortement rayé de brun et les pattes plus pâles que celles de l'adulte. En vol, petit héron foncé aux pattes jaunes. **Voix :** Un *kiouk* fort et aigu répété. **Habitat :** Souvent découvert perché sur une branche basse, surplombant l'eau en bordure d'un lac, d'un ruisseau ou d'une rivière calme.

Bihoreau gris (Bihoreau à couronne noire)
Black-crowned Night Heron • *Nycticorax nycticorax* • Ardéidés [p.226]

58-71 cm

Petit héron nocturne, trapu et grisâtre. Avec ses pattes courtes et son cou bref, le bihoreau a une silhouette très distincte des autres échassiers. Le dos et le dessus de la tête de l'adulte sont noirs. Noter aussi les aigrettes blanches qui partent de la tête et descendent jusqu'au dos. Sexes semblables. L'immature est brunâtre, tacheté de blanc sur les parties supérieures. En vol, les ailes sont larges et les pattes dépassent tout juste la queue. Passe souvent en vol à la fin du jour pour gagner ses lieux d'alimentation. **Voix :** Émet un *couac* sonore en vol. **Habitat :** Fréquente autant les marais d'eau douce que d'eau salée. Commun notamment sur le littoral où il chasse en bordure des marelles créées par le retrait de la marée.

Butor d'Amérique

adulte

adulte

adulte

♂

♂ **Petit Blongios**

♀

Héron vert

adulte

adulte

immature

adulte

Bihoreau gris

adulte

immature

Souvent observés alors qu'ils s'alimentent sur les rivages boueux ou dans les grandes vasières découvertes à marée basse, les limicoles, ou oiseaux de rivage, aux plumages tout en nuances, représentent un défi d'identification. Grands migrateurs pour la plupart, ces oiseaux se voient principalement alors qu'ils font halte dans nos régions le temps de refaire le plein d'énergie avant de poursuivre leur long périple. Quelques-uns nichent sous nos latitudes, parfois loin de l'eau comme la bécasse et le Pluvier kildir.

Une grande variété de plumages

Tous les limicoles ne migrent pas à la même époque, ni ne muent en même temps. Les jeunes nés durant l'été perdent leur duvet et acquièrent le plumage juvénile avant d'entreprendre la migration automnale, après les adultes qui quittent souvent les lieux de nidification de l'Arctique dès la fin de juillet. Chez l'adulte de plusieurs espèces, la mue s'effectue au cours de la migration.

Bécasseau minuscule

Dans une même troupe de limicoles, il est donc possible de voir des oiseaux en plumage juvénile, d'autres en plumage d'hiver et des individus en mue, tels ces Pluviers argentés au ventre plus ou moins maculé de noir. Bref, la variété est grande et des individus de la même espèce peuvent revêtir des plumages différents. Cette diversité de plumages constitue une des difficultés de l'identification des limicoles.

Aspect et cris

La taille et la silhouette sont utiles pour distinguer les espèces. En regroupant les oiseaux par la silhouette, la taille ou le comportement, on crée des catégories commodes.

Enfin, les cris émis par les limicoles, en vol ou posés, aident grandement l'observateur expérimenté à identifier ces oiseaux. En outre, il est souvent possible de noter la présence d'une espèce différente au sein d'une bande simplement en écoutant crier les oiseaux.

La silhouette

Les pluviers constituent une famille à part. Le cou inexistant, la grosse tête et le bec court de ces oiseaux contribuent à leur donner une silhouette trapue. En outre, ils ne sondent pas la boue comme le font les bécasseaux.

Pluvier semipalmé

Les chevaliers ont aussi une silhouette caractéristique. Ces limicoles élancés au cou long sont plus dressés que la plupart des limicoles. Le Bécasseau à échasses a la même silhouette.

Grand Chevalier

La taille

La taille permet de regrouper d'autres limicoles. On retient ici la hauteur de l'oiseau plutôt que la longueur mesurée du bout du bec au bout de la queue. On a établi trois catégories de taille.

Les limicoles de grande taille ont un long bec qui peut être droit comme chez le Chevalier semipalmé, retroussé comme chez les barges ou incurvé comme chez le courlis.

Courlis corlieu

La longueur du bec départage deux catégories parmi les limicoles de taille moyenne. Les espèces au bec long sont les bécassins, la bécassine et la bécasse, au bec très long, qu'on distingue des limicoles de même taille au bec plus court.

Bécasseau maubèche

Enfin les petits bécasseaux se départagent à leur tour par leur taille en deux groupes.

Le comportement

Les phalaropes se distinguent des autres limicoles par le fait qu'ils s'alimentent souvent dans l'eau à la nage, ce qu'ils sont les seuls à faire.

Phalarope de Wilson

Pluvier argenté
27-35 cm
Black-bellied Plover • *Pluvialis squatarola* • Charadriidés [p.259]

Gros pluvier grisâtre au dessous noir en plumage nuptial. Les adultes en plumage d'hiver et les juvéniles n'ont pas de noir apparent sur le corps lorsqu'ils sont posés, mais il peut en subsister chez les migrateurs d'automne. Sexes semblables. En vol, le dessus blanc de la queue, qui contraste avec le dos, les bandes alaires et le noir des aisselles, le distinguent du Pluvier bronzé. **Voix :** Sifflement plaintif rappelant celui du pioui : *pî-ou-î*. **Habitat :** Observé en migration dans les milieux ouverts tels les champs humides, les marais d'eau salée et les grandes vasières.

Pluvier bronzé (Pluvier doré d'Amérique)
25-28 cm
American Golden-Plover • *Pluvialis dominica* • Charadriidés [p.260]

Légèrement plus petit que le Pluvier argenté. Le noir s'étend jusqu'aux sous-caudales en plumage nuptial. En automne, certains individus en mue ont plus ou moins de noir sur le dessous. Les immatures et les adultes en plumage d'hiver ont le dessous pâle. Sexes semblables. En vol, noter l'absence de contraste entre le dos et la queue et les aisselles grises. **Voix :** *Tchou-lit* mélodieux, plus aigu à la fin. **Habitat :** Observé surtout en automne, en particulier dans les pâturages et les labours.

Pluvier siffleur
15-20 cm
Piping Plover • *Charadrius melodus* • Charadriidés [p.261]

Petit pluvier au plumage très pâle, à collier noir parfois incomplet qui brunit en hiver. Le bec est orange et noir en été et complètement noir en hiver. Sexes semblables. L'immature ressemble à l'adulte en plumage d'hiver. En vol, noter le croupion blanc. **Voix :** Sifflement mélodieux, *piip-lo*, qui permet de le repérer sur les plages. **Habitat :** Niche sur les grandes plages de sable adossées à des dunes.

Pluvier semipalmé
17-20 cm
Semipalmated Plover • *Charadrius semipalmatus* • Charadriidés [p.260]

Petit pluvier à collier noir, au dessus du corps brun, plus foncé que chez le Pluvier siffleur. Orange et noir en été, le bec court est complètement noir en hiver. L'immature ressemble à l'adulte en plumage d'hiver. Sexes semblables. En vol, on voit la queue bordée de blanc et foncée au centre. **Voix :** Son cri, un *tou-ri* plaintif, est émis tant en vol qu'au sol. Émet aussi un *tchi-oui*. **Habitat :** Niche sur certaines plages du Nord-Est. Observé en migration dans les vasières.

Pluvier kildir
23-29 cm
Killdeer • *Charadrius vociferus* • Charadriidés [p.261]

Le seul pluvier qui porte deux colliers sur la poitrine. Sexes semblables. Les jeunes n'ont qu'un seul collier. En vol, ou lorsque l'oiseau feint d'être blessé, noter le croupion et le dessus cuivré de la queue. **Voix :** Oiseau très criard ; son cri le plus commun, un *kil-dîî* répété plusieurs fois, lui a valu son nom. **Habitat :** Niche dans des milieux ouverts, souvent perturbés, où la végétation est courte ou inexistante. Fréquente aussi les vasières en migration.

Pluvier argenté
hiver

été

P. argenté

hiver

été

P. bronzé

hiver

Pluvier bronzé
hiver

été

hiver

Pluvier siffleur

été

Pluvier semipalmé

hiver

été

Pluvier kildir

été

poussin

Chevalier semipalmé
36-43 cm
Willet • *Catoptrophorus semipalmatus* • Scolopacidés [p.263]

Oiseau de rivage de taille moyenne au plumage écaillé en été et grisâtre en hiver. Noter le bec fort et droit ainsi que les pattes gris-bleu. En vol, le motif noir et blanc des ailes ainsi que le croupion blanc caractérisent l'espèce en tous plumages. Sexes semblables. **Voix :** Très criard ; son cri *pill-ouil-ouillet* lui a valu son nom anglais. **Habitat :** Niche dans les marais côtiers des Maritimes. Visiteur inusité sur les rivages et dans les prés humides au Québec.

Barge hudsonienne
37-43 cm
Hudsonian Godwit • *Limosa haemastica* • Scolopacidés [p.265]

Oiseau de rivage de grande taille au bec légèrement retroussé. Le mâle en été a la poitrine et le ventre cuivrés, tandis que les individus observés en migration d'automne ont le dessous plus ou moins coloré. Les femelles, plus grosses, sont plus ternes. Plumage d'hiver grisâtre chez les adultes. En vol, noter, dans tous les plumages, le motif noir et blanc des ailes ainsi que le dessus blanc de la queue qui se termine par une bande noire. **Voix :** Son cri est *ta-touit-touit* ou *ta-touit*. **Habitat :** De passage, surtout en automne ; s'observe sur les estrans vaseux.

Barge marbrée
43-51 cm
Marbled Godwit • *Limosa fedoa* • Scolopacidés [p.266]

Oiseau de rivage de grande taille au bec légèrement retroussé. Noter la coloration ocrée de cette barge aux ailes sans motif particulier. Sexes semblables. En vol, noter les couvertures sous-alaires cannelle. **Voix :** Cri : *keûr-ouit*, *keûr-ouit* et *radika*, *radika*. **Habitat :** Passe en migration dans divers milieux humides, incluant les rivages boueux et les prés humides.

Courlis corlieu
38-48 cm
Whimbrel • *Numenius phaeopus* • Scolopacidés [p.265]

Gros oiseau de rivage au plumage gris brunâtre et au long bec en faucille. Noter les raies bien nettes sur le dessus et le côté de la tête. Sexes semblables. En vol, noter les ailes gris-brun, un peu plus pâles dessous, et la queue foncée. **Voix :** Cri fort répété de trois à sept fois, *ki-ki-ki-ki-ki-ki-ki* ou *kiou-kiou-kiou-kiou-kiou-kiou-kiou*. **Habitat :** Observé en migration, surtout en automne, dans les vasières découvertes à marée basse, sur les rivages rocheux et dans les champs où l'herbe est courte.

Ibis falcinelle
56-64 cm
Glossy Ibis • *Plegadis falcinellus* • Threskiornithidés [p.226]

Bien que l'ibis ne soit pas un limicole, son long bec incurvé vers le bas et ses longues pattes lui donnent un air de famille. Les reflets verdâtres sur le plumage marron des adultes en plumage nuptial sont difficiles à voir. Sexes semblables. En vol, noter le corps très foncé, les longues pattes, le cou allongé et le long bec en faucille. **Voix :** Cri rauque et grave. **Habitat :** Visiteur occasionnel dans le Nord-Est, surtout au printemps, en bordure du fleuve et dans les marais côtiers des Maritimes.

été

Chevalier semipalmé

hiver

été

hiver

hiver

été

Barge marbrée

hiver

hiver

Barge hudsonienne

été

été

Ibis falcinelle

Courlis corlieu

Grand Chevalier
32-38 cm

Greater Yellowlegs • *Tringa melanoleuca* • Scolopacidés [p.262]

Oiseau élancé et grisâtre aux pattes jaune vif. Diffère du Petit Chevalier par la taille et le bec plus long, plus fort et parfois légèrement retroussé. Sexes semblables. L'immature ressemble à l'adulte en hiver. En vol, noter les ailes foncées, sans bandes alaires, et le croupion blanc. **Voix :** Criard ; pousse un cri composé généralement de trois ou quatre *kiou*, abrégé parfois en *ki-ki-kiou*. Chant : *tou-wi* répété. **Habitat :** Niche près des lacs et dans les tourbières en forêt boréale. En migration, on l'observe dans divers milieux humides.

Petit Chevalier
23-28 cm

Lesser Yellowlegs • *Tringa flavipes* • Scolopacidés [p.262]

Chevalier grisâtre aux pattes jaune vif. Il est plus petit que le Grand Chevalier et a le bec plus fin et très droit. Sexes semblables. L'immature ressemble à l'adulte en hiver. En vol, noter les ailes foncées ainsi que le croupion blanc. **Voix :** Le cri est *kiou* ou *ki-kiou* ; chant : *pil-a-oui* répété. **Habitat :** Observé en migration dans divers milieux humides, en eau douce ou en eau salée, souvent en compagnie du Grand Chevalier.

Bécasseau à échasses
19-24 cm

Stilt Sandpiper • *Calidris himantopus* • Scolopacidés [p.272]

Bécasseau élancé au dessous fortement rayé en été et uni en hiver. La tache rousse à l'oreille est caractéristique mais l'intensité de la couleur varie selon les individus en automne. Noter le sourcil pâle et le bec légèrement incurvé. Sexes semblables. En vol, ailes foncées et queue plus pâle ; diffère des Grand et Petit Chevaliers par ses pattes verdâtres. **Voix :** Un *wou-p* sifflé et traînant ainsi qu'un *couirp* grave et rauque. **Habitat :** Observé en migration, surtout l'automne, dans les vasières et les marais.

Chevalier solitaire
19-23 cm

Solitary Sandpiper • *Tringa solitaria* • Scolopacidés [p.263]

Chevalier aux pattes verdâtres et au plumage d'un riche brun foncé. Le cercle oculaire blanc, toujours visible, le distingue des autres chevaliers observés dans le Nord-Est. Sexes semblables. En vol, noter le dessus barré du croupion. **Voix :** Un *pit-ouît-ouît*, plus aigu que celui du Chevalier grivelé, ainsi qu'un *pît*. **Habitat :** Niche au bord des étangs de la taïga. S'arrête dans divers milieux humides en migration.

Chevalier grivelé (Chevalier branlequeue)
18-21 cm

Spotted Sandpiper • *Actitis macularia* • Scolopacidés [p.264]

Petit chevalier qui balance continuellement la queue et se dandine en se déplaçant. Ornés de taches rondes en été, la poitrine et le ventre sont unis chez l'adulte en hiver et chez le jeune. Sexes semblables. En vol, les ailes rigides et arquées qui battent rapidement caractérisent l'espèce. **Voix :** En vol, émet une série de *huît* rapides : *huît-huhuhuît-huhuhuît* répété. Émet aussi un *pît-wît*. **Habitat :** Niche dans nos régions, sur les rives des lacs et des rivières ; fréquente divers types de rivages boueux en migration.

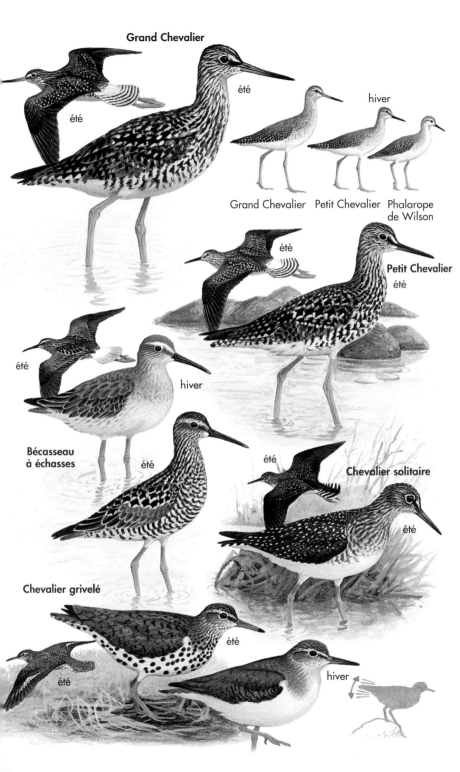

Grand Chevalier

été

été

hiver

Grand Chevalier   Petit Chevalier   Phalarope
de Wilson

été

Petit Chevalier

été

été

hiver

**Bécasseau
à échasses**

été

été

Chevalier solitaire

été

Chevalier grivelé

été

été

hiver

Bécasseau à poitrine cendrée
20-24 cm
Pectoral Sandpiper • *Calidris melanotos* • Scolopacidés   [p.270]

Bécasseau à pattes jaune verdâtre, de taille moyenne, au port dressé et ayant sur la poitrine des rayures serrées qui s'interrompent en formant une limite nette sur le ventre blanc. Le mâle est plus gros que la femelle, et les deux ont le même plumage. L'immature ressemble à l'adulte mais ses rayures pectorales sont plus fines. En vol, noter le blanc qui borde la ligne noire, du croupion jusqu'à l'extrémité de la queue. **Voix :** Un *trrip, trrip* ou un *krik, krik* grave. **Habitat :** De passage en migration ; on l'observe dans les labours, les prés humides et les marais.

Combattant varié (Bécasseau combattant)
22-29 cm
Ruff • *Philomachus pugnax* • Scolopacidés   [p.273]

En plumage nuptial, la collerette et les aigrettes érectiles colorées du mâle le distinguent de toute autre espèce. Le mâle en plumage d'hiver, l'immature et la femelle n'ont pas ces ornements spectaculaires. En tous plumages, noter la petite tête, le bec court ainsi que le long cou. En vol, les larges bandes blanches de chaque côté de la queue l'identifient. **Voix :** En vol : *tou-i.* **Habitat :** Visiteur occasionnel en provenance d'Europe ; fréquente les marais d'eau douce ou d'eau salée et les prés humides.

Maubèche des champs
28-32 cm
Upland Sandpiper • *Bartramia longicauda* • Scolopacidés [p.264]

Noter le long cou, la petite tête ronde et le bec relativement court de cet oiseau élégant, au port bien droit. Sexes semblables. En vol, noter la longue queue et les longues ailes aux extrémités foncées. **Voix :** Sifflement un peu mystérieux, *houîîî-ouîîîîîîî* qui s'entend bien de très loin dans les milieux agricoles où niche la maubèche ; cri : un *poulip-lip* roulé. **Habitat :** Niche dans les champs et les pâturages où elle se perche parfois sur les poteaux de clôture.

Bécasseau roussâtre
19-23 cm
Buff-breasted Sandpiper • *Tryngites subruficollis* • Scolopacidés [p.272]

Bécasseau au port dressé. L'ocre du plumage caractérise l'espèce en tous plumages. Le bec fin et les pattes jaunâtres le distinguent du Pluvier bronzé. En vol, le ventre ocre tranche nettement avec le dessous blanc des ailes. **Voix :** Plutôt silencieux en migration ; émet parfois un trille bas : *pr-r-rît*, ainsi qu'un *tik* perçant. **Habitat :** Migrateur automnal rare qui fréquente les champs où l'herbe est courte.

Bécasseau maubèche
25-28 cm
Red Knot • *Calidris canutus* • Scolopacidés   [p.267]

Ce bécasseau trapu de taille moyenne a le ventre d'un beau rouge brique en été. En automne, l'espèce mue et le rouge est plutôt délavé. En plumage d'hiver, le dos gris écaillé facilite l'identification de ce bécasseau rondelet. Sexes semblables. En vol, noter le croupion pâle, marqué de gris. **Voix :** Plutôt silencieux en migration, émet quelquefois un *knout* grave ou un *toui-ouit.* **Habitat :** Passe en migration, surtout en automne, sur les rivages boueux et les grandes vasières.

Bécasseau à poitrine cendrée

♂
été

♀

♀

C. varié
été

♀

Combattant varié

C. varié

hiver

juvénile

♂

♂

juvénile

juvénile

été

Bécasseau
roussâtre

été

hiver

Maubèche
des champs

été

hiver

été

juvénile

hiver

Bécasseau maubèche

Bécassin roux (Bécasseau roux) 27-31 cm
Short-billed Dowitcher • *Limnodromus griseus* • Scolopacidés [p.273]

Oiseau rondelet, à poitrine rousse en plumage nuptial. L'étendue du roux est variable en automne. Les adultes en plumage d'hiver sont gris sur la poitrine et gris-brun sur le dos. Les juvéniles sont roussâtres. Le bécassin s'alimente en enfonçant le bec dans la vase dans un mouvement de va-et-vient qui rappelle l'aiguille d'une machine à coudre. Sexes semblables. En vol, noter la grande marque blanche qui s'étend du croupion jusqu'au milieu du dos. **Voix :** Le cri consiste en un *tiou-tiou-tiou* plus rapide que celui du Petit Chevalier. **Habitat :** Observé en migration sur les rivages boueux, en eau douce comme au bord de la mer.

Bécassin à long bec (Bécasseau à long bec) 28-32 cm
Long-billed Dowitcher • *Limnodromus scolopaceus* • Scolopacidés [p.274]

Beaucoup plus rare que le Bécassin roux avec lequel on peut le confondre ; la longueur du bec n'est pas un critère suffisant et les deux espèces sont souvent difficiles à distinguer, sauf par la voix. Ce sont surtout des juvéniles qui passent chez nous, tard à l'automne ; ils sont plus gris que les juvéniles du Bécassin roux et les scapulaires et les tertiaires ne présentent pas le motif roux qu'on retrouve chez le juvénile du Bécassin roux. En plumage nuptial, les côtés de la poitrine sont barrés et non mouchetés comme chez le Bécassin roux. Sexes semblables. En vol, noter la grande marque blanche qui s'étend du croupion jusqu'au milieu du dos. **Voix :** Son *kik* unique aide grandement à le distinguer du Bécassin roux ; émet aussi un *kik-kik-kik-kik* qui s'accélère. **Habitat :** Migrateur d'automne occasionnel qui fréquente les vasières, autant en eau douce qu'en eau salée.

Bécassine des marais 26-30 cm
Common Snipe • *Gallinago gallinago* • Scolopacidés [p.274]

Le long bec, la tête rayée, le dessus du corps brunâtre et le ventre blanc caractérisent cette espèce relativement commune. Sexes semblables. En vol, noter la queue roussâtre. **Voix :** Le passage de l'air dans la queue de la bécassine en vol produit un *hou-hou-hou-hou-hou* caractéristique. Émet souvent une série de *couac-couac-couac* forts ainsi qu'un *skèp* caractéristique à l'envol. **Habitat :** Niche dans les prés humides, les marais et les tourbières ; perche souvent sur un poteau au bord d'un pré humide. Fréquente les labours et le bord des fossés en migration.

Bécasse d'Amérique 33-36 cm
American Woodcock • *Scolopax minor* • Scolopacidés [p.275]

Le plumage a la couleur des feuilles mortes. Le très long bec, les pattes courtes et l'absence de cou caractérisent cet oiseau rondelet dont la nuque est marquée de larges bandes noires. Sexes semblables. En vol, sa rondeur et son long bec lui donnent une silhouette bien spéciale. Ses ailes sont arrondies, contrairement à celles des autres limicoles. **Voix :** Un *pînzt* nasillard permet de la repérer à la tombée du jour. Noter aussi le gazouillis et le sifflement produit par les ailes en vol. **Habitat :** Fréquente les bois humides et les aulnaies ; se voit aussi en parade au-dessus des champs en friche.

juvénile

été

hiver

Bécassin roux

été

juvénile

hiver

juvénile

hiver

hiver

Bécassin à long bec

juvénile

Bécassine des marais

Bécasse d'Amérique

jeune

Bécasseau sanderling
Sanderling • *Calidris alba* • Scolopacidés

18-23 cm
[p.267]

Bécasseau gris, très pâle et presque blanc en plumage d'hiver. Relativement facile à identifier à la fois par la tache noire à l'épaule et par son comportement : il suit en courant le va-et-vient des vagues sur les plages. Le juvénile ressemble à l'adulte en hiver mais il est plus foncé sur le dessus. En plumage nuptial, la tête et le haut de la poitrine sont roux, tandis que les plumes sur le dessus du corps sont lisérées de roux. Sexes semblables. En vol, noter la large bande alaire blanche sur les ailes foncées. **Voix :** Un *touik* ou un *kip* bref, répété huit fois. **Habitat :** Migrateur de passage qui fréquente les plages où il court se nourrir dans le sable humide, entre deux vagues.

Bécasseau variable
Dunlin • *Calidris alpina* • Scolopacidés

19-24 cm
[p.271]

Bécasseau rondelet au dos grisâtre et à la poitrine marquée de gris en plumage d'hiver. En plumage nuptial, le dos rougeâtre et la tache noire sur le ventre l'identifient facilement. En toutes saisons, le bec est noir, long et légèrement incurvé à l'extrémité. Sexes semblables. En vol, l'alternance du ventre noir et du dos rougeâtre est assez spectaculaire chez l'oiseau en plumage nuptial. En hiver, noter le dessus du corps foncé, la légère bande alaire ainsi que les marques blanches de chaque côté de la queue. **Voix :** Un *krii* ou un *triiip* nasillard et roulé, parfois répété en trille descendant. **Habitat :** Migrateur de passage qui recherche sa nourriture dans les champs inondés et sur les rivages, autant sur le littoral qu'en eau douce.

Bécasseau violet
Purple Sandpiper • *Calidris maritima* • Scolopacidés

20-30 cm
[p.271]

Bécasseau trapu aux pattes courtes, dont l'adulte en hiver et l'immature sont gris cendré. De très près, le cercle oculaire blanc se démarque nettement sur la grosse tête et on voit que le bec est orangé à la base. Le plumage nuptial des adultes est brun et rayé. Sexes semblables. En vol, noter la bande alaire blanche ainsi que les larges bandes blanches qui bordent la queue. **Voix :** Plutôt silencieux en migration et en hiver ; cris variés : *ouît-ouit* ; *ouit* ; *tit* ; *touit*. **Habitat :** Migrateur observé principalement tard à l'automne et en hiver sur les côtes rocheuses, les jetées et les brise-lames.

Tournepierre à collier
Ruddy Turnstone • *Arenaria interpres* • Scolopacidés

21-25 cm
[p.266]

Ce limicole roux bariolé de noir et de blanc ne ressemble à aucun autre. Noter le dos roux, le bec pointu, le motif noir et blanc particulier de la face et les courtes pattes orangées. Le roux passe au brun en hiver. Sexes semblables. En vol, noter les lignes blanches distinctives bien visibles sur le dessus du corps, ainsi que la queue blanche à bout noir. **Voix :** Un *kiouk* ou un *tok-atok-atokatokatok* rapide. **Habitat :** Migrateur de passage qui fréquente les rivages rocailleux, les endroits jonchés de débris marins ainsi que les amoncellements de varech. Il fouille le varech à l'aide de son bec qu'il utilise aussi pour retourner de petites pierres et divers débris sur le rivage.

Bécasseau sanderling

hiver

été

juvénile

hiver

hiver

Bécasseau variable

juvénile

été

hiver

hiver

hiver

été

Tournepierre
à collier

hiver

Bécasseau
violet

été

hiver

hiver

été

Bécasseau minuscule
13-17 cm
Least Sandpiper • *Calidris minutilla* • Scolopacidés [p.269]

Gros comme un moineau, c'est le plus petit limicole observé dans le Nord-Est. Autant en été qu'en plumage d'hiver, l'adulte est plus brun que le Bécasseau semipalmé. Noter le bec mince et légèrement incurvé vers le bas ainsi que les pattes jaunâtres. Le juvénile ressemble à l'adulte en plumage d'été. Sexes semblables. En vol, noter le dessus du corps brunâtre et la queue bordée de blanc. **Voix :** Un *kruî* aigu et un *prrrit* répété. **Habitat :** Dans nos régions, c'est surtout un migrateur de passage qui fréquente les rivages, autant d'eau douce que côtiers.

Bécasseau semipalmé
14-17 cm
Semipalmated Sandpiper • *Calidris pusilla* • Scolopacidés [p.268]

Petit bécasseau commun au bec noir, court et bien droit, et aux pattes noires. Le dessus du corps est plus gris et plus pâle que celui du Bécasseau minuscule. Sexes semblables. En vol, on voit la queue marquée d'une ligne noire au centre et bordée de blanc. **Voix :** Un *tcherk* bref, répété parfois en un trille rapide. **Habitat :** Migrateur commun dans le Nord-Est, qui s'alimente sur les rivages boueux, autant en eau douce que sur le littoral.

Bécasseau d'Alaska
15-18 cm
Western Sandpiper • *Calidris mauri* • Scolopacidés [p.268]

Petit bécasseau rare, difficile à distinguer du Bécasseau semipalmé. Son bec est plus long, plus fort à la base et légèrement incurvé au bout. Le juvénile a les scapulaires marquées de roux. Sexes semblables. En vol, chez le juvénile, noter sur le dos le V roux formé par la couleur particulière des scapulaires. **Voix :** Un *djît* ou un *tchîp* ténu. **Habitat :** Migrateur d'automne occasionnel dans le Nord-Est ; des juvéniles se mêlent parfois aux Bécasseaux semipalmés.

Bécasseau à croupion blanc
18-20 cm
White-rumped Sandpiper • *Calidris fuscicollis* • Scolopacidés [p.269]

Au repos, les longues ailes dépassent le bout de la queue. Le dessus du corps est assez roux en été. Les individus en plumage d'hiver ou en mue sont grisâtres, avec les côtés finement rayés. Sexes semblables. En vol, remarquer le croupion blanc caractéristique. **Voix :** Un *jîît-jîît-jîît* aigu qui ressemble à un cri de souris. **Habitat :** Migrateur de passage dans les vasières et sur les plages, autant en eau douce qu'en eau salée.

Bécasseau de Baird
18-20 cm
Baird's Sandpiper • *Calidris bairdii* • Scolopacidés [p.270]

Une riche couleur beige caractérise ce bécasseau au dos écaillé dont les ailes dépassent la queue quand il est au sol. Les juvéniles observés dans le Nord-Est en automne ressemblent aux adultes en plumage d'été. Sexes semblables. En vol, noter la tête, le cou et le dessus du corps foncés, sans marque distinctive particulière. **Voix :** Un *crîpit* émis sous la forme d'un trille roulé. **Habitat :** Migrateur de passage qui s'alimente dans les zones les plus sèches des rivages, en eau douce comme en eau salée.

Bécasseau minuscule

juvénile

été

hiver

hiver

Bécasseau
semipalmé

été

juvénile

hiver

hiver

juvénile

hiver

Bécasseau
d'Alaska

juvénile

hiver

hiver

été

Bécasseau à
croupion blanc

juvénile

juvénile

Bécasseau de Baird

été

juvénile

Phalarope de Wilson
21-26 cm

Wilson's Phalarope • *Phalaropus tricolor* • Scolopacidés   [p.275]

En plumage nuptial, la femelle, plus colorée que le mâle, a le côté de la tête marqué de noir; le devant et les côtés du cou sont roux foncé. Le mâle n'a qu'une fine ligne noire sur l'oeil et un peu d'ocre sur le cou. En hiver, le mâle et la femelle sont semblables. Le juvénile a la poitrine chamois et le dos tacheté et plus brun que l'adulte. Il ne garde pas ce plumage longtemps. En vol, ce phalarope diffère des deux autres par l'absence de bandes alaires. Le bec très fin est également caractéristique. **Voix:** Un *ou-èk* nasillard ressemblant à un cri de canard ainsi qu'un *tchèk, tchèk, tchèk.* **Habitat:** Niche dans les marais d'eau douce et les prés humides. S'alimente à la nage comme les autres phalaropes, mais aussi en pateaugeant en eau peu profonde.

Phalarope à bec étroit (Phalarope hyperboréen)   17-20 cm

Red-necked Phalarope • *Phalaropus lobatus* • Scolopacidés   [p.276]

Phalarope qu'on voit surtout en automne, alors que le mâle et la femelle ont le même plumage gris écaillé. En plumage nuptial, la femelle se caractérise par un collier marron et une gorge blanche; le mâle est semblable, mais plus terne. En automne, l'immature ressemble à l'adulte en hiver mais il est plus foncé dessus. En vol, noter le dos écaillé et les ailes grises marquées d'une bande alaire blanche, alors que le Phalarope à bec large est plus pâle et a un dos plus uniforme. **Voix:** Un *ouit* répété. **Habitat:** Migrateur de passage sur les lacs et les rivières de nos régions; il hiverne en mer où on l'observe aussi en migration.

Phalarope à bec large (Phalarope roux)
20-23 cm

Red Phalarope • *Phalaropus fulicaria* • Scolopacidés   [p.276]

Très pâle en hiver, alors que le mâle et la femelle sont semblables, ce phalarope a un bec plus court et plus épais que les deux autres; ce trait est difficile à évaluer sur le terrain. Par ailleurs, il flotte assez haut sur l'eau, ce qui lui donne l'allure d'une mouette lorsqu'il nage. En automne, l'immature ressemble au mâle en plumage d'été mais sa poitrine est ocre; son bec est foncé. En plumage nuptial, la femelle est très rousse et sa face blanche contraste nettement avec le reste du corps. Le mâle est semblable mais plus terne. En vol, le dos gris pâle uniforme et la bande alaire blanche caractérisent cette espèce en plumage d'hiver. **Voix:** Un *ouit* répété. **Habitat:** Cet oiseau hiverne en mer où on l'observe également lors des migrations. Migrateur exceptionnel sur les plans d'eau à l'intérieur des terres.

Phalarope de Wilson

♂ été

♀ été

hiver

♀ été

hiver

Phalarope à bec étroit

♂ été

hiver

♀ été

hiver

Phalarope à bec large

♂ été

hiver

♀ été

hiver

Les oiseaux pélagiques, les goélands, les mouettes et les sternes sont d'excellents voiliers au vol élégant. Souvent associées au bord de la mer, ces espèces n'exploitent pas toutes le milieu marin de la même façon. Certaines vivent toujours au large et ne viennent à terre que pour nicher, d'autres ne s'éloignent guère de la côte, d'autres, enfin, nichent à l'intérieur des terres et vont sur la côte en migration et en hiver.

Les oiseaux pélagiques

Fou, fulmar, océanites et puffins passent leur vie au large et ne viennent à terre que pour nicher, dans des colonies comptant souvent plusieurs milliers de couples.

Les fous, au corps fusiforme et aux longues ailes, sont particulièrement bien adaptés à la pêche; ils capturent les poissons en plongeant du haut des airs et en fendant l'eau comme des flèches. Ils pêchent près des côtes lorsque les bancs de poissons s'en rapprochent. Il faut cinq ans au fou pour acquérir le plumage adulte.

Fou de Bassan

Les océanites sont de petits oiseaux de mer noirs de la taille d'une grosse hirondelle. Deux espèces fréquentent les eaux du Québec et des Maritimes: l'Océanite cul-blanc qui niche dans des colonies situées sur nos côtes et l'Océanite de Wilson, qui niche dans les mers australes et remonte vers nos régions pour y passer l'été en mer. Ces oiseaux s'alimentent en voltigeant près de la surface, les pattes traînantes, donnant l'impression qu'ils marchent sur l'eau.

Océanite cul-blanc

Les puffins passent l'été au large de nos côtes. Ces oiseaux au corps foncé sont particulièrement bien adaptés à la vie en haute mer. Habiles voiliers, il leur faut cependant courir sur l'eau en battant des ailes pour s'envoler. Des narines tubulaires ornent le dessus de leur bec. Leur odorat développé les guide vers leur nourriture.

Puffin majeur

Les laridés : labbes, goélands, mouettes et sternes

Apparentés aux goélands, les labbes au plumage généralement sombre sont de véritables oiseaux de mer. Les immatures, qui ont tous un plumage foncé, sont difficiles à identifier selon l'espèce, d'autant que les labbes sont souvent observés dans des conditions difficiles. La longueur des rectrices centrales, critère utile, varie selon l'âge de l'oiseau. Les labbes harcèlent les mouettes, les goélands et les sternes afin de leur faire lâcher leurs proies. Leurs longues ailes pointues et coudées leur donnent l'allure d'oiseaux de proie.

Labbe parasite

Goélands et mouettes sont des laridés bien connus, aux longues ailes, à la queue carrée ou arrondie et aux pattes plus longues que celles des sternes, qui, en outre, plongent beaucoup plus qu'eux. Le plumage est gris et blanc chez la plupart des adultes et les ailes sont souvent marquées de noir. Certaines mouettes portent un capuchon. Les goélands sont les plus gros laridés et les mouettes, les plus petits.

Goéland à bec cerclé

Le plumage très variable des immatures est déroutant. La plupart des goélands et des mouettes n'acquièrent le plumage adulte qu'après deux, trois ou quatre ans. Chez la plupart des espèces, il y a une mue complète à l'automne et une autre, partielle, au printemps.

Les sternes

Laridés gracieux aux allures d'hirondelles, les sternes diffèrent des goélands par leurs ailes effilées, leur queue généralement fourchue et leur habitude de plonger tête première pour se nourrir, comportement rare chez les goélands. Les sternes volent souvent sur place avant de plonger et se posent rarement sur l'eau.

Fou de Bassan
Northern Gannet • *Morus bassanus* • Sulidés

88-102 cm
[p.220]

Le blanc éclatant du plumage de ce gros oiseau de mer permet de l'identifier facilement, même de loin, lorsqu'il plonge comme une flèche dans la mer. L'adulte est blanc avec du noir au bout des longues ailes étroites tenues bien droites lorsque l'oiseau plane. De près, noter la teinte jaunâtre de la tête et de la nuque ainsi que le motif formé par les lignes sombres qui découpent les différentes parties du bec. Il faut cinq ans au fou pour acquérir le plumage adulte, et la coloration change beaucoup avant cet âge. Sexes semblables. **Voix :** Un *ha-ran, ha-ran, ha-ran* enroué et répété. **Habitat :** Niche en colonies dans les falaises et sur les corniches ; se voit également en mer près des côtes.

Fulmar boréal
Northern Fulmar • *Fulmarus glacialis* • Procellariidés

46-51 cm
[p.216]

Oiseau de mer grisâtre qui ressemble à un goéland mais s'en distingue à sa façon de voler. Noter les ailes rigides en vol ainsi que les battements rapides qui alternent avec de longs planés exécutés près de la surface de la mer. De près, on voit le bec massif et le cou qui est court et fort. Sexes semblables. **Voix :** Généralement silencieux en mer ; émet des grognements rauques lorsqu'il dispute de la nourriture à d'autres fulmars. **Habitat :** Niche en colonies, dans des falaises. Observé principalement en haute mer, où il lui arrive de suivre les bateaux.

Océanite cul-blanc (Pétrel cul-blanc)
Leach's Storm-Petrel • *Oceanodroma leucorhoa* • Hydrobatidés

19-23 cm
[p.219]

Petit oiseau de mer de la taille d'une Hirondelle noire. Son corps noirâtre est marqué d'une tache blanche au croupion et sa queue est fourchue. En vol, noter surtout les ailes longues et pointues dont le battement rappelle celui d'une sterne ; l'oiseau appuie fortement sur les ailes et semble bondir à chaque battement. Change souvent de direction, ce qui lui donne un vol assez erratique. Sexes semblables. **Voix :** Généralement silencieux en mer ; la nuit, près des colonies, il émet des sifflements et des trilles. **Habitat :** Observé principalement en pleine mer.

Océanite de Wilson (Pétrel océanite)
Wilson's Storm-Petrel • *Oceanites oceanicus* • Hydrobatidés

18-19 cm
[p.219]

Petit oiseau de mer noirâtre qui vole comme une hirondelle et s'alimente à la surface de la mer en voltigeant ou en « marchant sur l'eau », ce qu'il fait en volant sur place et en glissant les pattes à la surface. Les ailes rondes, le vol moins erratique et les battements d'ailes plus rapides le distinguent de l'Océanite cul-blanc. Chez les individus observés de près en vol, noter les pattes qui dépassent du bout de la queue. De très près, il est aussi possible de voir que le blanc du croupion « descend » sur les flancs de l'oiseau ; cette marque est visible même chez l'oiseau posé. Sexes semblables. **Voix :** Généralement silencieux en mer ; émet parfois des petits cris en se nourrissant. **Habitat :** Se voit habituellement en pleine mer ; s'approche des côtes, particulièrement en suivant les bateaux de pêche qui reviennent au port.

Fou de Bassan

adulte

adulte

3e année

1re année

Fulmar boréal

Goéland argenté

Océanite de Wilson

Océanite cul-blanc

Puffin majeur
Greater Shearwater • *Puffinus gravis* • Procellariidés

46-51 cm
[p.217]

Oiseau de mer, foncé dessus et pâle dessous, caractérisé en vol par de longues ailes étroites tenues bien droites lorsqu'il plane. Il bat des ailes fort et rapidement et plane longtemps très près de la surface de l'eau, disparaissant entre les vagues lorsque la mer est agitée. La calotte foncée est bien nette chez cette espèce, de même que le collier blanc sur la nuque et la bande blanche à la base de la queue. La tache abdominale un peu plus foncée est très difficile à voir en mer. Sexes semblables. **Voix:** Généralement silencieux en mer; ces puffins émettent des sons grinçants lorsqu'ils se disputent de la nourriture. **Habitat:** Niche dans l'Atlantique Sud et remonte dans l'Atlantique Nord durant notre été. Observé en pleine mer.

Puffin fuligineux
Sooty Shearwater • *Puffinus griseus* • Procellariidés

41-46 cm
[p.218]

Ce puffin commun de l'Atlantique est le seul qui soit foncé tant sur le dessus du corps qu'en dessous. En fait, les seules zones pâles sont situées sous les ailes et sont de dimension variable. Ces zones pâles sont difficiles à voir, si bien que l'oiseau semble complètement sombre de loin. Vole en alternant les battements et les planés, les ailes bien droites comme chez les autres espèces de puffins. Sexes semblables. **Voix:** Généralement silencieux en mer; les puffins crient en se disputant de la nourriture. **Habitat:** Niche dans l'Atlantique Sud et remonte dans l'Atlantique Nord après la saison de nidification, durant notre été. Observé au large des côtes.

Puffin des Anglais
Manx Shearwater • *Puffinus puffinus* • Procellariidés

31-38 cm
[p.218]

Petit puffin au dessus noirâtre et au dessous blanc contrastant. Battements d'ailes rapides suivis de vols planés au ras de l'eau. Tout en planant, il se déplace souvent entre deux vagues, « tournant sur l'aile » pour changer de cap, révélant en alternance le noir et le blanc de son plumage. Noter l'absence de marques blanches sur le cou ou à la base de la queue. **Voix:** Généralement silencieux en mer. **Habitat:** Niche surtout dans l'Atlantique Nord. Se voit habituellement au large, à la recherche de sa nourriture; s'approche plus près des côtes que les autres puffins.

Puffin cendré
Cory's Shearwater • *Calonectris diomedea* • Procellariidés [p.217]

48-53 cm

Le plus rare des puffins observés au large des Maritimes dans l'Atlantique Nord. De la taille du Puffin majeur, il a le dessus du corps uniformément foncé, sans marques blanches distinctives. De très près, on peut aussi voir le bec jaune caractéristique. Sexes semblables. Il bat des ailes plus lentement et fait de longs planés au cours desquels il exécute parfois des boucles. **Voix:** Généralement silencieux en mer. **Habitat:** Niche dans des îles de l'est de l'Atlantique Nord. Observé occasionnellement en mer, plus particulièrement au large de la Nouvelle-Écosse.

Puffin majeur

Puffin fuligineux

Puffin des Anglais

Puffin cendré

Labbe pomarin
51-59 cm

Pomarine Jaeger • *Stercorarius pomarinus* • Laridés [p.277]

Plus gros que le Labbe parasite. Les adultes de la forme claire ont la calotte foncée, la bande pectorale bien nette et les rectrices centrales torsadées et non pointues. Comme chez tous les labbes, l'oiseau met trois ou quatre ans avant d'acquérir le plumage adulte, ce qui explique la longueur variable des rectrices centrales de la queue. Il est très difficile d'identifier l'immature sur le terrain. Noter cependant la tête plutôt brun foncé et les marques blanches sur le dessus des ailes. Sexes semblables. Ce labbe a un vol lent et dégage une impression de lourdeur. **Voix :** Généralement silencieux en mer. **Habitat :** Cette espèce se voit surtout au large des côtes en migration.

Labbe parasite
46-54 cm

Parasitic Jaeger • *Stercorarius parasiticus* • Laridés [p.277]

Ce labbe élancé est le plus fréquent dans nos régions. Chez l'adulte de la forme claire, noter la calotte et la bande pectorale foncées. Les rectrices centrales sont pointues et dépassent les autres plumes de la queue chez l'adulte seulement, car il leur faut trois ou quatre ans pour pousser. Ce critère n'est donc pas toujours utilisable. Sexes semblables. L'immature, au plumage relativement foncé, est difficile à identifier ; de près et sous un bon éclairage, noter ses teintes rousses et le blanc présent sous l'aile. Le vol est rapide et agile, comme celui du faucon, en particulier lorsqu'il poursuit des oiseaux. **Voix :** Généralement silencieux en mer. **Habitat :** Passe au large en migration, mais se voit plus souvent que les autres labbes à partir des côtes. Hiverne en mer.

Labbe à longue queue
51-59 cm

Long-tailed Jaeger • *Stercorarius longicaudus* • Laridés [p.278]

Le plus petit et le plus rare des trois labbes. Les longues rectrices de l'adulte le distinguent des autres labbes. Comme chez les autres labbes, ces plumes n'atteignent leur pleine longueur qu'après trois ou quatre ans. Noter la calotte noire et l'absence de bande pectorale chez l'adulte. Vole comme une sterne. Le contraste entre l'extrémité foncée des ailes et le manteau grisâtre est caractéristique de cette espèce, chez l'adulte comme chez l'immature. **Voix :** Généralement silencieux en mer. **Habitat :** Passe au large des côtes en migration d'automne.

Labbe pomarin

forme foncée
adulte

forme claire
adulte

forme claire
immature

forme foncée
juvénile

Labbe parasite

forme foncée
adulte

forme claire
adulte

forme foncée
juvénile

forme claire
immature

adulte

Labbe à longue queue

juvénile

immature

Mouette tridactyle
Black-legged Kittiwake • *Rissa tridactyla* • Laridés

40-46 cm
[p.284]

Mouette avant tout maritime, sans capuchon, qui ressemble par ses couleurs à un goéland miniature. Chez l'adulte en vol, noter le manteau gris et le bout des ailes complètement noir, sans taches blanches. Chez l'immature du premier hiver, le collier noir est Àcaractéristique ; en vol, des lignes noires forment un W bien visible sur le dessus des ailes et on voit la bande noire à l'extrémité de la queue. Posé, l'adulte en été est caractérisé par des pattes noires et un petit bec jaune ; la nuque est grise en hiver. Noter chez l'immature posé, outre le collier noir toujours visible, la ligne noire qui traverse l'aile repliée. Sexes semblables. **Voix :** Émet un *kaka-ouîk* ou *kitti-ouaak* répété. Très bavarde sur les lieux de nidification. **Habitat :** Espèce d'eau salée, cette mouette cherche souvent sa nourriture assez loin des côtes. En période de nidification, on la repère souvent dans ses va-et-vient constants entre la mer et les falaises où se trouve la colonie. Rare sur les lacs.

Mouette de Sabine
Sabine's Gull • *Xema sabini* • Laridés

33-36 cm
[p.284]

Observée principalement en mer, au large des côtes, notamment en migration d'automne alors qu'on peut encore découvrir quelques adultes en plumage nuptial. Seule mouette à queue fourchue qui fréquente nos régions. De près, noter le capuchon gris ainsi que le bec noir à bout jaune. De loin, le motif particulier des ailes permet d'identifier l'espèce en toutes saisons, autant l'adulte que l'immature. Chez l'immature posé, noter le brun des ailes et du dos qui s'étend jusque sur la calotte et le dessous blanc de l'oiseau. Sexes semblables. **Voix :** Généralement silencieuse en mer. **Habitat :** Cette mouette nordique hiverne en mer où elle se voit habituellement au cours de la migration d'automne. Parfois repérée en eau douce à l'intérieur des terres au début de l'automne.

Mouette pygmée
Little Gull • *Larus minutus* • Laridés

28 cm
[p.279]

Petite mouette observée autant en eau douce que sur le littoral. Le dessous noir de l'aile arrondie est particulier à l'adulte de cette espèce. En plumage nuptial, noter le capuchon noir, le bec sombre et les pattes rouges. En hiver, la tête pâle porte une calotte foncée. L'immature se distingue de celui de la Mouette de Bonaparte, avec qui on le rencontre, par le motif en W sur les ailes. Sexes semblables. **Voix :** Un *kièk* répété et doux. **Habitat :** Niche dans les marais d'eau douce et hiverne sur les côtes. Se voit occasionnellement en migration d'automne.

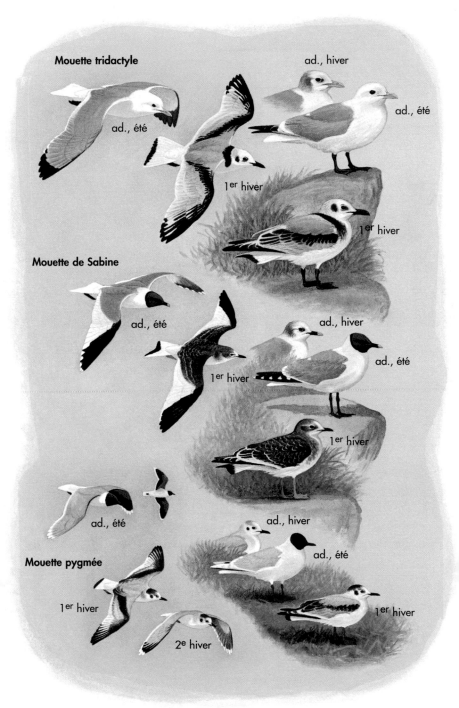

Mouette tridactyle

ad., été

ad., hiver

ad., été

1er hiver

1er hiver

Mouette de Sabine

ad., été

ad., hiver

ad., été

1er hiver

1er hiver

Mouette pygmée

ad., été

1er hiver

2e hiver

ad., hiver

ad., été

1er hiver

Mouettes 2

Mouette de Bonaparte
Bonaparte's Gull • *Larus philadelphia* • Laridés

30-37 cm
[p.280]

La plus commune des mouettes à capuchon chez nous. En plumage nuptial, noter le capuchon foncé de l'adulte ainsi que le bec fin et noir. Chez le juvénile et l'adulte en plumage d'hiver, la tête est presque toute blanche, ornée simplement d'une tache foncée à l'oreille. Sexes semblables. En vol, le triangle blanc sur l'aile permet, en tous plumages, de la distinguer des autres laridés, à l'exception de la Mouette rieuse dont le dessous des primaires est foncé. **Voix :** Le cri, un *tcherr* ou *tchîrr* nasal, ressemble quelque peu à celui d'une sterne. **Habitat :** Se voit en migration, dans divers types d'habitats, autant en eau douce que sur le littoral.

Mouette rieuse
Black-headed Gull • *Larus ridibundus* • Laridés

36-38 cm
[p.280]

Beaucoup plus rare que la Mouette de Bonaparte, la Mouette rieuse a également un capuchon foncé dont la couleur brune n'est cependant visible que sous un très bon éclairage. L'adulte en plumage d'hiver et l'immature ont la tête blanche marquée d'un point foncé à l'oreille. Sexes semblables. En vol, l'aile marquée d'un triangle blanc sur le dessus est cependant foncée en dessous, ce qui la distingue de la Mouette de Bonaparte, au vol plus léger. **Voix :** Particulièrement bavarde près des lieux de nidification. Émet une variété de cris rauques et grinçants. **Habitat :** Plutôt rare, cette espèce ne niche qu'aux îles de la Madeleine dans le Nord-Est ; on l'observe habituellement près des côtes.

Mouette atricille (Mouette à tête noire)
Laughing Gull • *Larus atricilla* • Laridés

38-43 cm
[p.278]

Grosse mouette à bec fort qui ressemble plutôt à un goéland. En hiver, le capuchon noir des adultes disparaît mais la tête prend une teinte grise. Sexes semblables. Les immatures sont très foncés. **En vol**, noter le dos et le dessus des ailes très foncés chez les adultes ; l'extrémité noire des ailes se confond avec la teinte sombre du dessus. Bande noire complète à l'extrémité de la queue des immatures. **Voix :** Un rire sonore : *haah-haah-haah-ha-ha-ha-ha-ha*. **Habitat :** Se voit principalement près des côtes ; elle accompagne parfois les bandes de goélands à l'intérieur des terres.

Mouette de Franklin
Franklin's Gull • *Larus pipixcan* • Laridés

34-40 cm
[p.279]

Mouette à capuchon qui niche dans l'ouest du continent. Le capuchon noir des adultes en plumage nuptial couvre encore une bonne partie de la tête en hiver. Contrairement aux autres mouettes à capuchon, la tête des adultes et de l'immature demeure très foncée en hiver. Sexes semblables. **En vol**, noter la bande noire incomplète (les rectrices externes sont blanches) à l'extrémité de la queue des immatures. **Voix :** H*ink hink hink* perçant et divers miaulements et rires. **Habitat :** Parfois découverte parmi les bandes de goélands, dans les dortoirs ou en train de s'alimenter dans les champs.

Mouette de Bonaparte

ad., hiver

ad., été

ad., été

1er hiver

1er hiver

Mouette rieuse

ad., été

1er hiver

ad., hiver

ad., été

1er hiver

ad., été

Mouette atricille

ad., été

ad., hiver

1er hiver

1er hiver

ad., été

ad., hiver

ad., été

ad., été

1er hiver

1er hiver

Mouette de Franklin

1er hiver

Goéland à bec cerclé
46-51 cm
Ring-billed Gull • *Larus delawarensis* • Laridés
[p.281]

C'est le goéland commun des villes. Petit goéland au dos gris et aux ailes grises marquées de noir à l'extrémité. En plumage d'été, le bec jaune de l'adulte est cerclé de noir près de l'extrémité ; noter aussi les pattes jaunes des individus posés. Le plumage d'hiver est semblable à celui de l'été chez l'adulte, sauf sur la tête, marquée de rayures brunes. Sexes semblables. En vol, manteau gris et dessus des ailes à bout noir. **Voix :** Cri plus aigu que celui du Goéland argenté : *ayink...ayink...ayink* ou *gin-gin-gin-gin-gin*. **Habitat :** Commun dans les villes et en eau douce ; fréquente aussi les milieux côtiers.

Goéland argenté
59-66 cm
Herring Gull • *Larus argentatus* • Laridés
[p.281]

Goéland omniprésent sur les côtes, plus grand et plus robuste que le Goéland à bec cerclé. On peut identifier l'adulte posé au bec jaune marqué d'un point rouge et aux pattes rosées. Noter également le dos gris et les ailes grises marquées de noir aux extrémités. En hiver, la tête des adultes est rayée de brun. Sexes semblables. En vol, manteau gris et ailes au bout noir. **Voix :** Cris variés : *ayâk...ayâk...ayâ* ou *yok yok-yok-yokel-yokel* ; les oiseaux dérangés peuvent émettre un *gâ-gâ-gâ*. **Habitat :** Présent sur les côtes, ce goéland fréquente aussi les lacs et les rivières.

Goéland brun
53-61 cm
Lesser Black-backed Gull • *Larus fuscus* • Laridés
[p.282]

Goéland à peine plus petit que le Goéland argenté, au manteau foncé. Sous un bon éclairage, il est possible d'en voir la couleur gris ardoisé. Noter le bec jaune marqué d'un point rouge chez l'adulte ainsi que les pattes jaunes et non roses comme chez le Goéland marin. La tête est rayée de brun en hiver. Sexes semblables. En vol, observer le dos et les ailes foncés. **Habitat :** Ce goéland qui niche en Europe se voit de plus en plus fréquemment de ce côté-ci de l'Atlantique. On le découvre souvent dans les bandes de goélands, autant sur les côtes que sur les lacs et les rivières.

Goéland marin (Goéland à manteau noir)
71-79 cm
Great Black-backed Gull • *Larus marinus* • Laridés
[p.283]

Gros goéland au manteau noir. La grande taille, la silhouette robuste et le noir de l'oiseau permettent d'identifier facilement l'adulte. Les pattes sont roses comme celles du Goéland argenté et le bec fort est marqué de rouge. En hiver, le plumage de l'adulte est à peu près le même qu'en été. Sexes semblables. En vol, son allure imposante, son dos et ses ailes foncés le caractérisent. **Voix :** Cris rauques et forts : *cao cao cao* ou *aôk aôk aôk* ; émet aussi un *yôk-yôk-yôk*. **Habitat :** Niche principalement dans les îles côtières. En migration et en hiver, on le voit aussi en eau douce à l'intérieur des terres.

Goéland à bec cerclé — été — hiver — été

Goéland argenté — été — hiver — été

Goéland brun — été — été — hiver

Goéland marin — été — été — hiver

Goéland à bec cerclé
46-51 cm

Ring-billed Gull • *Larus delawarensis* • Laridés · [p.281]

Ce n'est qu'au troisième hiver que les oiseaux acquièrent le plumage adulte. Le juvénile a le plumage brunâtre durant son premier été. Au premier hiver, l'immature a le dos gris et le dessus des ailes brun. Il diffère alors de l'immature du Goéland argenté qui est uniformément brun. Au deuxième hiver, le plumage de l'immature ressemble à celui de l'adulte, avec un peu plus de brun sur le dessous du corps. En vol, noter le bout brun des ailes et la bande terminale brune de la queue. **Habitat:** Comme l'adulte, fréquente les villes, les champs labourés et divers milieux aquatiques.

Goéland argenté
59-66 cm

Herring Gull • *Larus argentatus* • Laridés · [p.281]

Le plumage adulte est acquis au quatrième hiver. Le juvénile, au bec noir, a le plumage brun foncé durant le premier été. Au premier hiver, l'immature conserve un plumage entièrement brun, ce qui le distingue assez facilement des autres goélands en automne. Au deuxième hiver, l'immature a le dos gris et le dessus des ailes brunâtre, ce qui le fait ressembler à l'immature de premier hiver du Goéland à bec cerclé, plus petit. Au troisième hiver, le plumage de l'immature du Goéland argenté ressemble à celui de l'adulte. En vol, au premier hiver, ce goéland est foncé, autant sur le corps que les ailes. **Habitat:** Observé, comme l'adulte, près de la côte et au bord des lacs et des rivières. En automne et en hiver, on le retrouve en bandes avec d'autres goélands.

Goéland marin (Goéland à manteau noir)
71-79 cm

Great Black-backed Gull • *Larus marinus* • Laridés · [p.283]

Gros goéland qui acquiert le plumage adulte au quatrième hiver. L'immature est brunâtre là où l'adulte est noir, sur le manteau. Au premier hiver, il a cependant une bande foncée à l'extrémité de la queue et son bec est complètement noir. Aux deuxième et troisième hivers, le noir est restreint à l'extrémité du bec. Le plumage de troisième hiver ressemble beaucoup à celui de l'adulte. En vol, la bande foncée du bout de la queue est visible chez l'immature de premier hiver; cette bande pâlit l'année suivante et disparaît par la suite. **Habitat:** Observé principalement sur la côte, comme l'adulte; quelques individus se retrouvent également parmi les troupes de goélands qui se forment en automne et en hiver.

Goéland à bec cerclé

juvénile

1er hiver

1er hiver

juvénile

2e hiver

Goéland argenté

2e hiver

juvénile

2e hiver

Goéland marin

2e hiver

Goéland arctique
Iceland Gull • *Larus glaucoides* • Laridés

57-64 cm
[p.282]

L'immature au plumage presque entièrement blanc est facile à repérer parmi les goélands qui hivernent sur le littoral. Le bec est presque tout noir chez l'immature de premier hiver et jaune chez l'adulte. En vol et chez les oiseaux posés, le dessus du dos se fond avec le gris uniforme du dessus des ailes. Les individus de la race *glaucoides* (qui niche au Groenland) ont l'extrémité des ailes blanches, alors que les individus de la race *kumlieni* (qui niche dans l'Arctique canadien) ont l'extrémité des ailes marquée de petites taches sombres. Sexes semblables. Le plumage d'hiver est comme le plumage d'été chez l'adulte, sauf pour les rayures brunes de la tête. **Voix :** Généralement silencieux en hiver dans nos régions. **Habitat :** Niche dans l'Arctique et hiverne sur nos côtes. Relativement rare à l'intérieur des terres, mais présent parmi les bandes de goélands qui se forment lors des migrations.

Goéland bourgmestre
Glaucous Gull • *Larus hyperboreus* • Laridés

66-76 cm
[p.283]

Ressemble à un gros Goéland arctique en plus robuste. L'immature au plumage blanc est facile à repérer dans les bandes de goélands. Le bec fort est noir à l'extrémité chez l'immature et jaune avec un point rouge chez l'adulte. Le dos et le dessus des ailes sont gris chez l'adulte qui a, en plus, le bout des ailes blanc, sans les marques foncées des autres goélands. En vol ou posé, la silhouette robuste de l'oiseau rappelle celle du Goéland marin. Sexes semblables. En hiver, l'adulte a un plumage qui ne se distingue du plumage d'été que par les fines rayures brunes de la tête. **Voix :** Généralement silencieux en hiver dans nos régions. **Habitat :** Niche dans l'Arctique ; hiverne sur nos côtes. Quelques individus se voient à l'intérieur des terres, parmi les rassemblements de goélands lors des migrations.

Mouette blanche
Ivory Gull • *Pagophila eburnea* • Laridés

40-49 cm
[p.285]

Seule mouette dont l'adulte a le plumage entièrement blanc. À tout âge, les yeux et les pattes sont noirs et le bout du bec est jaune. L'immature a la face foncée et des marques noires sur le plumage, notamment sur le bout des ailes et de la queue. Sexes semblables. **Voix :** Un *krriiiiir* fort et perçant qui ressemble à celui d'une sterne. **Habitat :** Niche dans le Haut-Arctique et hiverne principalement sur la banquise nordique. Quelques individus hivernent sur la côte atlantique ; accidentel dans les terres.

Goéland arctique

glaucoides ad., été

glaucoides ad., hiver

1er hiver

1er hiver

glaucoide ad., hiver

kumlieni ad., été

G. arctique 1er hiver

Goéland bourgmestre

ad., été

ad., hiver

1er hiver

1er hiver

ad., hiver

1er hiver

Mouette blanche

ad., été

ad., été

1er hiver

1er hiver

ad., été

Sterne pierregarin
Common Tern • *Sterna hirundo* • Laridés

33-41 cm
[p.286]

Notre sterne la plus commune. En plumage nuptial, l'adulte a un bec orange au bout noir et une calotte noire. Le dessus gris des ailes présente du noir sur les primaires. Le devant de la tête est marqué de blanc chez l'immature et l'adulte en plumage d'hiver. Sexes semblables. **Voix :** Un *kî-eurrr* perçant et strident ; émet aussi un *kîok-kîok-kîok* et un *kîk kîk kîk*. **Habitat :** Observée autant en eau douce que sur le littoral ; niche en colonies sur les plans d'eau de l'intérieur et près de la côte.

Sterne arctique
Arctic Tern • *Sterna paradisaea* • Laridés

36-43 cm
[p.287]

Presque identique à la Sterne pierregarin dont elle diffère par la joue blanche qui contraste avec le dessus du corps gris en plumage nuptial. Noter aussi le dessus de la tête noir, le bec et les pattes rouge sang ainsi que le dessus gris des ailes, non marqué de noir sur les primaires. La calotte noire est incomplète chez l'adulte en plumage d'hiver et l'immature. Sexes semblables. **Voix :** Un *kî-yah* plus aigu que celui de la Sterne pierregarin ; émet aussi un *tr-tî-ar* ou un *tî-ar*. **Habitat :** Fréquente avant tout le littoral ; se voit aussi en mer en migration.

Sterne de Dougall
Roseate Tern • *Sterna dougallii* • Laridés

36-43 cm
[p.286]

La plus rare des sternes qui nichent dans le Nord-Est. Le bec noir se teinte de rouge foncé à la base l'été. Noter le dessus du corps gris pâle, l'absence de ligne noire sous la bordure des ailes et la longue queue fourchue. La calotte noire est incomplète chez l'adulte en plumage d'hiver et l'immature. Sexes semblables. **Voix :** Un *tchi-ouîp* ou *tchou-ick* disyllabique et caractéristique. Le cri est plus doux que celui de la Sterne pierregarin. **Habitat :** Espèce essentiellement marine qui ne s'éloigne jamais beaucoup de la mer.

Sterne caspienne
Caspian Tern • *Sterna caspia* • Laridés

48-58 cm
[p.285]

Sterne grosse comme un goéland ; son gros bec rouge orangé est caractéristique. Le dessus de la tête et le front sont noirs chez l'adulte en plumage nuptial et rayés de blanc chez l'immature et l'adulte en hiver. Sexes semblables. En vol, noter le dessus des ailes entièrement gris ainsi que le dessous foncé des primaires. **Voix :** Un cri rauque et grave : *kra-ak* ou *kârrr*. **Habitat :** Sterne de l'intérieur du continent ; se voit en eau douce ou salée en migration.

Guifette noire
Black Tern • *Chlidonias niger* • Laridés

23-27 cm
[p.287]

Le corps noir de l'adulte en plumage nuptial l'identifie facilement. Le dos ainsi que le dessus des ailes et de la queue sont gris foncé. Chez l'immature et l'adulte en plumage d'hiver, le dessous du corps est blanc. Sexes semblables. **Voix :** Un *kik* sec. **Habitat :** Fréquente surtout les grands marais d'eau douce lors de la reproduction. Passe près de la côte en migration.

Sterne pierregarin

juvénile

été

été

hiver

été

hiver

Sterne arctique

juvénile

été

juvénile

été

Sterne de Dougall

été

hiver

Sterne caspienne

été

été

hiver

Guifette noire

juvénile

hiver

été

été

été

Vaste groupe d'oiseaux aux silhouettes et aux formes diverses. Ces prédateurs chassent les mammifères, les oiseaux ou les insectes, se nourrissent d'animaux morts comme l'urubu, ou encore pêchent comme le balbuzard. Sauf l'urubu, ils ont des serres puissantes pour capturer leurs proies et un bec crochu qui leur permet de les déchiqueter. Chez la très grande majorité des espèces, la femelle est plus grande que le mâle.

Les rapaces ou oiseaux de proie sont constitués de deux ordres : les falconiformes, rapaces diurnes, et les strigiformes, qui chassent principalement la nuit.

Les rapaces diurnes

La taille et la silhouette aident grandement à départager les rapaces diurnes. Les oiseaux d'un même genre ont la même silhouette. Il s'agit donc d'un bon point de départ pour l'identification de ces oiseaux.

Les grands rapaces : quatre espèces figurent dans cette catégorie où la taille est le critère principal. Le pygargue, l'aigle et l'urubu ont de très grandes ailes qui leur permettent de planer longtemps. Le balbuzard a les ailes plus étroites ; c'est le plus petit du groupe.

Pygargue
à tête blanche

Les buses sont de gros oiseaux de proie trapus au bec fort. Les ailes arrondies et la queue relativement courte et carrée, rayée chez plusieurs espèces, caractérisent les buses qui tournoient en planant haut dans le ciel, souvent au-dessus des champs ou d'autres milieux ouverts où elles chassent. Les immatures sont habituellement rayés sur le dessous du corps.

Buse à queue
rousse

Les éperviers sont des rapaces forestiers qui se nourrissent principalement d'oiseaux. Leur longue queue et leurs ailes courtes et arrondies facilitent leur vol en forêt. Ce vol est rapide et constitué de quelques battements d'ailes suivis de planés. Les immatures sont plus rayés que les adultes.

Épervier brun

Le Busard Saint-Martin est le seul représentant de son genre en Amérique du Nord. Svelte, il a de longues ailes arrondies et une longue queue et il plane près du sol à la recherche de ses proies.

Busard Saint-Martin

Les faucons forment le dernier grand groupe. Ces oiseaux aérodynamiques ont des ailes pointues et une longue queue; le vol droit avec de courts glissés est également caractéristique.

Faucon pèlerin

Les rapaces nocturnes

Les hiboux et les chouettes chassent principalement la nuit même si certaines espèces, comme le harfang, sont surtout actifs le jour et que d'autres, comme le Hibou des marais, chassent à la tombée du jour. Ces oiseaux sont particulièrement bien adaptés à l'obscurité; ils surprennent leurs proies par leur vol silencieux et se guident grâce à leur ouïe particulièrement développée. Comme leurs oreilles ne sont pas disposées de façon symétrique, ils peuvent repérer leurs proies avec une très grande précision.

La présence ou l'absence d'aigrettes sur la tête permet de diviser les rapaces nocturnes en deux grandes catégories: les hiboux et les chouettes, qu'on subdivise ensuite selon la taille.

Grand-duc d'Amérique

Chouette rayée

Urubu à tête rouge
67-81 cm

Turkey Vulture • *Cathartes aura* • Cathartidés [p.227]

Gros oiseau très noir, dont la petite tête est rouge chez l'adulte et noirâtre chez l'immature. En vol, le motif bicolore sous les ailes, bien visible lorsque l'oiseau plane, la longue queue et la très petite tête caractérisent l'urubu. Plane inlassablement, les ailes relevées en V par rapport à l'horizontale. Sexes semblables. La Buse pattue de forme sombre a un motif bicolore semblable à celui de l'urubu sous les ailes, mais elle est plus petite et elle porte une bande noire au bout d'une queue pâle. **Voix:** Généralement silencieux. **Habitat:** Habituellement observé alors qu'il plane au-dessus de vastes milieux ouverts à la recherche de cadavres d'animaux.

Pygargue à tête blanche
76-94 cm

Bald Eagle • *Haliaeetus leucocephalus* • Accipitridés [p.246]

Grand oiseau foncé; le gros bec jaune et, chez l'adulte, la tête et la queue blanches permettent de l'identifier, posé ou en vol. L'immature est foncé, plus ou moins marqué de blanc selon l'âge; ce n'est que vers quatre ou cinq ans que l'oiseau acquiert le plumage adulte. En vol, le dessous des ailes, de la queue et du corps de l'immature est marqué de blanc, alors que chez l'immature de l'Aigle royal, le blanc est restreint à la base des primaires. Vole en tenant les ailes très horizontales. Sexes semblables. **Voix:** Un *klik-kik-ik-ik-ik* grinçant. **Habitat:** En période de reproduction, se tient généralement près de l'eau: lacs, rivières, bord de mer.

Aigle royal
76-104 cm

Golden Eagle • *Aquila chrysaetos* • Accipitridés [p.250]

Gros oiseau de proie au corps foncé. Les reflets dorés sur la tête de l'adulte ne sont visibles que sous un bon éclairage. En vol, il est par contre facile de voir chez l'immature les taches blanches à la base des primaires ainsi que la queue blanche terminée par une large bande noire, ce qui le différencie du jeune Pygargue à tête blanche, dont le blanc n'est pas restreint à la base des primaires. Pour leur part, les adultes sont dépourvus de marques blanches et sont uniformément foncés. Sexes semblables. **Voix:** Habituellement silencieux bien qu'il puisse émettre un sifflement. **Habitat:** Niche sur les corniches des falaises; se tient habituellement en montagne durant la période de reproduction.

Balbuzard pêcheur (Balbuzard)
53-62 cm

Osprey • *Pandion haliaetus* • Accipitridés [p.245]

Noter la huppe et le bandeau noir sur les côtés de la tête blanche. En vol, c'est le dessous pâle qui le différencie des autres oiseaux de proie de grande taille. Le dessous des ailes présente une tache noire aux poignets. Les longues ailes étroites sont souvent coudées lorsque l'oiseau vole. Lorsqu'il pêche, il vole sur place, les pattes pendantes, repérant bien sa proie avant de plonger pour la saisir. Sexes semblables. **Voix:** Répète à plusieurs reprises un bref sifflement. **Habitat:** Niche près des lacs, des rivières et de la côte, où on peut le voir pêcher.

Urubu à tête rouge

adulte

immature

1re année

adulte

Pygargue à tête blanche

adulte

immature

adulte

Aigle royal

adulte

♀

Balbuzard pêcheur

♂

Petite Buse
Broad-winged Hawk • *Buteo platypterus* • Accipitridés

34-47 cm
[p.249]

Buse un peu plus petite qu'une corneille, au dessus brun foncé et aux ailes arrondies; la queue courte est traversée par de larges bandes noires et blanches chez les adultes. En vol, chez les adultes, noter le corps roussâtre qui tranche avec le pâle des ailes, alors que chez la Buse à épaulettes le roux s'étend sous les ailes. Les immatures ont le dessous du corps pâle et la queue marquée de bandes grisâtres plus ou moins nettes. Sexes semblables. **Voix:** Un long sifflement aigu, *ouî-hîîîîî*. **Habitat:** Niche en forêt; se voit hors des bois, surtout en migration.

Buse à épaulettes
Red-shouldered Hawk • *Buteo lineatus* • Accipitridés

45-61 cm
[p.248]

Rapace svelte aux ailes et à la queue relativement longues. Noter aussi, chez l'adulte en vol, la queue rayée plus finement que chez les autres buses et le roux des couvertures sous-alaires. Les épaulettes roussâtres sont bien visibles du dessus. Les immatures ont les couvertures sous-alaires marquées d'un roux plus ou moins intense selon les individus. En tous plumages, noter la « fenêtre » translucide à la base des primaires. Sexes semblables. **Voix:** Le cri consiste en une suite de *kî-a, kî-a* émis à intervalles fixes. **Habitat:** Fréquente les bois de feuillus âgés situés près des champs ou des cours d'eau.

Buse à queue rousse
Red-tailed Hawk • *Buteo jamaicensis* • Accipitridés

48-61 cm
[p.249]

Buse de grande taille au dos brun tacheté de blanc et aux ailes larges et arrondies. La queue courte, très ouverte, au dessous roux chez l'adulte, et les stries qui forment une ceinture sur le ventre caractérisent l'espèce. En vol, chez les individus qui tournoient dans le ciel, on voit bien la queue unie, blanc rosé dessous. L'immature est le seul de nos régions à avoir la queue pâle et à peine barrée. Sexes semblables. **Voix:** Le cri, un *krîîîîîîrrrr* descendant vers la fin, ressemble à une longue plainte. **Habitat:** Niche dans les forêts en bordure des champs où elle chasse les petits rongeurs. En migration et en hiver, fréquente les champs parsemés de grands arbres.

Buse pattue
Rough-legged Hawk • *Buteo lagopus* • Accipitridés

50-59 cm
[p.250]

Buse de grande taille au dessus brunâtre et aux ailes longues. Elle présente deux formes de coloration, non reliées au sexe: une pâle et une foncée, plus rare. Sexes semblables. En vol, la queue est toujours blanche, avec une large bande noire à l'extrémité. Chez la forme claire, il y a des marques sombres aux poignets. L'immature a la tête beige et une bande noire très foncée sur le ventre, sans les stries de la Buse à queue rousse. La forme sombre se caractérise quant à elle par le dessous du corps bicolore. C'est notre seule buse qui peut voler sur place, comme la crécerelle. **Voix:** Habituellement silencieuse aux époques où on l'observe dans le sud du Canada. **Habitat:** Niche dans la toundra; dans nos régions, en migration et en hiver, elle fréquente les champs et autres milieux ouverts.

Petite Buse

adulte

adulte

adulte

immature

Buse à épaulettes

adulte

immature

adulte

adulte

adulte

Buse à queue rousse

adulte

adulte

immature

adulte

Buse pattue

forme foncée
adulte

forme claire
♀

forme claire
♂

forme claire
immature

Épervier brun
Sharp-shinned Hawk • *Accipiter striatus* • Accipitridés

25-36 cm
[p.247]

Petit oiseau de proie, gros comme un geai, à longue queue carrée et aux ailes courtes et arrondies. Les adultes, gris-bleu, diffèrent des immatures brunâtres au dessous fortement rayé. Sexes semblables; les femelles sont plus grosses que les mâles. Le vol caractéristique alterne habituellement trois battements d'ailes et un court vol plané. Noter que la tête dépasse moins les ailes déployées que chez l'Épervier de Cooper. **Voix:** Un *kek kek kek kek* aigu et répété. **Habitat:** Niche en forêts de feuillus ou mixtes. Certains éperviers qui passent ou hivernent dans nos régions viennent parfois capturer des passereaux près des mangeoires.

Épervier de Cooper
Cooper's Hawk • *Accipiter cooperii* • Accipitridés

35-51 cm
[p.247]

Assez rare et localisé, l'Épervier de Cooper est à peu près identique à l'Épervier brun, en plus gros. Ses couleurs sont les mêmes mais sa queue est légèrement arrondie plutôt que carrée. L'immature brunâtre a la poitrine marquée de raies brunes. Sexes de même coloration, les femelles étant plus grosses que les mâles. En vol, alterne les battements d'ailes avec des planés un peu plus longs que ceux de l'Épervier brun. Noter aussi que la tête se projette bien à l'avant des ailes déployées. **Voix:** Un *kek kek kek kek* aigu et répété, semblable à celui de l'Épervier brun; rappelle le cri du Pic flamboyant. **Habitat:** Niche dans les forêts méridionales assez denses; fréquente aussi les bois entourés de terrains ouverts. Chasse surtout en forêt.

Autour des palombes
Northern Goshawk • *Accipiter gentilis* • Accipitridés

51-66 cm
[p.248]

Notre plus gros épervier. Chez l'adulte, le sourcil blanc contraste avec le bandeau noir sur l'oeil. Ce sourcil est plus pâle chez l'immature. Comme chez les autres éperviers, la femelle est plus grosse que le mâle; sexes semblables. En vol, noter le dessous du corps très pâle chez l'adulte ainsi que le battement puissant des ailes. L'alternance de battements d'ailes et de planés est moins systématique que chez les deux autres éperviers. L'immature, brunâtre, a le dessous rayé. **Voix:** De courts *kek kek kek* secs et répétés. **Habitat:** Niche en forêt; on l'observe également dans les clairières ainsi qu'en bordure des forêts alors qu'il chasse.

Busard Saint-Martin
Northern Harrier • *Circus cyaneus* • Accipitridés

45-61 cm
[p.246]

Oiseau de proie svelte, de taille moyenne, caractérisé par une longue queue et de longues ailes. En tous plumages, la tache blanche du croupion caractérise l'espèce. Le mâle au plumage gris diffère de la femelle brune. Les immatures ressemblent à la femelle mais sont plus foncés sur le dessous du corps. En vol, il chasse près du sol en alternant les battements d'ailes avec les longs vols planés; il semble se balancer, suspendu à ses ailes. **Voix:** Émet un léger sifflement lorsqu'il est dérangé. **Habitat:** En période de reproduction, on le voit voler au ras des champs ou des marais, d'eau douce ou d'eau salée. Fréquente différents types de milieux ouverts.

Épervier brun

immature

adulte

immature

adulte

immature

adulte

adulte

immature

adulte

pervier de Cooper

immature

Autour des palombes

adulte

immature

adulte

immature

♂

♀

usard Saint-Martin

♀

immature

♂

Crécerelle d'Amérique
American Kestrel • *Falco sparverius* • Falconidés

23-31 cm
[p.251]

Le plus petit faucon du Nord-Est est le plus coloré; c'est le seul qui présente du roux sur le dos et le dessus de la queue. Le roux couvre également les ailes de la femelle; celles du mâle sont bleutées. Noter aussi les deux favoris noirs. En vol, la silhouette typique de faucon, ailes pointues et queue longue et étroite, est bien visible. Vole souvent sur place au-dessus d'un champ. **Voix:** Son cri *kili-kili-kili* est fort et ressemble à celui d'une crécelle, ce qui lui a d'ailleurs valu son nom. **Habitat:** Chasse en terrains ouverts en période de reproduction comme en hiver; se perche fréquemment sur les fils électriques.

Faucon émerillon
Merlin • *Falco columbarius* • Falconidés

25-33 cm
[p.251]

Petit faucon qu'on voit chasser en milieu ouvert où il passe en vol au ras de la végétation. La femelle et les immatures ont le même plumage brun; le mâle adulte est gris-bleu. En vol, noter la couleur uniforme sur le dessus du corps, des ailes et de la queue. **Voix:** Généralement silencieux, même en période de reproduction. Lorsqu'il est dérangé ou que les jeunes quittent le nid, il peut émettre une série de cris qui ressemblent à ceux de la crécerelle. **Habitat:** Niche principalement en forêt de conifères. En migration, passe souvent en milieu ouvert, en particulier sur les rives et au-dessus des vasières où se rassemblent les limicoles.

Faucon pèlerin
Peregrine Falcon • *Falco peregrinus* • Falconidés

38-54 cm
[p.252]

Le capuchon foncé et les larges moustaches des côtés de la tête caractérisent tous les plumages de ce faucon, le plus gros de ceux qui nichent dans le sud du Canada. Les adultes ont un plumage gris-bleu tandis que l'immature est plutôt brun et fortement rayé dessous. Sexes semblables. En vol, noter les ailes pointues typiques des faucons et la longue queue étroite. **Voix:** En période de reproduction, émet une série de *kak-kak-kak* lorsqu'il est près du nid. **Habitat:** Niche sur les corniches des falaises en milieu ouvert, sur la structure des ponts et sur les gratte-ciel dans les villes.

Faucon gerfaut
Gyrfalcon • *Falco rusticolus* • Falconidés

53-63 cm
[p.252]

Gros faucon massif au vol lourd et aux ailes plus rondes que les autres faucons. Il existe dans la nature trois colorations de l'oiseau, indépendantes du sexe ou de l'âge. Les individus au plumage blanc nichent habituellement plus au nord et sont plus rares dans le sud du Canada. Le dessous du corps est finement rayé chez les oiseaux aux formes foncées. Sexes semblables. **Voix:** Généralement silencieux loin de son aire de reproduction. **Habitat:** Niche dans la toundra arctique. Dans le sud du Canada, on en voit quelques individus, en nombre variable selon les années, en hiver et en migration.

Faucon émerillon ♂ ♀

♂

Crécerelle d'Amérique ♂ ♀

♂

♂

Faucon pèlerin

immature

adulte

adulte

Faucon gerfaut

forme blanche

forme brune

forme grise

forme grise

Grand-duc d'Amérique

46-63 cm

Great Horned Owl • *Bubo virginianus* • Strigidés [p.293]

Hibou de forte taille et massif, facile à identifier à ses longues aigrettes et à la marque blanche sur la gorge. On voit souvent, perchés près du nid, les jeunes encore recouverts d'un duvet blanc. Sexes semblables, la femelle étant plus grosse que le mâle. **Voix :** Une série de hululements graves, *hou-hou-hou, hou, hou,* qu'on entend au crépuscule et durant la nuit. **Habitat :** Fréquente une grande variété d'habitats dont les forêts de feuillus et de conifères.

Hibou moyen-duc

33-41 cm

Long-eared Owl • *Asio otus* • Strigidés [p.296]

C'est probablement le hibou le plus discret. Beaucoup plus petit que le Grand-duc d'Amérique, ce hibou longiligne se distingue par son disque facial orangé et ses longues aigrettes rapprochées. Sexes semblables, la femelle étant plus grosse que le mâle. **Voix :** Un faible *hou,* parfois répété. Hors du nid, les jeunes émettent un cri un peu semblable à celui du Pluvier kildir (*kîîî* ou *ki-kîîî*). **Habitat :** Très discret, ce chasseur nocturne est quelquefois découvert perché dans la végétation dense en bordure des champs où il chasse, la nuit tombée.

Chouette rayée

46-58 cm

Barred Owl • *Strix varia* • Strigidés [p.295]

La grosse tête ronde dépourvue d'aigrettes et les yeux foncés caractérisent cette chouette. Noter le motif ressemblant à un foulard, formé par les rayures horizontales sur le haut de la poitrine de l'oiseau, ainsi que les bandes verticales brunes sur le ventre. Sexes semblables. **Voix :** Chant rythmé, parfois émis en plein jour, et rendu par *hou hou, hou hou-hourr.* **Habitat :** Niche dans les forêts aux arbres âgés riches en cavités.

Chouette lapone

64-84 cm

Great Gray Owl • *Strix nebulosa* • Strigidés [p.295]

Très grande chouette grisâtre au plumage duveteux et à la tête ronde. Elle se distingue de la Chouette rayée par ses yeux jaunes placés au centre d'un grand disque facial, et par la tache blanche sur la gorge. Sexes semblables. **Voix :** Silencieuse en hiver, elle émet une série de *hou* graves en période de nidification. **Habitat :** Visiteur surtout hivernal qui chasse, souvent en plein jour, en milieu ouvert ou dans les forêts claires.

Harfang des neiges

56-69 cm

Snowy Owl • *Nyctea scandiaca* • Strigidés [p.294]

Gros hibou blanc aux yeux jaunes et au plumage plus ou moins marqué de taches brunâtres. La densité de ces taches varie avec l'âge et le sexe des individus. Les adultes sont moins marqués que les jeunes ; les mâles sont plus blancs et plus petits que les femelles. Il est toutefois difficile de déterminer le sexe et l'âge des harfangs observés en nature. **Voix :** Silencieux à l'extérieur de son aire de nidification. **Habitat :** Visiteur hivernal venu de l'Arctique, qui fréquente les milieux ouverts dans nos régions.

Grand-duc d'Amérique

immature

adulte

Hibou moyen-duc

Chouette rayée

Chouette lapone

♀

♂

Harfang des neiges

Petit-duc maculé
Eastern Screech-Owl • *Otus asio* • Strigidés

18-24 cm
[p.293]

Notre plus petit hibou présente deux formes de coloration indépendantes du sexe, l'une grise et l'autre rousse, plus rare ici. Le dessous rayé de l'oiseau se marie à l'écorce des arbres et le camoufle bien à l'entrée de son trou. Sexes semblables. **Voix :** Un long hennissement ou une série de sifflements qui baissent vers la fin. **Habitat :** Niche dans un trou d'arbre dans les parcs urbains, les vergers, les érablières et les bois de feuillus.

Petite Nyctale
Northern Saw-whet Owl • *Aegolius acadicus* • Strigidés

18-22 cm
[p.297]

Chouette plus petite qu'un merle. Noter la couleur rougeâtre, le disque facial bordé de brun et le bec qui est foncé alors que celui de la Nyctale de Tengmalm est pâle. Sexes semblables. Les jeunes sont très différents, avec une tête foncée et une marque blanche au-dessus du bec et des yeux. **Voix :** Longue série de sifflements courts et monotones émis par le mâle durant la saison de reproduction. **Habitat :** Niche dans les forêts denses et humides. Essentiellement nocturne, cette nyctale se révèle parfois à l'observateur durant le jour, tapie dans un conifère.

Nyctale de Tengmalm (Nyctale boréale)
Boreal Owl • *Aegolius funereus* • Strigidés

22-27 cm
[p.297]

La plus rare des deux nyctales. Noter le front moucheté, le disque facial bordé de noir et le bec pâle, contrairement à celui de la Petite Nyctale. Sexes semblables. Les jeunes sont très différents des adultes, la tête et le haut du corps étant brun foncé. **Voix :** En période de reproduction, cette nyctale hulule une série de *hou*. **Habitat :** Niche principalement en forêt boréale. On peut l'observer en hiver, au sud de son aire de reproduction, dans divers habitats.

Chouette épervière
Northern Hawk-Owl • *Surnia ulula* • Strigidés

37-43 cm
[p.294]

Chouette élancée, à longue queue, dont la silhouette rappelle celle d'un épervier. Noter le disque facial bordé de noir ainsi que le ventre fortement rayé. Agite fréquemment la queue lorsqu'elle est perchée. Sexes semblables. **Voix :** Généralement silencieuse lorsqu'on l'observe en hiver. **Habitat :** Niche aux abords des tourbières dans la forêt boréale et descend plus au sud certains hivers. Active de jour, elle chasse à l'affût, perchée à la cime d'un arbre ou au sommet d'un poteau.

Hibou des marais
Short-eared Owl • *Asio flammeus* • Strigidés

33-43 cm
[p.296]

Hibou aux teintes dorées, de taille moyenne, avec de petites aigrettes peu visibles. Son vol irrégulier rappelle celui d'un papillon. Noter le dessous pâle des ailes marqué d'une tache foncée au poignet, bien visible en vol. Sexes semblables. **Voix :** En période de reproduction, ce hibou émet une sorte d'aboiement. **Habitat :** Niche en milieu ouvert. On l'observe souvent en fin de journée, à la chasse au-dessus des champs et des marais.

Petit-duc maculé

forme rousse

forme grise

Petite Nyctale

adulte

juvénile

Nyctale de Tengmalm

adulte

juvénile

Chouette épervière

Hibou des marais

Hibou des marais

Busard Saint-Martin

GALLINACÉS

Oiseaux terrestres brunâtres, apparentés à la poule de basse-cour, qui vivent principalement au sol. Leur vol est puissant même si ces oiseaux ne font généralement que de courts déplacements en vol. L'envol est particulièrement bruyant. Les lagopèdes sont des espèces nordiques dont le plumage passe du brun et blanc en été au blanc en hiver; leurs pattes sont entièrement emplumées. La perdrix et le faisan ont été introduits en Amérique du Nord à partir de l'Eurasie.

PIGEON, TOURTERELLE ET COULICOUS

La grande famille des columbidés ne compte que deux représentants dans le nord-est du continent, le pigeon et la tourterelle. Ces oiseaux dodus à petite tête et au vol rapide émettent des roucoulements caractéristiques. La queue est carrée chez le pigeon et effilée chez la tourterelle. Sveltes, les coulicous sont d'élégants oiseaux brun et blanc dont la longue queue est marquée de taches blanches caractéristiques sur le dessous.

Tourterelle triste

MOUCHEROLLES ET TYRANS

Oiseaux insectivores qui chassent à l'affût et capturent leurs proies en vol. Généralement perchés à la verticale, ils s'envolent au passage d'un insecte qu'ils capturent d'un claquement du bec; ils reviennent aussitôt se percher au même endroit. Le bec aplati garni de vibrisses à la base facilite la capture d'insectes en vol. Les petits moucherolles du genre *Empidonax* ont un plumage très semblable mais se distinguent facilement par la voix durant la période de reproduction.

Tyran tritri

ENGOULEVENTS, MARTINET ET HIRONDELLES

Engoulevents, martinet et hirondelles se nourrissent tous d'insectes capturés en vol, les engoulevents prenant la relève des autres espèces à la nuit tombée. Tous ces oiseaux ont des pattes courtes, un petit bec et une bouche très large, garnie de vibrisses chez les engoulevents. Les hirondelles ont un vol moins saccadé que le martinet et les engoulevents; l'Hirondelle noire, l'Hirondelle de rivage et l'Hirondelle à front blanc nichent en colonies.

Hirondelle bicolore

COLIBRI, MARTIN-PÊCHEUR, GEAI ET MÉSANGEAI

Le Colibri à gorge rubis est le seul membre de cette famille d'oiseaux minuscules à nicher dans le nord-est du continent. Bagarreurs, les colibris sont très agiles en vol ; ils se nourrissent du nectar des fleurs et de minuscules insectes. Oiseau aquatique à grosse tête, le Martin-pêcheur d'Amérique est le seul martin-pêcheur de nos régions. Il se nourrit de poissons qu'il capture en plongeant tête première dans l'eau. Geai et mésangeai appartiennent à la famille des corvidés ; ils sont omnivores. Le Geai bleu visite les mangeoires alors que le mésangeai n'hésite pas à s'approcher des gens et à prendre dans la main la nourriture qui lui est offerte.

Colibri à gorge rubis

OISEAUX NOIRS

On regroupe ici sous l'appellation d'« oiseaux noirs » des oiseaux appartenant à différentes familles. Les plus gros, le corbeau et la corneille, sont des corvidés et leur régime est omnivore. Les quiscales, les carouges, le vacher et le goglu sont des ictéridés, oiseaux granivores qui consomment cependant des insectes durant la saison de reproduction. L'Étourneau sansonnet est un sturnidé ; il se nourrit surtout d'insectes. Les corneilles, quiscales, vachers, carouges et étourneaux sont grégaires hors de la saison de nidification.

Corneille d'Amérique

PICS

Oiseaux arboricoles aux courtes pattes et à la queue rigide leur permettant de grimper au tronc des arbres à la recherche de nourriture. Ils se nourrissent d'insectes qu'ils saisissent à l'aide de leur longue langue. Le Pic flamboyant se nourrit aussi de fourmis qu'il capture au sol. Leur vol est généralement onduleux.

Pic mineur

Perdrix grise

31-33 cm
[p.253]

Gray Partridge • *Perdix perdix* • Phasianidés

Gallinacé rondelet qui ressemble à une petite poule grise. Le fer à cheval marron sur le ventre du mâle caractérise l'espèce. Noter aussi la couleur rouille sur la tête et la face du mâle. La femelle se distingue du mâle par la couleur délavée de la face et l'absence de tache ventrale. En vol, noter la queue courte, rousse sur les côtés, facile à voir chez les oiseaux qu'on lève. **Voix :** Cri rauque ; caquette également à l'envol. **Habitat :** Cette espèce s'observe plus facilement en hiver, alors que les perdrix se regroupent en petites bandes sur la neige et fréquentent les champs cultivés où elles nicheront la saison suivante.

Faisan de Colchide (Faisan de chasse)

46-91 cm

Ring-necked Pheasant • *Phasianus colchicus* • Phasianidés [p.253]

Gros gallinacé brunâtre. La queue effilée est très longue, encore plus chez le mâle. Noter le plumage bronzé ainsi que le collier blanc du mâle, dont la tête verte est ornée de caroncules rouges. La femelle brunâtre n'a pas la tête colorée du mâle. En vol, on remarque la longue queue, ainsi que les ailes courtes et arrondies. **Voix :** Un coup de klaxon fort et rauque, *koork kook*, émis durant la saison de reproduction et de façon sporadique. **Habitat :** Fréquente les champs cultivés, l'orée des bois et les terrains broussailleux ; dans nos régions, cette espèce ne pourrait survivre aux rigueurs de l'hiver sans quon la nourisse.

Dindon sauvage

91-122 cm
[p.256]

Wild Turkey • *Meleagris gallopavo* • Phasianidés

Le plus gros gallinacé du continent est très localisé chez nous. Noter le plumage foncé et irisé que le mâle met particulièrement en évidence au moment de la saison de reproduction, tôt au printemps, alors qu'il se pavane en faisant la roue, la queue bien ouverte et le plumage gonflé. Les caroncules rouges sur la tête violacée et la gorge sont alors gonflées et bien en évidence. La femelle, plus petite que le mâle et dépourvue de caroncules, a un plumage plus brun et moins irisé. Les deux sexes ont l'extrémité de la queue rousse. **Voix :** Le mâle émet des gloussements retentissants qui portent à plus d'un kilomètre. **Habitat :** Niche dans les forêts de feuillus âgées de l'extrême-sud du Québec ; arpente l'orée du bois ou les champs cultivés, en bordure des forêts.

Perdrix grise ♀ ♂ ♂

aisan de Colchide ♀ ♀ ♂

♂

♂ ♀

Dindon sauvage

Gélinotte huppée
Ruffed Grouse • *Bonasa umbellus* • Phasianidés

41-48 cm
[p.254]

Gallinacé le plus répandu du Nord-Est. Cet oiseau brun doit son nom à sa petite huppe à peine visible. On le reconnaît surtout à sa queue rayée, terminée par une bande foncée qui est interrompue chez la femelle. Cette bande terminale se voit mieux en vol, quand la gélinotte décolle à l'improviste devant l'observateur, dans un fracas d'ailes, en étalant la queue. **Voix :** Le tambourinage régulièrement accéléré est produit avec les ailes ; il rappelle le bruit d'un vieux moteur qui démarre. **Habitat :** Fréquente les forêts autant décidues que mixtes, particulièrement là où le sous-bois est dense.

Tétras du Canada
Spruce Grouse • *Falcipennis canadensis* • Phasianidés

38-43 cm
[p.254]

Gallinacé très sombre. Chez le mâle, le noir couvre une zone bien délimitée sur la gorge et la poitrine. Noter aussi la caroncule rouge au-dessus de l'oeil, plus évidente quand elle est gonflée. La femelle est brunâtre et très rayée ; elle se distingue de la Gélinotte huppée par sa queue foncée à bout roux plus facile à voir chez les individus en vol, autant la femelle que le mâle. **Voix :** Généralement silencieux. **Habitat :** Fréquente la forêt coniférienne et les tourbières en toutes saisons.

Tétras à queue fine (Gélinotte à queue fine)
Sharp-tailed Grouse • *Tympanuchus phasianellus* • Phasianidés

42-47 cm
[p.255]

La queue pointue de cette espèce permet de la distinguer de tous les autres gallinacés brunâtres, notamment de la Gélinotte huppée qui étale sa queue en éventail. Noter aussi le dessous du corps plus pâle que chez les autres gallinacés et dépourvu des nombreuses rayures horizontales de la femelle du Tétras du Canada. En vol, les côtés blancs de la queue sont caractéristiques. **Voix :** Les mâles émettent un gloussement et des caquètements dans les arènes où ils paradent ensemble pour attirer les femelles. **Habitat :** Fréquente surtout les tourbières, les brûlés et les coupes forestières en régénération.

Lagopède des saules
Willow Ptarmigan • *Lagopus lagopus* • Phasianidés

36-43 cm
[p.255]

Petit gallinacé entièrement blanc en hiver, sauf pour la queue noire, bien visible en vol. La tête, le cou et le dessus du corps sont brun roux en été. Le Lagopède alpin, beaucoup plus nordique, descend parfois au sud de son aire certains hivers. En hiver, le mâle se distingue du Lagopède des saules par le bec plus petit et la ligne noire entre l'oeil et la base du bec, présente chez certains individus. **Voix :** Le mâle émet un cri saccadé assez particulier. **Habitat :** Niche dans la toundra ; certaines années, il envahit la limite nord des régions habitées, au sud de son aire de répartition ; il s'alimente alors de bourgeons de petits saules en bordure des routes et des chemins forestiers.

Gélinotte huppée ♂ ♀

Tétras du Canada ♂ ♂ ♀

Tétras à queue fine ♂ ♂

hiver

hiver

hiver

Lagopède alpin

Lagopède des saules

L. des saules en mue

Pigeon biset
28-34 cm

Rock Dove • *Columbia livia* • Columbidés [p.291]

C'est le membre le plus connu de sa famille; les couleurs sont
très variées et résultent de la domestication; les oiseaux ayant le
plumage typique de l'espèce sont gris avec du blanc sur le
croupion. Sexes semblables. En vol, noter aussi les deux bandes
alaires noires et la bande foncée au bout de la queue carrée.
S'envole souvent bruyamment et plane en tenant les ailes bien
hautes. **Voix :** Un roucoulement doux : *cou cou-rou*. **Habitat :** Ce
pigeon habite les villes et les villages; on le trouve dans les parcs
et près des grands édifices à la ville, ainsi qu'aux abords des
fermes à la campagne.

Tourterelle triste
28-33 cm

Mourning Dove • *Zenaida macroura* • Columbidés [p.291]

Oiseau brun-olive, à longue queue, plus svelte que le pigeon. La
petite tête et la longue queue permettent d'identifier facilement
cette espèce à sa silhouette, en particulier quand elle est perchée
en évidence sur un fil. Sexes semblables. En vol, noter les bords
blancs de la queue et le vol rapide. **Voix :** Une plainte douce et
mélancolique, *hou-ah-hou hou hou*. Les ailes produisent un
sifflement à l'envol. **Habitat :** Fréquente les champs, les fermes,
les villages et les villes; se tient souvent en bordure des routes.

Coulicou à bec noir
28-32 cm

Black-billed Cuckoo • *Coccyzus erythropthalmus* • Cuculidés [p.292]

Cet oiseau brun et blanc, à silhouette élancée, est notre coulicou
le plus commun. Sa longue queue étagée est marquée en dessous
de petites taches blanches à l'extrémité des rectrices. De près,
noter le cercle oculaire rouge et le bec entièrement noir. Sexes
semblables. Chez le juvénile, le cercle oculaire est jaune et l'aile
est parfois marquée de brun roux. En vol, se distingue du
Coulicou à bec jaune par le dessus brun des ailes. **Voix :**
Coucoucou-coucoucou-coucoucou rapide. **Habitat :** Fréquente l'orée des
bois et les fourrés.

Coulicou à bec jaune
28-32 cm

Yellow-billed Cuckoo • *Coccyzus americanus* • Cuculidés [p.292]

Oiseau brun et blanc à silhouette élancée et à longue queue
étagée caractéristique des coulicous. On le distingue du Coulicou
à bec noir, beaucoup plus commun, par les grandes taches
blanches sur le bout des rectrices et sous la queue et par la
mandibule jaune. Sexes semblables. En vol, les taches rousses
sur les ailes permettent de le différencier assez facilement du
Coulicou à bec noir. **Voix :** Plutôt cacophonique; une longue série
de *ka* et de *kouop* dont les notes sont détachées à la fin du
chant, *ka-ka-ka-ka-ka-ka-ka-ka-kow-kow-kouop-kouop-kouop*. **Habitat :**
Fréquente l'orée des bois, les fourrés et les vergers. Visite parfois
nos régions à l'automne.

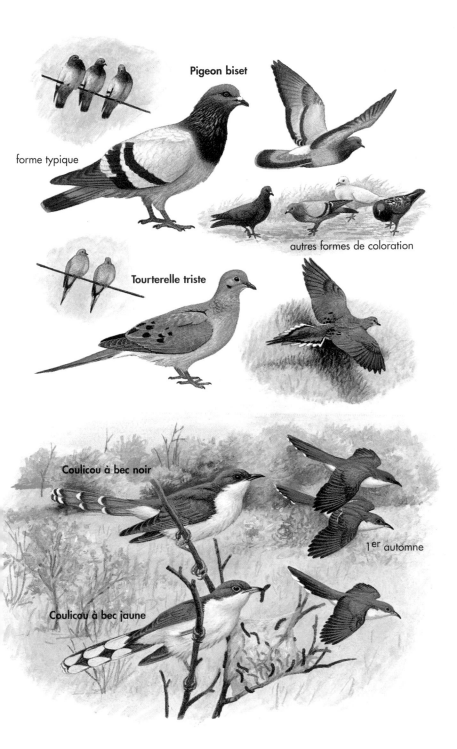

Pigeon biset

forme typique

autres formes de coloration

Tourterelle triste

Coulicou à bec noir

1er automne

Coulicou à bec jaune

Moucherolle à côtés olive
18-20 cm

Olive-sided Flycatcher • *Contopus cooperi* • Tyrannidés [p.305]

Moucherolle de bonne taille, à grosse tête et au dessus du corps olivâtre qui se perche en évidence au sommet d'un arbre mort ou d'un conifère. Noter les zones sombres de part et d'autre de la poitrine ainsi que les deux touffes de plumes blanches, tout près du croupion, qui sont souvent visibles même sur l'oiseau perché. Sexes semblables. **Voix:** Un sifflement fort rendu par *Vite! Trois bières.* **Habitat:** Niche surtout en forêt mixte et en forêt boréale; fréquente les clairières, les tourbières, les brûlés et les anciennes coupes forestières où persistent des chicots.

Moucherolle phébi
16-18 cm

Eastern Phoebe • *Sayornis phoebe* • Tyrannidés [p.308]

Moucherolle brunâtre, gros comme un moineau, qui hoche souvent la queue lorsqu'il est perché. On le distingue du pioui et des autres moucherolles par les teintes sépia de la tête et du dos, par son bec entièrement noir et par l'absence de bandes alaires nettes, quoique le jeune puisse avoir un semblant de bandes alaires beiges. Le ventre est jaunâtre en automne. Sexes semblables. **Voix:** *Fé-l-bili* ou *fé-brî* souvent répété pendant de longues périodes. **Habitat:** Aime le bord des cours d'eau et des étangs; fréquente aussi le bord des routes et les jardins. Niche souvent sous les petits ponts et à l'abri de l'avant-toit des bâtiments.

Tyran tritri
20-22 cm

Eastern Kingbird • *Tyrannus tyrannus* • Tyrannidés [p.309]

La bande blanche au bout de la queue de cet oiseau noir et blanc l'identifie à coup sûr, autant en vol que posé en évidence, comme c'est souvent le cas. Noter la posture verticale typique des moucherolles. Sexes semblables. En vol, noter le mouvement saccadé des ailes et le bout blanc de la queue. **Voix:** Cri, succession aiguë et rapide de *kzii* ou *k-zii*, suivi d'un babillage peu mélodieux. **Habitat:** Fréquente les milieux ouverts tels les champs, les pâturages et la lisière des bois; on le retrouve aussi sur les fermes et au bord des cours d'eau.

Tyran huppé
20-23 cm

Great Crested Flycatcher • *Myiarchus crinitus* • Tyrannidés [p.308]

La silhouette dressée de cette espèce est caractéristique des tyrans. Noter la huppe ébouriffée, la tête foncée ainsi que le haut de la poitrine grisâtre qui tranche nettement avec le jaune du ventre. Le roux de la queue facilite également l'identification de ce gros tyran. Sexes semblables. En vol, le roux des ailes et de la queue est très apparent. **Voix:** Cri fort et varié émis d'un perchoir souvent très haut: *ouip* ou un *prrit*, souvent répété plusieurs fois. **Habitat:** Niche dans les forêts de feuillus ou mixtes relativement claires et les grands jardins; se voit souvent dans les érablières.

Moucherolle à côtés olive

Moucherolle phébi

en automne

Hochement de queue
du Moucherolle phébi

Tyran tritri

Tyran huppé

Pioui de l'Est
15-17 cm

Eastern Wood-Pewee • *Contopus virens* • Tyrannidés   [p.305]

Moucherolle grisâtre, sans cercle oculaire ; ces traits le distinguent des petits moucherolles du genre *Empidonax*, notamment du Moucherolle tchébec, qui est plus petit et présente un cercle oculaire blanc bien net. Les bandes alaires blanches, chamois chez l'immature, le distinguent du Moucherolle phébi. Sexes semblables. **Voix :** Un *pîî-ouii* plaintif. **Habitat :** Observé principalement dans les forêts claires de feuillus, comme dans les érablières âgées, et dans les grands arbres de certains parcs urbains.

Moucherolle tchébec
13-14 cm

Least Flycatcher • *Empidonax minimus* • Tyrannidés   [p.307]

Petit moucherolle grisâtre au dessous pâle. Noter les bandes alaires bien définies et le cercle oculaire blanc qui le distinguent entre autres du pioui qui peut fréquenter le même habitat en période de nidification. Sexes semblables. **Voix :** Un *tchébec* très bref, répété plusieurs fois. **Habitat :** Très répandu dans les forêts claires de feuillus ou mixtes, à l'orée des forêts et dans les bois en régénération.

Moucherolle à ventre jaune
13-15 cm

Yellow-bellied Flycatcher • *Empidonax flaviventris* • Tyrannidés   [p.306]

Le plus jaune des moucherolles du genre *Empidonax* ; sa gorge jaune le distingue de tous les petits moucherolles, dont la gorge est plutôt grisâtre. Les ailes foncées contrastent avec le dos verdâtre de l'oiseau, ce qui n'est pas le cas des autres *Empidonax*. Sexes semblables. **Voix :** Émet un *tchrulec* moins sec que le Moucherolle tchébec ainsi qu'une courte plainte sifflée qui rappelle un peu le chant du Pioui de l'Est. **Habitat :** Plus boréal que les autres espèces : on le trouve dans les forêts conifériennes et près des tourbières.

Moucherolle des aulnes
13-17 cm

Alder Flycatcher • *Empidonax alnorum* • Tyrannidés   [p.306]

Petit moucherolle au dessus du corps brunâtre et au dessous pâle. Noter la gorge assez blanche qui contraste avec la tête de l'oiseau. Très semblable au Moucherolle des saules mais beaucoup plus abondant que ce dernier dans le Nord-Est ; s'en distingue principalement par son chant. Sexes semblables. **Voix :** Un *rroui-biou* caractéristique, à la fois roulé et sifflé. **Habitat :** Fréquente les aulnaies, les saulaies et les fourrés en bordure des cours d'eau et des lacs.

Moucherolle des saules
13-17 cm

Willow Flycatcher • *Empidonax traillii* • Tyrannidés   [p.307]

Petit moucherolle brunâtre, très localisé dans nos régions. Il ressemble tellement au Moucherolle des aulnes qu'on ne peut le distinguer que par le chant. **Voix :** Son *fritz-biou*, très différent du cri du Moucherolle des aulnes, permet de l'identifier en période de nidification. **Habitat :** Espèce méridionale qui niche dans les fourrés en terrain souvent plus sec que le Moucherolle des aulnes.

Pioui de l'Est

Moucherolle tchébec

Moucherolle à ventre jaune

Moucherolle des aulnes

Moucherolle des saules

Engoulevent bois-pourri
23-26 cm

Whip-poor-will • *Caprimulgus vociferus* • Caprimulgidés [p.298]

C'est notre engoulevent le plus nocturne; on l'entend plus souvent qu'on le voit. Le jour, cet oiseau gris-brun, perché le long d'une branche ou posé au sol, se distingue de l'Engoulevent d'Amérique par ses courtes ailes qui, repliées, n'atteignent pas le bout de la queue, et par les mouchetures sur les primaires. En vol, noter les ailes courtes et arrondies ainsi que la longue queue également arrondie, marquée de blanc sur les côtés chez le mâle. **Voix :** Un cri fort, *ouip-pou-oui*, répété inlassablement du crépuscule jusqu'à l'aube durant la période de reproduction. **Habitat :** Fréquente les forêts claires, mixtes ou conifériennes, ainsi que les plantations de conifères.

Engoulevent d'Amérique
21-26 cm

Common Nighthawk • *Chordeiles minor* • Caprimulgidés [p.298]

Actif et visible dès la fin du jour, à la chasse dans le ciel. Noter les longues ailes pointues et barrées d'une tache blanche contrastant bien avec le corps grisâtre. La femelle n'a pas de bande blanche sur la queue et sa gorge est foncée. Difficile à distinguer de l'Engoulevent bois-pourri lorsqu'on le découvre le jour, posé le long d'une branche ou au sol ; noter cependant les longues ailes repliées qui atteignent le bout de la queue et la marque blanche parfois visible sur l'aile repliée. **Voix :** Un *pint* nasillard émis en vol. Lors de la parade, les ailes produisent un vrombissement saisissant lorsque le mâle pique vers le sol. **Habitat :** Chasse les insectes en vol ; on le retrouve dans les bois clairs et au-dessus des villes et des villages.

Martinet ramoneur
12-14 cm

Chimney Swift • *Chaetura pelagica* • Apodidés [p.299]

Oiseau sombre qui se livre à de formidables ballets aériens. Noter les longues ailes étroites et pointues de ce petit oiseau au corps fusiforme, sans queue apparente. Le vol rapide et saccadé donne l'impression que les ailes battent en alternance. Noter aussi que les battements d'ailes alternent avec de brefs vols planés. Sexes semblables. **Voix :** Un cliquetis rapide permet de repérer le martinet dans le ciel. **Habitat :** Niche sur les parois intérieures des cheminées ou de vieux bâtiments isolés où il se réfugie à la tombée du jour ; chasse les insectes dans le ciel des villes et des villages.

Hirondelle noire
19-22 cm

Purple Martin • *Progne subis* • Hirundinidés [p.315]

La plus grosse hirondelle du nord-est du continent. Les reflets violacés sur le corps du mâle sont difficiles à percevoir, mais tout le plumage est foncé, même sur le dessous du corps, ce qui le distingue des autres hirondelles. Les femelles et les jeunes ont la tête et la gorge foncées et le ventre pâle. **Voix :** Un gazouillis incluant gargouillement et notes gutturales, *piou-piou-piou*, souvent émis en chœur. **Habitat :** Se voit dans les villes et les villages et près des fermes ; niche dans des nichoirs à logis multiples installés à son intention.

Engoulevent bois-pourri
♂
♂
♀

Engoulevent d'Amérique
♂
♂

Martinet ramoneur

Hirondelle noire
♂
♀
♂
♀

Hirondelle bicolore

13-16 cm

Tree Swallow • *Tachycineta bicolor* • Hirundinidés [p.316]

Hirondelle commune dont l'adulte combine le dessus bleu métallique et le dessous entièrement blanc, de la gorge à la queue. Sexes semblables, sauf pour la femelle d'un an qui, au premier printemps, a le dessus du corps brunâtre. Le juvénile a le dessus brun et diffère de l'Hirondelle de rivage par l'absence de bande pectorale bien nette. **Voix :** Un gazouillis, composé de *tchît*, et un *oui-tri* liquide. **Habitat :** Niche dans les trous d'arbres et les nichoirs ; recherche sa nourriture en vol au-dessus des villes, des champs et de l'eau.

Hirondelle à ailes hérissées

13-15cm

Northern Rough-winged Swallow • *Stelgidopteryx serripennis* • Hirundinidés [p.316]

Hirondelle au dos brun et au ventre pâle. La gorge et le haut de la poitrine sont teintés de brun pâle. Elle se distingue de l'Hirondelle de rivage, plus petite, par l'absence de collier net sur la poitrine. Sexes semblables. **Voix :** Un *brîît* rauque et grave. **Habitat :** Niche sous les ponts ; se nourrit en vol au-dessus de l'eau ou des champs à proximité du nid.

Hirondelle de rivage

12-14 cm

Bank Swallow • *Riparia riparia* • Hirundinidés [p.317]

Petite hirondelle au dos brun et au ventre blanc qui se démarque de toutes les autres par le collier foncé bien net ainsi que par un vol papillonnant. Sexes semblables. **Voix :** Un trille sec fait de *trrr trrr trrr* ininterrompus qu'on entend souvent près des colonies. **Habitat :** Niche en colonies ; creuse des terriers dans les sablières ou sur les talus au bord des rivières. S'alimente souvent en vol au-dessus de l'eau ou à proximité.

Hirondelle à front blanc

13-15 cm

Cliff Swallow • *Petrochelidon pyrrhonota* • Hirundinidés [p.318]

Le croupion chamois, bien exposé en vol, distingue cette hirondelle de toutes les autres et notamment de l'Hirondelle rustique, à laquelle elle ressemble. Noter aussi la queue courte, presque carrée, ainsi que la tache blanchâtre sur le front. Sexes semblables. **Voix :** Un jacassement de notes grinçantes et des sons gutturaux, *tcheûr, peûrr.* **Habitat :** Niche en colonies ; construit son nid sous les ponts ou sous les avancées de toit ; se nourrit en vol au- dessus de terrains ouverts.

Hirondelle rustique (Hirondelle des granges)

15-20 cm

Barn Swallow • *Hirundo rustica* • Hirundinidés [p.317]

Hirondelle au dessus du corps bleu marine et à la longue queue fourchue ; des taches blanches sont bien visibles sur les rectrices lorsque l'oiseau déploie la queue en vol. Noter surtout le dessous du corps ocreux et la gorge marron des adultes. Sexes semblables. Les jeunes ont le ventre pâle. **Voix :** Le chant consiste en un gazouillis long et plaisant, ponctué de notes gutturales, *vit-vit.* **Habitat :** Niche sur les poutres des granges et sous les toits ; s'alimente en vol au-dessus des champs et des cours d'eau.

Hirondelle bicolore

♀ 1er printemps

♂

juvénile

♀

Hirondelle à ailes hérissées

Hirondelle de rivage

Hirondelle à front blanc

Hirondelle rustique

Colibri à gorge rubis
8-9 cm
Ruby-throated Hummingbird • *Archilochus colubris* • Trochilidés [p.299]

Le mâle au dos vert et à la gorge rubis est facile à distinguer de la femelle qui a la gorge blanche. Mais attention, la gorge du mâle paraît noire à l'ombre. Les jeunes ressemblent à la femelle. **Voix :** Le mâle émet de petits cris aigus, mais ce que l'on perçoit le plus souvent du colibri, c'est le vrombissement des ailes lorsque l'oiseau est près de nous. **Habitat :** Fréquente l'orée des bois, les parcs et les jardins où il s'alimente du nectar des fleurs.

Martin-pêcheur d'Amérique
28-38 cm
Belted Kingfisher • *Ceryle alcyon* • Alcédinidés [p.300]

La grosse tête ébouriffée et le bec long, fort et pointu de cet oiseau gris-bleu lui confèrent une silhouette bien particulière qui permet de le reconnaître aisément. Le mâle et la femelle ont tous les deux une bande bleue sur la poitrine, mais seule la femelle a du roux sur les flancs et le ventre. Vole souvent sur place au-dessus de l'eau, avant de plonger tête première pour attraper le petit poisson qui retenait son attention. **Voix :** Un crépitement fort, émis souvent en vol. **Habitat :** Fréquente le bord des cours d'eau, les lacs et divers autres plans d'eau où il y a suffisamment de poisson pour ses besoins.

Geai bleu
28-32 cm
Blue Jay • *Cyanocitta cristata* • Corvidés [p.313]

Oiseau bleu et blanc de bonne taille, caractérisé par une huppe et un collier noir bien net. Les ailes bleues sont marquées de taches blanches particulièrement visibles chez les individus en vol ; noter d'ailleurs les longues ailes larges et la longue queue. Sexes semblables. **Voix :** Possède un répertoire très varié ; les cris les plus fréquents sont un *djé-djé* ou un *tii-oulou tii-oulou* répétés à plusieurs reprises. **Habitat :** Fréquente toute l'année les forêts de feuillus ou mixtes. On l'observe souvent en bordure des routes, dans les parcs et aux mangeoires, surtout en dehors de la saison de reproduction.

Mésangeai du Canada (Geai du Canada)
27-31 cm
Gray Jay • *Perisoreus canadensis* • Corvidés [p.313]

Cet oiseau gris et blanc fait penser à une grosse mésange. La couronne est blanche, l'arrière de la tête et la nuque sont noirs. Noter aussi le petit bec foncé et la longue queue de cet oiseau un peu plus gros que le merle. Sexes semblables. Le jeune se distingue de l'adulte par un plumage uniformément cendré sauf pour les petites moustaches blanches. **Voix :** Cris variés et rauques ou sifflements doux ; on dirait que l'oiseau marmonne continuellement. **Habitat :** Habite à l'année la forêt boréale ; on l'observe aussi en forêt mixte en hiver.

Colibri à gorge rubis

Martin-pêcheur d'Amérique

Geai bleu

Mésangeai du Canada

juvénile

Grand Corbeau
Common Raven • *Corvus corax* • Corvidés

56-67 cm
[p.314]

Oiseau noir de très grande taille au bec fort et à la gorge hirsute; ce sont des plumes longues et pointues qui donnent cette apparence particulière à la gorge. La taille du corbeau ainsi que son bec fort aident à le distinguer de la Corneille d'Amérique. Sexes semblables. En vol, noter surtout la queue cunéiforme qui diffère de la queue ronde de la corneille. **Voix:** Cris variés, dont un croassement rauque et grâve, *crooak*. **Habitat:** Fréquente surtout les régions boisées et montagneuses ainsi que les falaises côtières.

Corneille d'Amérique
American Crow • *Corvus brachyrhynchos* • Corvidés

43-53 cm
[p.314]

C'est probablement l'oiseau noir le mieux connu. La corneille est plus petite que le corbeau, et s'en démarque également par un bec moins fort. Sexes semblables. En vol, remarquer que l'extrémité de la queue est ronde et non cunéiforme comme chez le Grand Corbeau. **Voix:** *Câ câ câ*; croassement fort et bien connu. **Habitat:** Fréquente des habitats très variés: rivages maritimes, forêt, terrains ouverts, fermes, parcs urbains, etc.

Quiscale bronzé
Common Grackle • *Quiscalus quiscala* • Ictéridés

28-34 cm
[p.363]

Oiseau noir de taille moyenne. De près et sous un éclairage favorable, il est possible de voir les irisations du plumage; reflets violacés de la tête et du cou, et dos bronzé. La femelle ressemble au mâle, mais son plumage est plus terne. Le juvénile est brunâtre et a les yeux bruns et non jaunes comme chez l'adulte. La queue en forme de V « pend » souvent d'un côté lorsque l'oiseau vole. **Voix:** Cri: *tchec*; le chant est grinçant et métallique. **Habitat:** Fréquente surtout les champs cultivés; commun aussi dans les quartiers résidentiels des villes.

Quiscale rouilleux
Rusty Blackbird • *Euphagus carolinus* • Ictéridés

22-25 cm
[p.363]

En automne et en hiver, l'adulte et le jeune ont un plumage liséré de rouille qui caractérise bien cette espèce. En période nuptiale, le plumage du mâle est noir et dépourvu des reflets violacés du Quiscale bronzé. Plus petit, le Quiscale rouilleux s'en distingue aussi par le bec moins fort. Il a, de plus, la queue plus courte que le Quiscale bronzé mais ce critère n'est pas utilisable au début de l'automne, quand le Quiscale bronzé mue; sa queue est alors écourtée. Sexes semblables; la femelle a un plumage ardoisé, moins chatoyant que celui du mâle. **Voix:** Quelques *tchac* et un chant court qui se termine par une note grinçante et aiguë de charnière mal huilée. **Habitat:** Inféodé aux milieux humides en période de reproduction: tourbières, forêts inondées, marais bordés d'arbres, étangs de castors.

Grand Corbeau

Corneille d'Amérique

Quiscale bronzé

juvénile

Quiscale rouilleux

en automne

Carouge à épaulettes

19-26 cm

Red-winged Blackbird • *Agelaius phoeniceus* • Ictéridés   [p.361]

Avec la tache rouge sur l'épaule, particulièrement visible en vol, le mâle au plumage noir est facile à identifier. La femelle brunâtre, au dessous fortement rayé, est parfois confondue avec un bruant mais s'en distingue par son bec effilé. **Voix :** Le *con-ka-riii* ou *o-guêr-glîî* du mâle se fait entendre tôt au printemps. Émet souvent un *tiou* sifflé et allongé comme cri d'alarme. **Habitat :** Fréquente les marais, les champs cultivés, les pâturages et le bord des routes.

Carouge à tête jaune

22-28 cm

Yellow-headed Blackbird • *Xanthocephalus xanthocephalus* • Ictéridés   [p.362]

Le jaune vif de la tête et de la poitrine caractérise le mâle au corps noir et aux ailes marquées de blanc. Chez la femelle plus brunâtre, le jaune se limite surtout à la gorge et à la poitrine. Le jeune mâle ressemble à la femelle mais il a plus de jaune à la tête et un peu de blanc sur l'aile. **Voix :** Une série de notes rauques et grinçantes. **Habitat :** Niche dans les marais de l'Ouest ; dans nos régions, visiteur occasionnel en hiver, qu'on découvre parfois parmi d'autres oiseaux noirs et qui visite les mangeoires.

Vacher à tête brune

17-21 cm

Brown-headed Cowbird • *Molothrus ater* • Ictéridés   [p.364]

Oiseau noir dont le mâle a la tête entièrement brune. Le bec court ressemble à celui d'un bruant. La femelle est plutôt grisâtre tandis que le jeune est plus brunâtre et rayé sur le dessous du corps. **Voix :** Émet un sifflement aigu en vol ainsi qu'un *glou-glou-oui* liquide ; la femelle produit un crépitement. **Habitat :** S'alimente en milieux ouverts, dans les pâturages et les champs. En période de reproduction, fréquente la lisière des forêts.

Étourneau sansonnet

19-22 cm

European Starling • *Sturnus vulgaris* • Sturnidés   [p.331]

Oiseau noir, trapu, au long bec foncé en hiver et jaune en été. Le plumage fortement moucheté en hiver est irisé en été. Le jeune est semblable à l'adulte mais il est plus brun. En vol, noter les ailes triangulaires et la queue courte et carrée. Sexes semblables. **Voix :** Un long gazouillis parsemé d'imitations variées. Peut imiter le chant du Pioui de l'Est dès le mois de février. **Habitat :** Fréquente différents milieux ouverts, autant dans les villes qu'à la campagne, et dans les bois clairs.

Goglu des prés (Goglu)

17-20 cm

Bobolink • *Dolichonyx oryzivorus* • Ictéridés   [p.361]

Le motif noir et blanc du mâle en plumage nuptial est unique chez les passereaux du Nord-Est. Noter aussi la nuque ornée d'un grand plastron beige. Le motif noir-et-blanc du dos et de la queue est particulièrement visible en vol. Le mâle à l'automne et la femelle sont ocre ; le dessus de la tête et le dos sont rayés ; le dessous est uni. **Voix :** Chant « tyrolien », joyeux et énergique, où se succèdent en cascades les notes les plus variées. Chante souvent en vol. **Habitat :** Fréquente les champs et les prés où l'herbe est haute, notamment les champs de foin et les jachères.

Carouge à épaulettes

♀

♂

Carouge à tête jaune

♂

♀

Vacher à tête brune

♂

♀

juvénile

hiver

Étourneau sansonnet

été

juvénile

Goglu des prés

♀

♂

automne

Pic mineur
Downy Woodpecker • *Picoides pubescens* • Picidés

16-18 cm
[p.302]

Petit pic noir et blanc de la taille d'un moineau. Son bec très court et les taches noires sur les plumes externes de la queue le différencient du Pic chevelu. Seul le mâle porte une tache rouge derrière la tête. **Voix :** Cri mitraillé terminé en decrescendo, et *pik* moins perçant que celui du Pic chevelu. **Habitat :** Fréquente divers milieux boisés : forêt de feuillus, forêt mixte, parcs urbains et vergers. Visite les mangeoires.

Pic chevelu
Hairy Woodpecker • *Picoides villosus* • Picidés

22-27 cm
[p.302]

Copie grand format du Pic mineur. Noter le bec proportionnellement plus long, l'absence de taches noires sur les rectrices externes blanches de la queue et la marque noire qui semble prolonger la moustache, juste dans le haut de l'aile repliée. Le mâle porte une tache rouge derrière la tête. **Voix :** Crépitement qui ne descend pas comme chez le Pic mineur, et qui est moins rapide, ainsi qu'un *puîk* perçant. **Habitat :** Fréquente divers types de forêts en période de nidification. On le voit aussi dans les parcs urbains et aux mangeoires.

Pic maculé
Yellow-bellied Woodpecker • *Sphyrapicus varius* • Picidés

20-22 cm
[p.301]

Pic noir et blanc au dos rayé, avec une calotte frontale rouge. Chez le mâle, la gorge aussi est rouge. Chez les deux sexes, noter le collier noir au haut de la poitrine beige. La marque verticale blanche sur l'aile repliée est caractéristique de l'espèce et permet d'identifier le jeune, au plumage plutôt brunâtre. **Voix :** Émet un miaulement nasillard caractéristique ; noter aussi le tambourinage irrégulier, rapide au début et ralentissant par la suite, mais toujours rythmé. **Habitat :** Niche dans les forêts de feuillus ou mixtes durant la saison de nidification.

Pic à tête rouge
Red-headed Woodpecker • *Melanerpes erythrocephalus* • Picidés

20-22 cm
[p.300]

La tête et le cou entièrement rouges caractérisent les adultes des deux sexes. Noter aussi le croupion et le miroir blancs sur les ailes, bien visibles chez les oiseaux en vol. Les juvéniles sont plutôt brunâtres et ont la tête brune. Sexes semblables. **Voix :** Un *krrouir* fort. **Habitat :** Fréquente les forêts claires et les milieux ouverts parsemés de grands feuillus.

Grand Pic
Pileated Woodpecker • *Dryocopus pileatus* • Picidés

41-50 cm
[p.304]

Pic noir et blanc de la taille d'une corneille. Noter la huppe rouge et les grandes marques blanches sous les ailes. Le rouge de la huppe se prolonge jusque sur le front chez le mâle, qui a aussi les moustaches rouges. **Voix :** Le cri, un *kok-kok-kok* fort, qui s'accélère en devenant plus aigu, ressemble à celui du Pic flamboyant en plus puissant. Émet aussi une série de notes comme *couk*, *ouik* ou *kok*. **Habitat :** Fréquente principalement les forêts âgées ; visite à l'occasion les parcs urbains.

Pic mineur

♂

♀

♀

Pic chevelu

♂

Pic à tête rouge

♀

Pic maculé

♂

juvénile

juvénile

P. à tête rouge

♀

Grand Pic

♂

♂

Pic tridactyle
Three-toed Woodpecker • *Picoides tridactylus* • Picidés   [p.303]   20-25 cm

Ce pic ressemble beaucoup au Pic à dos noir mais s'en distingue par son dos rayé. Le mâle de ces deux espèces porte une calotte jaune qui est généralement plus petite chez le Pic tridactyle. Noter la combinaison du dos et des flancs rayés, alors que le Pic à dos noir n'a que les flancs rayés. **Voix:** K*ep*, souvent émis lors de la rencontre d'un autre membre de l'espèce. Tambourinage court qui s'accélère à la toute fin. **Habitat:** Oiseau typique de la forêt boréale, qu'on retrouve aussi dans les brûlés, parmi les arbres morts encore debout. Descend plus rarement que le Pic à dos noir dans les régions habitées en hiver.

Pic à dos noir
Black-backed Woodpecker • *Picoides arcticus* • Picidés   [p.303]   23-26 cm

Le dos entièrement noir de ce pic le distingue du Pic tridactyle. Noter les flancs rayés visibles chez l'oiseau perché, ainsi que la calotte jaune du mâle. La femelle se reconnaît à ses flancs fortement rayés et à son dos uniformément noir. **Voix:** Un *kuip* ressemblant à celui du Pic tridactyle. **Habitat:** Niche dans les forêts de conifères, les brûlés où persistent des arbres morts ainsi que dans les zones de coupe forestière des régions le plus au sud de son aire.

Pic à ventre roux
Red-bellied Woodpecker • *Melanerpes carolinus* • Picidés [p.301]   22-25 cm

Pic fortement rayé sur le dos et le dessus des ailes. Le rouge est limité à la nuque chez la femelle tandis qu'il se prolonge jusque sur le dessus de la tête et le front chez le mâle. Noter aussi le dessous beige de l'oiseau ainsi que le croupion blanc, bien visible en vol. **Voix:** Un *krouii*, *krouii* saccadé. **Habitat:** Ce pic du Sud nous visite exceptionnellement en hiver, aux mangeoires.

Pic flamboyant
Northern Flicker • *Colaptes auratus* • Picidés   [p.304]   31-35 cm

Pic de bonne taille aux formes arrondies et aux couleurs dans les tons de café et de beige. Le croupion blanc bien visible en vol identifie l'espèce. Noter aussi la tache rouge sur la nuque ainsi que les moustaches noires, absentes chez la femelle. La poitrine est fortement tachetée et marquée d'une large bande noire sur le haut. En vol, outre le croupion blanc, noter également le dessous doré des ailes et de la queue. **Voix:** Une série de *ouic ouic ouic ouic* forts et répétés, mais plus doux que chez le Grand Pic; ou des *ouîk* plus allongés. Émet aussi un *quiou* simple et perçant. Tambourinage irrégulier et puissant en période de reproduction. **Habitat:** Niche dans les bois clairs, près des fermes ou en milieu ouvert. Se voit souvent au sol, en quête de fourmis.

Pic tridactyle ♂

Pic à dos noir ♀

♂

♀

Pic à ventre roux ♀

♂

♀

♂

Pic flamboyant ♂

♀

MÉSANGES ET SITTELLES

Mésanges et sittelles sont des petits passereaux biens connus de ceux qui ont des mangeoires. Les mésanges sont des petits oiseaux au bec court qui s'alimentent souvent en petites bandes, exécutant des acrobaties au bout des branches afin de trouver de la nourriture. Les sittelles patrouillent les branches et les troncs des arbres à la recherche de larves et d'insectes. On voit souvent ces petits oiseaux trapus, au bec fort, se déplacer sur les troncs la tête en bas.

Mésange à tête noire

ROITELETS, GOBEMOUCHERON ET GRIMPEREAU

Minuscules passereaux verdâtres à queue courte et au petit bec fin, les roitelets frémissent souvent des ailes lorsqu'ils s'activent sur les ramilles des arbres à la recherche de nourriture. Le gobemoucheron est lui aussi un petit passereau énergique au bec fin ; il a une longue queue qu'il agite et dresse à la façon des troglodytes. Le grimpereau est un petit oiseau grimpeur au bec effilé et recourbé qui grimpe sur les troncs en s'appuyant sur sa queue aux plumes raides et pointues.

Roitelet à couronne dorée

TROGLODYTES

Les troglodytes sont de petits oiseaux brunâtres et rondelets très actifs, à la queue souvent relevée. Ils ont un bec fin et légèrement incurvé. Certains sont des chanteurs remarquables. Le Troglodyte des marais et le Troglodyte à bec court chantent souvent la nuit ; c'est parfois le cas du Troglodyte mignon.

Troglodyte mignon

GRIVES, MERLES ET TRAQUET

Grives, merles et traquet appartiennent à la famille des muscicapidés; ce sont des passereaux aux pattes fortes et aux yeux proéminents. Tout comme les jeunes merles, les grives ont la poitrine tachetée, les marques étant plus ou moins nombreuses selon les espèces. Ce caractère est d'ailleurs à l'origine de l'adjectif grivelé. Les grives sont des chanteurs accomplis; leur chant est flûté et mélodieux. Le plumage est semblable chez le mâle et la femelle.

Merle d'Amérique

MOQUEURS ET PIES-GRIÈCHES

Les moqueurs sont d'excellents imitateurs qui produisent des chants variés et diversifiés. Le nombre de répétitions des phrases chantées permet de différencier ces oiseaux à longue queue et au bec fort. Les pies-grièches ont un bec crochu; ce sont des passereaux aux moeurs de rapaces, qui chassent à l'affût en milieu ouvert.

Moqueur chat

VIRÉOS

Petits passereaux généralement verdâtres ou grisâtres qui ressemblent un peu aux parulines. Leur bec est cependant plus robuste et légèrement crochu à l'extrémité. Les viréos sont des chanteurs infatigables; ainsi, le Viréo aux yeux rouges répète inlassablement ses phrases toute la journée au début de l'été, même sous la chaleur de midi.

Viréo à tête bleue

Mésange à tête noire
12-15 cm
Black-capped Chickadee • *Poecile atricapillus* • Paridés [p.318]

Petit oiseau à dominante grise. Le dessus noir de la tête, la joue blanche et la bavette noire forment un motif caractéristique. Noter aussi le petit bec noir et les flancs beiges. Sexes semblables. **Voix :** Répertoire varié ; le chant doux, émis en période de reproduction, est sifflé, *hi-u-u* ou *hi-u* ; son cri nasillard, *tchikadi-di-di*, lui a valu son nom anglais. **Habitat :** Niche dans les forêts de feuillus ou mixtes ; se voit très souvent dans les villes et les villages où elle fréquente assidûment les mangeoires.

Mésange à tête brune
13-14 cm
Boreal Chickadee • *Poecile hudsonicus* • Paridés [p.319]

Petit oiseau à bavette noire et à joue blanche caractéristiques, qu'on distingue de la Mésange à tête noire par la dominante brune plutôt que grise du plumage. Noter en particulier le dessus brun de la tête qui se fond avec le brun-olive du dos, ainsi que les flancs bruns. Sexes semblables. **Voix :** Un *tsic-tsi-dé-dé*, plus lent et plus nasillard que celui de la Mésange à tête noire. **Habitat :** Niche en forêt boréale et acadienne ; observée occasionnellement aux mangeoires en hiver.

Mésange bicolore
15-17 cm
Tufted Titmouse • *Baeolophus bicolor* • Paridés [p.319]

La huppe de ce petit oiseau gris le différencie de presque tous les passereaux du Nord-Est. Noter aussi le gros oeil noir qui se détache bien sur la face pâle et la ligne noire sur le front des adultes. Sexes semblables. **Voix :** Un chant sifflé, *tiou tiou tiou*, souvent sur trois notes, parfois plus. **Habitat :** Niche dans les forêts de feuillus et les parcs où il y a de grands arbres.

Sittelle à poitrine blanche
13-16 cm
White-breasted Nuthatch • *Sitta carolinensis* • Sittidés [p.320]

Recherche sa nourriture en se promenant, la tête en bas, sur le tronc des arbres plutôt qu'en grimpant comme le font les pics ou le grimpereau. Noter l'oeil noir au milieu de la face blanche, la ligne noire du cou ainsi que la queue courte et les sous-caudales marron. Le dessus de la tête est noir chez le mâle et grisâtre chez la femelle. **Voix :** Un ricanement : *han han han han han* fort et nasal, répété rapidement. **Habitat :** Fréquente les forêts âgées de feuillus ou mixtes. On l'observe aussi dans les petits boisés de fermes et aux mangeoires.

Sittelle à poitrine rousse
10-12 cm
Red-breasted Nuthatch • *Sitta canadensis* • Sittidés [p.320]

Plus petite que la Sittelle à poitrine blanche, elle en diffère par le bandeau noir qui traverse l'oeil et son ventre roux. Le dessus du corps est gris-bleu, comme chez l'autre espèce. La femelle a le dessus de la tête et le dessous du corps plus pâles que le mâle. **Voix :** Le chant, *hinc hinc hinc hinc hinc hinc* répété, est plus nasillard et plus lent que celui de la Sittelle à poitrine blanche. **Habitat :** Préfère les forêts de conifères ; en migration, passe dans divers habitats et s'arrête aux mangeoires.

Mésange à tête noire

Mésange à tête brune

Mésange bicolore

Sittelle
à poitrine blanche ♂

Sittelle
à poitrine rousse ♂

♀ ♀

Roitelet à couronne dorée
9-10 cm

Golden-crowned Kinglet • *Regulus satrapa* • Régulidés [p.324]

Minuscule oiseau verdâtre et rondelet. Les barres alaires, la tache dorée (au centre orangé chez le mâle) et cernée de noir sur le dessus de la tête, ainsi que le sourcil blanchâtre caractérisent cette espèce. La femelle est semblable au mâle mais sa couronne est entièrement jaune. **Voix :** Gazouillis de notes aiguës ; le cri : un *si-si-si* aigu. **Habitat :** Niche en forêt de conifères ; s'alimente souvent au sommet des arbres, ce qui le rend difficile à observer. Passe en migration tôt au printemps, avant les parulines, dans les parcs et les jardins.

Roitelet à couronne rubis
10-11 cm

Ruby-crowned Kinglet • *Regulus calendula* • Régulidés [p.324]

Minuscule oiseau verdâtre, rondelet et très actif. La combinaison des barres alaires blanches bien nettes et du cercle oculaire brisé caractérisent l'espèce. La couronne rouge du mâle (absente chez la femelle) n'est visible que lorsqu'il est très excité. Noter le frémissement des ailes typique des roitelets lorsqu'ils sautillent de branche en branche. **Voix :** Chant sifflé, puissant et très mélodieux, d'abord hésitant, sur des notes très aiguës, qui s'accélère en roulant par la suite, pour finir en *touladi touladi touladi*. **Habitat :** En période de reproduction, fréquente surtout les forêts coniériennes. On le retrouve occasionnellement dans les forêts de feuillus, où il passe en migration, au printemps, avec les premières parulines.

Gobemoucheron gris-bleu
10-13 cm

Blue-gray Gnatcatcher • *Polioptila caerula* • Muscicapidés [p.325]

Petite espèce plutôt rare dans le Nord-Est. Son allure particulière, avec sa longue queue bordée de blanc, souvent relevée à la manière des troglodytes, est caractéristique. La queue est noire dessus et presque complètement blanche dessous. Noter le dessus du corps gris-bleu ainsi que le cercle oculaire blanc. La femelle ressemble au mâle mais le dessus du corps est plus pâle. **Voix :** Série de notes grinçantes rappelant le son produit par une sauterelle. **Habitat :** Préfère les forêts méridionales de feuillus en période de reproduction.

Grimpereau brun
13-15 cm

Brown Creeper • *Certhia americana* • Certhiidés [p.321]

Petit oiseau arboricole au dos brun marqué de taches blanches, qui se confond très bien avec l'écorce des arbres dans laquelle il recherche sa nourriture. Explore généralement le tronc des arbres, de la base à la cime, en grimpant en spirale. Noter le dessous blanc du corps, la queue relativement longue, ainsi que le bec effilé et recourbé. Sexes semblables. **Voix :** Chant sifflé et court, très aigu au commencement puis plus grave vers la fin : *sî-ti-ouî-tou-ouî*. On l'entend surtout tôt au printemps, au moment de la saison de reproduction. **Habitat :** Fréquente les forêts de feuillus ou de conifères âgés en période de nidification.

Roitelet à couronne dorée

♂ ♀

Roitelet à couronne rubis

♂ ♀

Gobemoucheron gris-bleu

♂ ♀

Grimpereau brun

Troglodyte de Caroline
Carolina Wren • *Thryothorus ludovicianus* • Troglodytidés [p.321]

13-15 cm

Le plus gros troglodyte du Nord-Est a le dos roussâtre et le dessous ocreux. Noter le sourcil blanc bien démarqué au-dessus de l'oeil. Sexes semblables. **Voix:** Un *tui tirouli tirouli tirouli* fort, répété à plusieurs reprises; autres sifflements. **Habitat:** Espèce méridionale rare dans le Nord-Est; niche dans les broussailles, autant près des cours d'eau que dans les parcs et les jardins. Généralement observé aux mangeoires, en hiver, dans nos régions.

Troglodyte familier
House Wren • *Troglodytes aedon* • Troglodytidés [p.322]

11-14 cm

Petit oiseau très actif au dessus du corps brunâtre. Noter le ventre pâle, la queue plus longue que celle du Troglodyte mignon, et l'absence de marques bien nettes au dessus de l'oeil. Sexes semblables. **Voix:** Longue cascade de notes avec finale descendante; chante fréquemment durant le jour. **Habitat:** Niche dans les bois clairs, à la lisière des forêts et dans les fourrés; affectionne les milieux humanisés et utilise les nichoirs près des habitations.

Troglodyte mignon (Troglodyte des forêts)
Winter Wren • *Troglodytes troglodytes* • Troglodytidés [p.322]

10-11 cm

Petit oiseau rondelet et foncé, au ventre barré et à très petite queue généralement retroussée. Sa petite taille et son ventre brun et rayé le différencient des autres troglodytes du Nord-Est. Sexes semblables. **Voix:** Longue vocalise complexe où se côtoient gazouillis et trilles aigus, terminée souvent par un trille ténu. **Habitat:** En période de nidification, fréquente surtout les forêts conifériennes âgées où le sol est couvert de broussailles et de souches renversées.

Troglodyte à bec court
Sedge Wren • *Cistothorus platensis* • Troglodytidés [p.323]

10-11 cm

Les fines rayures blanches du dos sont moins prononcées que celles du Troglodyte des marais, dont il diffère également par le dessus rayé de la tête et par les sous-caudales ocre, bien visibles lorsque la courte queue est relevée. Sexes semblables. **Voix:** Un *tchek tchek tchekeurrrrrrrr* plus saccadé que celui du Troglodyte des marais et suivi d'un trille. Chante souvent la nuit. **Habitat:** Niche dans les marais herbeux et les prés humides à carex.

Troglodyte des marais
Marsh Wren • *Cistothorus palustris* • Troglodytidés [p.323]

10-13 cm

Troglodyte typique des marais à végétation haute. Les raies blanches sur le haut du dos brun et le sourcil blanc et la calotte unie, brun foncé, caractérisent ce troglodyte et aident à le distinguer du Troglodyte à bec court dont le dessus de la tête est rayé. Sexes semblables. **Voix:** Crépitement variable de notes brèves, gutturales et gazouillées: *tsouc tsouc-ceûr-rrrrrr* au rythme irrégulier. Chante souvent la nuit. **Habitat:** Niche dans les quenouilles et les roseaux.

Troglodyte de Caroline

Troglodyte familier

Troglodyte mignon

Troglodyte à bec court

Troglodyte des marais

Grive fauve

17-20 cm

Veery • *Catharus fuscescens* • Muscicapidés [p.326]

C'est la moins tachetée des grives du Nord-Est. On l'identifie principalement à cette quasi-absence de marques nettes sur la poitrine, ainsi qu'à la riche couleur fauve qui la couvre de la tête à la queue. **Voix:** Chant flûté descendant à tonalité liquide: *vi-vir vir vir virrrr*; cri: un *zziou* ou *vriou* vrombissant. **Habitat:** Niche dans les forêts de feuillus humides; fréquente près des rivières et des lacs.

Grive à joues grises

17-20 cm

Gray-cheeked Thrush • *Catharus minimus* • Muscicapidés [p.327]

Grive au dessus du corps gris-olive uniforme et à poitrine fortement tachetée. Elle diffère de la Grive à dos olive par l'absence de cercle oculaire bien net et par la joue grisâtre. La couleur plus grisâtre du dessus, le blanc de la gorge ainsi que la mandibule inférieure de couleur chair la distinguent de la Grive de Bicknell. **Voix:** Chant semblable à celui de la Grive fauve mais plus enroué. **Habitat:** Niche dans la forêt boréale et la taïga; passe dans des habitats variés en migration. Migre tard au printemps, à l'époque où la Grive de Bicknell commence à nicher.

Grive de Bicknell

17-19 cm

Bicknell's Thrush • *Catharus bicknelli* • Muscicapidés [p.327]

Grive plus brune que la Grive à joues grises dont elle se distingue également par le dessus de la queue qui est marron, et non roux comme chez la Grive solitaire. Noter aussi la gorge beige et la mandibule inférieure jaune ou orangée. Chez certains individus, il y a aussi du marron sur les rémiges et la calotte. **Voix:** Chant flûté semblable à celui de la Grive à joues grises mais légèrement montant vers la fin. **Habitat:** Niche dans les forêts conifériennes des montagnes, dans le Nord-Est.

Grive à dos olive

16-20 cm

Swainson's Thrush • *Catharus ustulatus* • Muscicapidés [p.328]

Noter le dessus gris-olive uniforme de cette grive à poitrine fortement tachetée, dont le haut est teinté de beige. La présence d'un cercle oculaire beige, bien défini et complet, joint au lore de la même couleur, la distinguent de la Grive à joues grises et de la Grive de Bicknell. **Voix:** Chant flûté et clair, avec des notes en succession ascendante; cri: un *pouette* sifflé. **Habitat:** Niche dans les forêts conifériennes et mixtes; on la trouve aussi dans les bois en regain.

Grive solitaire

16-19 cm

Hermit Thrush • *Catharus guttatus* • Muscicapidés [p.328]

Grive à poitrine tachetée et au dos uniformément brunâtre. Elle diffère des autres par sa queue rousse qui tranche nettement avec la couleur du dos et qu'elle hoche fréquemment lorsqu'elle est perchée. **Voix:** Magnifique chant flûté, clair et éthéré, commençant sur une note sifflée, répétée sur des registres de plus en plus aigus, *ah irre irre irre*; cri: une plainte courte, *ouin*, et un *tchoc* grave. **Habitat:** Niche dans les forêts conifériennes et mixtes ainsi que dans les tourbières boisées.

Grive fauve

Paruline couronnée

Paruline des ruisseaux

Grive à joues grises

Grive de Bicknell

Grive à dos olive

Grive solitaire

G. fauve

G. à joues grises

G. de Bicknell

G. à dos olive

G. solitaire

G. des bois

Grive des bois
19-22 cm
Wood Thrush • *Hylocichla mustelina* • Muscicapidés [p.329]

La plus grosse grive du Nord-Est. Outre par sa taille, elle se distingue des autres grives par sa tête rousse et le dessous du corps blanc fortement grivelé de gros points sombres et ronds, qui s'étendent jusque sur ses flancs. **Voix :** Beau chant clair et flûté qui se termine par un trille ; cri : une série de *pit* sonores. **Habitat :** Fréquente les forêts de feuillus âgés.

Merle d'Amérique
23-28 cm
American Robin • *Turdus migratorius* • Muscicapidés [p.329]

Cet oiseau à posture dressée, au dos foncé et à poitrine rouge orangé annonce l'arrivée du printemps dans nos villes et nos villages. Le mâle a la tête noire et le dessous du corps d'une riche couleur brique, tandis que la femelle est plus terne. Les juvéniles sont semblables aux adultes, mais leur poitrine est marquée de points noirs. Noter le battement rapide de la queue lorsque l'oiseau arrive à son perchoir. **Voix :** Longue turlutte sifflée et enjouée, formée de courtes stophes : *turlit turlu*. **Habitat :** Fréquente une diversité d'habitats humanisés : forêts claires, fermes, parcs, villes et villages.

Merlebleu de l'Est (Merle-bleu de l'Est)
17-20 cm
Eastern Bluebird • *Sialia sialis* • Muscicapidés [p.326]

Petit oiseau au dos bleu et à poitrine rouge orangé, à peine plus gros qu'un moineau. Le mâle a le dessus du corps entièrement bleu, de la tête à la queue. La femelle, au dos plus grisâtre, est plus terne. Les jeunes au plumage grisâtre ont la poitrine grivelée et du bleu sur les ailes et la queue. **Voix :** Doux gazouillis dont les notes initiales sont souvent sifflées et les suivantes, plus rauques : *tî-u priou piu*. **Habitat :** Se voit souvent perché, le dos un peu voûté, sur un poteau de clôture ou un fil électrique. Niche dans les milieux ouverts parsemés de bosquets, souvent dans les nichoirs installés à son intention.

Traquet motteux
14-16 cm
Northern Wheatear • *Oenanthe oenanthe* • Muscicapidés [p.325]

Le croupion blanc, bien visible lorsque l'oiseau s'envole, identifie l'espèce en tous plumages. Le blanc du croupion déborde sur la queue, et forme un motif bien particulier. La queue, que l'oiseau agite souvent lorsqu'il est au sol, se termine par une large bande noire. En automne, le mâle est chamois, avec le dos brunâtre, comme la femelle et l'immature, mais sans leur bandeau noir sur l'oeil. En plumage nuptial, le dos du mâle est gris et ses ailes sont noires. **Voix :** Le cri est un *tchak-tchak* sec ; le chant : un gazouillis mélodieux. **Habitat :** Niche dans la toundra rocailleuse de l'Arctique et hiverne en Afrique ; il passe en petit nombre, surtout à l'automne, dans le nord-est de l'Amérique du Nord. S'alimente dans des habitats rocheux, notamment sur les rivages.

Grive des bois

Merle d'Amérique

♂   ♀

juvénile

Merlebleu de l'Est

♂

juvénile

Traquet motteux

immature

♂ été

♂ été

♀

Moqueur chat
Gray Catbird • *Dumetella carolinensis* • Mimidés

21-24 cm
[p.330]

Oiseau au plumage gris ardoisé et à calotte noire, un peu plus petit que le merle. Noter les sous-caudales marron, parfois visibles lorsque l'oiseau agite sa longue queue noirâtre. Sexes semblables. **Voix:** Le chant consiste en une série de phrases non répétées. Noter aussi le miaulement caractéristique de l'espèce. **Habitat:** Habitant de la végétation dense, on le trouve surtout dans les broussailles à l'orée des bois, dans les fourrés en milieux plus ouverts, dans les parcs et parfois dans les jardins.

Moqueur roux
Brown Thrasher • *Toxostoma rufum* • Mimidés

27-31 cm
[p.331]

Oiseau élancé au dessus du corps d'une riche couleur rousse et au dessous fortement rayé. Noter aussi la longue queue, les bandes alaires blanches, le bec légèrement décurvé et les yeux jaunes. Sexes semblables. **Voix:** Produit une longue succession de phrases qu'il répète habituellement deux fois. **Habitat:** Fréquente les forêts en regain, les fourrés et les friches.

Moqueur polyglotte
Northern Mockingbird • *Mimus polyglottos* • Mimidés

23-28 cm
[p.330]

Cet oiseau grisâtre au dessous blanc est assez rare chez nous; noter les ailes noires marquées de grandes taches blanches ainsi que la longue queue noire maculée de blanc sur les côtés. Sexes semblables. Les jeunes sont brunâtres. **Voix:** Longue série de phrases musicales, renfermant souvent des imitations, répétées plus de deux fois chacune. Émet aussi un *tchac* fort. **Habitat:** Fréquente les milieux ouverts et humanisés, souvent près des habitations, autant à la ville qu'à la campagne.

Pie-grièche grise
Northern Shrike • *Lanius excubitor* • Laniidés

23-28cm
[p.309]

Oiseau gris et noir, au bec crochu et au masque noir étroit. Noter que le masque s'arrête au-dessus du bec et remarquer la zone claire à la base de la mandibule inférieure. La poitrine est marquée de vermiculures, particulièrement nettes chez l'immature. Sexes semblables. **Voix:** Succession de notes musicales, non liées entre elles. Plus loquace que la Pie-grièche migratrice. **Habitat:** Niche dans la taïga; fréquente les milieux ouverts dans nos régions en hiver.

Pie-grièche migratrice
Loggerhead Shrike • *Lanius ludovicianus* • Laniidés

22-25 cm
[p.310]

Très semblable à la Pie-grièche grise. Noter le gris plus foncé ainsi que le masque large, qui se poursuit au-dessus du bec. Le bec est plus petit que celui de la Pie-grièche grise et complètement noir. De juin à août, les juvéniles ont des vermiculures sur la poitrine. Sexes semblables. **Voix:** Gazouillis composé de notes répétées un peu à la manière du Moqueur polyglotte, mais avec des pauses plus longues entre les strophes. **Habitat:** Fréquente les pâturages, les champs abandonnés et les haies où poussent des arbustes épineux.

Moqueur chat

Moqueur roux

Moqueur polyglotte

M. polyglotte

Pie-grièche grise

immature

Pie-grièche grise

Pie-grièche migratrice

immature

Viréo à tête bleue
13-15 cm

Blue-headed Vireo • *Vireo solitarius* • Viréonidés [p.310]

Oiseau au dos verdâtre et à la tête grise ornée de lunettes blanches. Noter les bandes alaires blanches et le dessous du corps blanc, marqué d'un peu de jaune sur les flancs. Sexes semblables. **Voix :** Succession de notes, semblable au chant du Viréo aux yeux rouges, mais avec des pauses plus longues entre de courtes phrases davantage sifflées et aiguës : *si-u sou-i si-i si-oui.* **Habitat :** Niche dans les forêts mixtes et coniferiennes.

Viréo à gorge jaune
13-15 cm

Yellow-throated Vireo • *Vireo flavifrons* • Viréonidés [p.311]

C'est le seul viréo du Nord-Est à avoir la gorge et la poitrine jaune vif. Noter les lunettes jaunes et les ailes marquées de deux bandes blanches. Sexes semblables. **Voix :** Chant enroué et court : *zzri-ziou* répété. **Habitat :** Niche dans les forêts de feuillus âgés, plus particulièrement là où dominent les érables, les chênes et les caryers.

Viréo mélodieux
13-15 cm

Warbling Vireo • *Vireo gilvus* • Viréonidés [p.311]

Petit oiseau grisâtre au ventre blanc sans marques particulières et sans bandes alaires. Noter le sourcil blanchâtre au-dessus de l'oeil. Vers la fin de l'été et en automne, certains individus, surtout les jeunes, ont du jaune sur les flancs, mais non sur la gorge et le haut de la poitrine comme chez le Viréo de Philadelphie. Sexes semblables. **Voix :** Gazouillis ondulant rappelant celui du Roselin pourpré et terminé abruptement. Le cri est un *tchrin* énergique, un peu nasal. **Habitat :** Niche dans les grands feuillus des villes, ainsi que dans ceux qui poussent au bord des routes et des cours d'eau.

Viréo de Philadelphie
11-13 cm

Philadelphia Vireo • *Vireo philadelphicus* • Viréonidés [p.312]

Oiseau grisâtre, sans bandes alaires, au dessous du corps jaunâtre. On le distingue du Viréo aux yeux rouges par son sourcil blanc sans bordure noire et du Viréo mélodieux par le dessous jaunâtre de son corps. Sexes semblables. **Voix :** Le chant est plus aigu et la répétition entre les strophes est moins rapide que chez le Viréo aux yeux rouges. **Habitat :** Niche surtout dans les bois clairs et les jeunes forêts de feuillus, y compris en zone boréale.

Viréo aux yeux rouges
14-17 cm

Red-eyed Vireo • *Vireo olivaceus* • Viréonidés [p.312]

Viréo au dos verdâtre et au dessus de la tête gris. Le sourcil blanc bordé de noir le distingue de tous les autres viréos du Nord-Est. L'oeil rouge de l'adulte n'est visible que de très près ; l'oeil de l'immature est brun. Sexes semblables. **Voix :** Très volubile à toute heure du jour. Le chant est composé d'une succession assez rapide de courtes phrases musicales formées de notes roulées et sifflées : *viréo, viri, viréo-i.* Cri : *tzzuin* plaintif et nasillard. **Habitat :** Commun dans les forêts de feuillus et mixtes ; on le trouve aussi dans les parcs et poussent de grands arbres.

Viréo à tête bleue

Viréo à gorge jaune

Viréo mélodieux

Paruline obscure

♂

1er automne

Viréo aux yeux rouges

Viréo de Philadelphie

1er automne

Petits passereaux insectivores au bec fin et pointu, pour la plupart vivement colorés. Les motifs de coloration sont variés et le plumage diffère généralement entre le mâle et la femelle. Beaucoup d'espèces ont du jaune. Le plumage d'automne diffère de celui du printemps et de l'été chez certaines espèces.

Au printemps

Les mâles sont assez faciles à identifier au printemps par les motifs de coloration ou par certains traits du plumage.

Certaines espèces ont des bandes alaires bien nettes : Paruline à collier, Paruline à gorge noire, Paruline flamboyante, etc. Chez d'autres espèces, c'est plutôt le motif de coloration de la tête qui fournit le meilleur indice : le masque de la Paruline masquée, la « tête de mésange » de la Paruline rayée. Enfin, chez certaines espèces, comme chez la Paruline à poitrine baie, l'aile et le motif particulier sont caractéristiques.

Il faut se familiariser avec ces espèces avant d'aller les observer. De plus, il faut porter une attention toute particulière au chant des mâles, qui est particulier à chaque espèce.

Paruline flamboyante

Paruline à poitrine baie

En été

En été comme au printemps, les mâles peuvent se repérer au chant et s'identifient assez bien à la jumelle. En été, les jeunes ressemblent aux femelles mais leur plumage est encore plus terne. À cette saison, l'habitat que fréquente l'espèce pour nicher est un élément déterminant de l'identification.

Paruline jaune ♀

En automne

En automne, il est plus difficile d'identifier les parulines, en particulier les immatures, et surtout les jeunes femelles, dont les caractéristiques du plumage sont mal définies. Quelques points de repère permettent cependant de regrouper les espèces en catégories et de simplifier l'identification sur le terrain.

Ainsi, les bandes alaires demeurent souvent bien nettes à l'automne; elles sont assez faciles à voir et constituent un critère fort utile.

On peut également retrouver certains éléments du plumage nuptial en automne. Les immatures ne diffèrent souvent des adultes que par des couleurs moins intenses. Bien connaître le plumage nuptial des adultes est donc utile en automne.

Paruline jaune ♂

Paruline masquée

Certaines espèces, comme la Paruline à gorge orangée, sont présentes dans les conifères, tandis que d'autres, comme la Paruline azurée, sont confinées aux grandes forêts de feuillus. Certaines fréquenteront les tourbières, comme la Paruline à couronne rousse, d'autres nichent plutôt dans les buissons, comme la Paruline masquée, et à l'orée des bois, comme la Paruline jaune. Ces deux dernières espèces sont les plus faciles à voir en été près des villes.

Paruline à flancs marron

Paruline bleue (Paruline bleue à gorge noire)   12-14 cm
Black-throated Blue Warbler • *Dendroica caerulescens* • Parulidés   [p.338]

Paruline dont le mâle est bleu foncé dessus; noter aussi le noir qui couvre la face, la gorge et les flancs. Le petit rectangle blanc du bord de l'aile est visible chez les deux sexes (plus chez le mâle) et caractéristique de l'espèce. La femelle est brun olive sur le dessus et ocre dessous. Noter aussi son sourcil pâle, sa joue légèrement plus sombre et l'absence de bandes alaires. **Voix:** Chant bourdonnant: *zour-zour-zour zriiiiiii.* **Habitat:** Très présente dans les érablières, elle niche dans le sous-bois des forêts de feuillus ou mixtes.

Paruline azurée   10-13 cm
Cerulean Warbler • *Dendroica cerulea* • Parulidés   [p.342]

Le collier noir sous la gorge blanche et les rayures des flancs aident à identifier le mâle, qu'on voit généralement de dessous parce qu'il se tient à la cime des grands arbres. Le dessus du corps est bleu, avec des bandes alaires blanches. Ces dernières aident à identifier la femelle, au plumage plus terne et au dessus du corps faiblement teinté de bleu ou de turquoise. Celle-ci n'a ni le collier, ni les rayures sombres du mâle. **Voix:** Gazouillis composé de *sroui sroui sroui sroui* rapides qui peut aller en accélérant et qui se termine sur une finale plus aiguë analogue à celle de la Paruline bleue. **Habitat:** Niche dans les forêts de feuillus âgés et de grande taille.

Paruline à collier   11-13 cm
Northern Parula • *Parula americana* • Parulidés   [p.336]

Le collier bicolore qui tranche sur le jaune vif de la gorge et de la poitrine identifie le mâle en plumage nuptial. Noter aussi les bandes alaires blanches bien nettes. La tache verdâtre sur le dos bleuté caractérise tous les plumages de l'espèce. La femelle est plus terne et n'a pas le collier bien défini du mâle. **Voix:** Trille bourdonnant et rapide qui prend fin en un bref crescendo sur une note, souvent sifflée, *ziiiiiiiii-sip* ou *zip zip zip zi zi zi-sip.* **Habitat:** Niche dans les forêts où le lichen du genre *Usnea* recouvre les arbres; se tient souvent près de l'eau.

Paruline à ailes dorées   12-14 cm
Golden-winged Warbler • *Vermivora chrysoptera* • Parulidés   [p.334]

Paruline au dos gris-bleu et au dessous blanc. La joue noire, combinée à la calotte jaune, caractérise l'espèce. Chez les deux sexes, noter aussi les marques alaires jaunes et la gorge noire; cette dernière est plus pâle chez la femelle, qui ressemble au mâle, en plus terne. **Voix:** Chant bourdonnant qui débute avec une courte note: *zriiiii zré zré zré.* **Habitat:** Niche en terrains broussailleux ainsi qu'à l'orée des bois.

Paruline bleue

Paruline azurée

Paruline à collier

Paruline à ailes dorées

Paruline jaune (plumage d'automne, p.180) 12-13 cm
Yellow Warbler • *Dendroica petechia* • Parulidés [p.336]

Paruline toute jaune. En plumage nuptial, le mâle a le dessous du corps finement rayé de marron. L'oeil noir tranche nettement sur le jaune de la tête. La femelle est semblable, sans les rayures ventrales. **Voix :** Un *tsi-tsi-tsi-tsi-tii-ouit* rapide, vif et musical, qu'on peut rendre par *huit huit huit pantalon huit*. **Habitat :** Niche dans les fourrés ; fréquente aussi le bord des cours d'eau, les bois clairs, les parcs, les vergers et la lisière des forêts.

Paruline masquée (plumage d'automne, p.180) 12-14 cm
Common Yellowthroat • *Geothlypis trichas* • Parulidés [p.346]

En plumage nuptial, le mâle se reconnaît facilement à son large masque noir. Noter aussi la gorge et la poitrine jaune vif ainsi que le dessus du corps brun-olive. La femelle a la gorge jaune vif et le ventre blanc, mais elle n'a pas le masque noir du mâle. **Voix :** Un *ouistiti-ouistiti-ouistiti-ouit* rapide et fort. Le cri ressemble au choc de deux boules de billard : *tchik*. **Habitat :** Niche aux bords des marais et dans les fourrés humides ; fréquente la lisière des forêts, le bord des routes et la rive des cours d'eau.

Paruline à calotte noire (plumage d'automne, p.168) 11-13 cm
Wilson's Warbler • *Wilsonia pusilla* • Parulidés [p.347]

Espèce au dessus du corps olivâtre et au dessous jaune vif, facile à reconnaître à la calotte noire du mâle en plumage nuptial. Cette calotte est absente chez la femelle. **Voix :** *Tchoui tchoui tchoui tchoui*, qui peut descendre vers la fin en *tchoué*. **Habitat :** Niche dans les fourrés, en bordure des forêts, des rivières et des tourbières.

Paruline à ailes bleues 11-13 cm
Blue-winged Warbler • *Vermivora pinus* • Parulidés [p.333]

Paruline jaune vif aux ailes gris-bleu marquées de deux bandes alaires blanches. Noter la ligne noire qui prolonge le bec et traverse l'oeil. La femelle est légèrement plus terne que le mâle. **Voix :** Chant bourdonnant en deux parties, la seconde plus roulée : *zriiii brrrrrre*. **Habitat :** Niche dans les broussailles et les friches ; fréquente l'orée des forêts et les fourrés d'aulnes.

Paruline polyglotte 17-19 cm
Yellow-breasted Chat • *Icteria virens* • Parulidés [p.348]

Grosse paruline du Sud qui ressemble à un viréo, avec ses lunettes et son bec fort. Longue queue souvent relevée à la manière des moqueurs. Noter la gorge et la poitrine jaune vif ainsi que le dessus du corps et les ailes olivâtres. Sexes semblables. **Voix :** Le chant, fort et varié, ressemble à celui d'un moqueur. **Habitat :** Niche dans les fourrés et les grands buissons en bordure des cours d'eau.

Paruline jaune ♀ ♂

Paruline masquée ♂

Paruline à calotte noire ♂ ♀

♀

Paruline à ailes bleues ♂ ♀

Paruline polyglotte

Paruline à joues grises (plumage d'automne, p.180)   11-13 cm
Nashville Warbler • *Vermivora ruficapilla* • Parulidés   [p.335]

Paruline au dessous du corps jaune vif et à la tête grise qui tranche avec le dos olive. En plumage nuptial, noter le cercle oculaire blanc complet bien découpé sur la joue grise de l'oiseau. La gorge jaune distingue cette espèce de la Paruline à gorge grise, qui porte également un cercle oculaire blanc. Sexes semblables. La tache marron du dessus de la tête se voit rarement sur le terrain. **Voix :** Chant en deux parties qui consiste en une succession rapide de doubles notes aiguës suivies d'un trille, *tipit tipit tipit tipit tsitsitsitsi*. **Habitat :** Niche dans les bois en régénération, en forêt boréale et mixte surtout ; on la trouve aussi à l'orée des bois et en bordure des tourbières.

Paruline triste (plumage d'automne, p.180)   12-14 cm
Mourning Warbler • *Oporornis philadelphia* • Parulidés   [p.346]

Noter le large plastron noir sur la poitrine du mâle, qui porte un capuchon gris sur la tête et le cou. La femelle n'a pas de noir sur la poitrine. On la différencie de la Paruline à gorge grise par l'absence de cercle oculaire blanc. La Paruline à joues grises a également le dessus de la tête gris mais elle a la gorge jaune et son cercle oculaire est bien défini. **Voix :** Succession de notes roulées : *trruiiii, trruiiii, trruiiii, trruiiii, truiilou*. **Habitat :** Paruline des fourrés et des buissons, qui niche aussi à l'orée des bois, dans les clairières et dans les bois humides.

Paruline à gorge grise (plumage d'automne, p.180) 13-15 cm
Connecticut Warbler • *Oporornis agilis* • Parulidés   [p.345]

Plutôt rare, cette paruline au capuchon gris est caractérisée, en tous plumages, par le cercle oculaire blanc. En plumage nuptial, le capuchon gris couvre la tête, la gorge et le haut de la poitrine du mâle. La femelle ressemble au mâle, mais son capuchon est plus brunâtre et moins défini. L'absence de bande noire sur la poitrine et la présence d'un cercle oculaire le distingue du mâle de la Paruline triste. La gorge jaune de la Paruline à joues grises la distingue de la Paruline à gorge grise dans tous les plumages. **Voix :** Un chant fort : *tchi-pu-ti, tchi-pu-ti, tchi-pu-ti* répété, mais la première strophe est plus faible. **Habitat :** Niche dans les tourbières à épinettes et mélèzes ainsi que dans les peuplements de pins gris au Québec.

Paruline du Canada   13-15 cm
Canada Warbler • *Wilsonia canadensis* • Parulidés   [p.347]

Paruline au dessus du corps uniformément gris et au dessous jaune vif. Le mâle en plumage nuptial porte sur la poitrine une « rivière de diamants », formée de fines rayures verticales noires. Noter aussi les lunettes jaunes. Chez la femelle, le collier est estompé et peu visible. **Voix :** Un rapide staccato aux phrases irrégulières, précédé par un *tchip* d'introduction clair. **Habitat :** Niche dans les sous-bois buissonneux ainsi que dans les grands fourrés d'aulnes et de saules au bord de l'eau.

Paruline à joues grises

Paruline triste

Paruline à gorge grise

Paruline du Canada

Paruline à croupion jaune (pl. d'automne, p.172) 12-16 cm
Yellow-rumped Warbler • *Dendroica coronata* • Parulidés [p.339]

Cette paruline est une des premières à revenir au printemps. Noter le jaune sur le croupion, le devant de l'aile et le dessus de la tête, et la poitrine marquée de noir chez le mâle en plumage nuptial. La gorge de la sous-espèce de l'ouest du continent est jaune. Plus terne, la femelle possède un plumage aux mêmes motifs que le mâle. La Paruline à tête cendrée a également le croupion jaune mais le dessous de son corps est entièrement jaune et rayé de noir. **Voix :** Trille lâche, aigu et modulé, qui peut ressembler à celui du junco, en moins monotone. **Habitat :** Niche dans les forêts conifériennes et les bois mixtes ; en migration, fréquente tous les habitats où poussent des arbres.

Paruline à tête cendrée (pl. d'automne, p.172)   10-13 cm
Magnolia Warbler • *Dendroica magnolia* • Parulidés   [p.337]

Paruline à la tête grise et au dessous du corps jaune vif, fortement rayé de noir sur la poitrine et les flancs. Noter aussi la joue noire, les grandes marques blanches sur les ailes et le croupion jaune. De dessous, la large bande blanche à mi-distance sur la queue sombre facilite l'identification. La femelle ressemble au mâle en plus terne, avec deux bandes blanches au lieu des taches alaires. **Voix :** Chant court, sifflé et très rythmé : *ouita-ouita-ouita-huit* ou *ouita-ouita-ouitchou*. **Habitat :** Niche dans les forêts conifériennes et les forêts mixtes ; en migration, on la retrouve dans divers habitats qui présentent une végétation ligneuse.

Paruline tigrée (pl. d'automne, p.172)   12-14 cm
Cape May Warbler • *Dendroica tigrina* • Parulidés   [p.338]

La joue marron et le dessous jaune rayé de noir caractérisent le mâle en plumage nuptial. Noter aussi le croupion jaune et les grandes taches blanches des ailes. Plus terne, la femelle a deux fines bandes alaires blanches et n'a pas de marron ; on remarque chez elle une tache jaune clair au-dessus de l'épaule, juste à la base de la nuque. **Voix :** Un *tsiit siit siit siit si* ténu. **Habitat :** Préfère les forêts conifériennes, en particulier les peuplements d'épinettes. Fréquente divers habitats arborés en migration.

Paruline à couronne rousse (pl. d'automne, p.172)   13-15 cm
Palm Warbler • *Dendroica palmarum* • Parulidés   [p.341]

Noter la calotte rousse de cette paruline qui agite sans cesse la queue lorsqu'elle se déplace, généralement près du sol ou au sol. Le dessous du corps est jaune jusque sur les sous-caudales chez l'adulte en plumage nuptial. Sexes semblables. **Voix :** Un faible trille bourdonnant, aigu et assez rapide, *zui zui zui zui zui*. **Habitat :** Niche habituellement en zone boréale, dans les petits arbres au bord des tourbières.

Paruline à croupion jaune ♂ ♀

Paruline à tête cendrée ♂ ♀

Paruline tigrée ♂ ♀

Paruline à couronne rousse

Paruline flamboyante
American Redstart • *Setophaga ruticilla* • Parulidés

12-15 cm
[p.343]

Paruline dont le mâle en plumage nuptial est noir avec des taches orangées sur le haut du flanc, l'aile et la queue. Capture des insectes en vol à la manière des moucherolles. Les taches de la queue et des ailes sont plutôt jaunes chez la femelle, au dos olive. Le mâle de première année ressemble à la femelle adulte. **Voix:** Chant peu musical à plusieurs variantes: un *zi zi zi zi zrou* rapide, un *tsi-tsi-tsi-tsi-ouittt* accentué sur la dernière note ou encore un *zoui zoui zoui zoui zoui* monotone. **Habitat:** Niche en grand nombre dans les forêts de feuillus et les bois en régénération; généralement facile à observer.

Paruline à flancs marron
Chestnut-sided Warbler • *Dendroica pensylvanica* • Parulidés [p.337]

12-14 cm

La calotte jaune vif et les flancs marron caractérisent le mâle en plumage nuptial; ces traits sont moins prononcés chez la femelle. Noter également le bandeau noir à l'oeil et la moustache de même couleur, les deux bandes alaires jaune pâle, ainsi que le dessous du corps d'un blanc immaculé. **Voix:** Chant sifflé qu'on peut confondre avec celui de la Paruline jaune, mais aux notes moins variées et dont l'avant-dernière (plutôt que la dernière) est accentuée. On peut le transcrire en: *tiens-tiens-tiens-tiens où es-tu?* **Habitat:** Niche dans les bois en régénération et les forêts de peupliers; espèce commune.

Paruline à gorge orangée (pl. d'automne, p.182)
Blackburnian Warbler • *Dendroica fusca* • Parulidés

11-14 cm
[p.340]

La gorge orangée du mâle en plumage nuptial caractérise cette paruline au dessus du corps noirâtre. Noter aussi la large bande blanche sur l'aile du mâle. La femelle ressemble au mâle, mais le motif orangé de la tête est beaucoup moins flamboyant; noter cependant les bandes alaires blanches. **Voix:** Le chant, une série de *tsi* sur une tonalité ascendante, se termine souvent par une ou plusieurs notes très aiguës, à la limite de la perception de l'ouïe humaine: *tsi tsi tsi tsi tsi ii, dzii dzii dzii*. **Habitat:** Niche dans les forêts conifériennes ou mixtes; le mâle chante souvent du sommet d'un grand conifère.

Paruline à poitrine baie (pl. d'automne, p.174)
Bay-breasted Warbler • *Dendroica castanea* • Parulidés [p.341]

13-15 cm

En plumage nuptial, la tête foncée du mâle est caractéristique. Noter le dessus marron de la tête et la tache rouille au cou qui déborde sur la gorge et les flancs. Deux bandes bien nettes ornent les ailes du mâle et de la femelle. Au printemps et en été, le plumage de la femelle est assez semblable à celui du mâle, en plus terne, notamment sur la tête. **Voix:** Le chant, un *siitzi siitzi siitzi siitzi*, aigu et sifflé, rappelle ceux de la Paruline noir et blanc et de la Paruline tigrée. **Habitat:** Niche dans les forêts conifériennes claires; s'observe dans les clairières et les bois en regain.

Paruline flamboyante

♀

♂1er printemps

♂

Paruline à gorge orangée

♀

♂

♂

Paruline à
flancs marron

♀

♂

♀

Paruline à poitrine baie

Paruline noir et blanc
11-14 cm
Black-and-white Warbler • *Mniotilta varia* • Parulidés   [p.343]

Paruline au plumage rayé de noir et de blanc; elle s'alimente en sillonnant les branches et les troncs comme les sittelles. La femelle ressemble au mâle en plumage nuptial, mais n'a ni les joues ni la gorge noires. Sexes semblables. **Voix:** Un *oui-si, oui-si, oui-si, oui-si,* rappelant le bruit d'une roue qui grince légèrement en tournant. **Habitat:** Niche dans les forêts de feuillus et les forêts mixtes.

Paruline rayée (plumage d'automne, p.182)
13-15 cm
Blackpoll Warbler • *Dendroica striata* • Parulidés   [p.342]

Noter le motif noir et blanc de la tête, qui rappelle celui de la Mésange à tête noire sans son plastron noir. La femelle, au plumage plus terne, a le dessus de la tête finement strié, le dessus du corps gris olivâtre et le dessous jaunâtre. **Voix:** Un *tsi-tsi-tsi-tsi-tsi-tsi-tsi-tsi* ténu et faible, dont l'intensité augmente puis diminue. **Habitat:** Niche dans la taïga, notamment dans les épinettes rabougries.

Paruline couronnée
14-17 cm
Ovenbird • *Seiurus aurocapillus* • Parulidés   [p.344]

Paruline brunâtre qui rappelle les grives par sa livrée et le fait qu'elle se tient près du sol. Toutefois, le dessous du corps est rayé plutôt que grivelé. Noter la couronne rousse bordée de raies sombres ainsi que le cercle oculaire blanc qui tranche nettement sur la face brunâtre. Sexes semblables. **Voix:** Le chant, rendu par: *ti-pié, Ti-Pié, TI-PIÉ,* est un crescendo puissant. **Habitat:** Niche sur le parterre des forêts de feuillus; généralement observée au sol ou perchée sur une branche basse.

Paruline des ruisseaux
13-15 cm
Northern Waterthrush • *Seiurus noveboracensis* • Parulidés [p.344]

Paruline brunâtre ressemblant à une petite grive; le ventre est rayé et la gorge l'est finement. Hoche constamment la queue en marchant. Le sourcil et le dessous du corps sont beiges, alors qu'ils sont blancs chez la Paruline hochequeue. Sexes semblables. **Voix:** Chant fort et rythmé, en trois parties, dont la finale est plus grave et plus rapide: *tui-tui-tui-tui, tiou-tiou-tiou, ouit-ouit-tiou.* **Habitat:** Fréquente les fourrés d'aulnes et de saules près de l'eau, le bord des tourbières et les secteurs humides des forêts.

Paruline hochequeue
15-16 cm
Louisiana Waterthrush • *Seiurus motacilla* • Parulidés   [p.345]

Rare dans le Nord-Est, cette paruline méridionale est proche parente de la Paruline des ruisseaux, à laquelle elle ressemble, en plus gros et plus blanc. Noter le large sourcil blanc qui se prolonge nettement derrière l'oeil et le dessous blanc qui contraste avec les flancs ocreux. Le menton blanc est généralement dépourvu de marques foncées. Sexes semblables. **Voix:** Chant musical aux notes liées où apparaissent des sifflements clairs au début et un gazouillis à la fin. **Habitat:** Niche près des petits torrents en forêt de feuillus âgés.

Paruline noir et blanc

♂
♀
♂ hiver

Paruline rayée

♂
♀

Paruline couronnée

Paruline des ruisseaux

Paruline hochequeue

Paruline à gorge noire (P. verte à gorge noire)   12-14 cm
Black-throated Green Warbler • *Dendroica virens* • Parulidés [p.339]

Vue de dessous, la gorge noire du mâle en plumage nuptial est caractéristique. De côté, noter le jaune des joues, le dessus du corps verdâtre et les bandes alaires blanches. La femelle ressemble beaucoup au mâle mais le noir de la gorge ne descend pas aussi loin sur la poitrine. **Voix :** Chant sans véritables variantes : *zi zi zi zou zi* ou *zi zi zou zou zi* bourdonnant et rapide. **Habitat :** Niche en assez grand nombre dans les forêts coniférennes ou mixtes.

Paruline des pins (plumage d'automne, p.182)   13-15 cm
Pine Warbler • *Dendroica pinus* • Parulidés   [p.340]

Chez le mâle en plumage nuptial, noter la poitrine jaune et les deux bandes alaires blanches bien nettes qui caractérisent cette paruline au dessus verdâtre. Le plumage de la femelle est semblable en plus terne ; le dessus de son corps est brunâtre et la poitrine, légèrement teintée de jaune. **Voix :** Trille monocorde semblable à celui du Bruant familier, mais plus lent et plus rond. **Habitat :** Niche dans les pinèdes âgées ; se nourrit à la cime des grands pins.

Paruline obscure (plumage d'automne, p.180)   11-13 cm
Tennessee Warbler • *Vermivora peregrina* • Parulidés   [p.334]

Paruline terne : dessus du corps verdâtre, tête grise et sourcil blanc chez le mâle en plumage nuptial. La femelle est plus terne et le dessous de son corps est teinté de jaune. Les mouvements vifs de cette espèce et son bec fin de paruline la distingue des viréos, auxquels elle ressemble par sa livrée. **Voix :** Chant fort et rapide, en trois parties, commençant par deux séries de notes saccadées, de plus en plus fortes, et terminé habituellement par un trille, *tike-tike-tike-tike, suit-suit-suit, titititititi.* **Habitat :** Niche en forêt boréale, y compris dans les bois en régénération et les brûlés.

Paruline verdâtre (plumage d'automne, p.180)   12-13 cm
Orange-crowned Warbler • *Vermivora celata* • Parulidés [p.335]

Paruline jaune verdâtre au plumage terne, sans caractères distinctifs, sauf de fines rayures sur la poitrine, qui la différencient notamment de la femelle de la Paruline obscure. Elle porte une calotte orangée généralement cachée et très difficile à voir sur le terrain. Sexes semblables. **Voix :** Trille lent à tonalité descendante vers la fin. **Habitat :** Observée surtout en migration dans les régions habitées ; niche en zone boréale dans les tourbières et les brûlés.

Paruline à gorge noire

♂ ♀

Paruline des pins

♂ ♀

Paruline obscure

♀ ♂

Paruline verdâtre

♂ ♀

Paruline jaune (voir p.168)
Yellow Warbler

12-13 cm

Très jaune ; l'oeil noir contraste avec le jaune de la tête et la distingue de la Paruline verdâtre. Les marques jaune pâle sur la queue la différencient notamment de la Paruline à calotte noire, au dos également plus verdâtre. Les fines bandes alaires jaunes sont beaucoup moins apparentes que chez les parulines à bandes alaires blanches mais elles sont plus présentes que chez la Paruline à calotte noire.

Paruline à calotte noire (voir p.168)
Wilson's Warbler

11-13 cm

Petite paruline au dessous très jaune et au dessus verdâtre ; le sommet de la tête est plus ou moins foncé. Diffère de la Paruline jaune par ses couleurs très uniformes.

Paruline verdâtre (voir p.178)
Orange-crowned Warbler

12-13 cm

Paruline au plumage foncé, verdâtre chez l'adulte et grisâtre chez l'immature, sans marques distinctives. La poitrine présente parfois des rayures à peine perceptibles. Les sous-caudales jaunes la distinguent entre autres de la Paruline obscure.

Paruline obscure (voir p.178)
Tennessee Warbler

11-13 cm

Les sous-caudales blanches la distinguent de la Paruline verdâtre. Noter aussi le sourcil assez net et le dessous pâle, sans traces de rayures. Le Viréo de Philadelphie lui ressemble, mais sa tête et son bec sont plus massifs, et le dessus de sa tête est plus grisâtre.

Paruline masquée (voir p.168)
Common Yellowthroat

12-14 cm

La gorge et la poitrine jaunes combinées au ventre blanchâtre caractérisent cette espèce en plumage d'automne. Le cercle oculaire de la femelle à l'automne est moins net et plus jaune que celui de la Paruline à joues grises.

Paruline à joues grises (voir p.170)
Nashville Warbler

11-13 cm

Dessus de la tête grisâtre ; le cercle oculaire blanc et la gorge jaune la distinguent de la Paruline à gorge grise.

Paruline à gorge grise (voir p.170)
Connecticut Warbler

13-15 cm

Capuchon plus diffus et brunâtre à l'automne ; le cercle oculaire blanc la distingue de la Paruline triste. De dessous, noter aussi les longues sous-caudales jaunes qui s'étendent presque jusqu'au bout de la queue.

Paruline triste (voir p.170)
Mourning Warbler

12-14 cm

Autre paruline à capuchon diffus à l'automne. Chez la femelle et l'immature, noter le cercle oculaire discontinu (complet chez la Paruline à gorge grise) et le jaune vif du dessous du corps qui s'étend jusqu'aux sous-caudales (moins longues que chez la Paruline à gorge grise).

Paruline jaune

Paruline à calotte noire

Paruline verdâtre

Paruline obscure

Paruline masquée

Paruline à joues grises

Paruline à gorge grise

Paruline triste

Paruline à croupion jaune (voir p.172)
Yellow-rumped Warbler

12-16 cm

Espèce très abondante. Noter le dessus du corps brunâtre et le croupion jaune caractéristique.

Paruline à tête cendrée (voir p.172)
Magnolia Warbler

10-13 cm

Présente du jaune sur le croupion. Noter le dos olivâtre, le dessous du corps jaune et le blanc sur les côtés de la queue noire.

Paruline tigrée (voir p.172)
Cape May Warbler

12-14 cm

Le jaune du croupion est moins vif que chez la Paruline à croupion jaune ou la Paruline à tête cendrée. Noter la poitrine rayée et jaunâtre, la couleur étant plus diffuse chez les femelles.

Paruline à couronne rousse (voir p.172)
Palm Warbler

13-15 cm

Hoche constamment la queue en se déplaçant. Les sous-caudales jaunâtres aident à la distinguer des Parulines à croupion jaune et tigrée.

Paruline à gorge noire (voir p.178)
Black-throated Green Warbler

12-14 cm

Noter le dos verdâtre et le jaune sur le côté de la tête. Il ne reste que quelques traces de noir à la gorge.

Paruline à gorge orangée (voir p.174)
Blackburnian Warbler

11-14 cm

La gorge jaune vif la distingue de la Paruline à gorge noire qui a, comme elle, du jaune sur le côté de la tête. Noter aussi le dos rayé.

Paruline à flancs marron (voir p.174)
Chestnut-sided Warbler

12-14 cm

L'immature et l'adulte en automne sont très différents de l'adulte au printemps. Noter le dessus verdâtre, le dessous blanchâtre, le cercle oculaire blanc et les larges bandes alaires jaunes.

Paruline à poitrine baie (voir p.174)
Bay-breasted Warbler

13-15 cm

Très difficile à distinguer en automne de la Paruline rayée et de la Paruline des pins. Noter cependant les sous-caudales beiges, les traces de marron parfois présentes sur les flancs et les pattes noires.

Paruline rayée (voir p.176)
Blackpoll Warbler

13-15 cm

Ressemble beaucoup à la Paruline à poitrine baie mais s'en distingue par le dessous jaunâtre finement rayé, les sous-caudales blanches et les pattes pâles.

Paruline des pins (voir p.178)
Pine Warbler

13-15 cm

Le dos uni diffère de celui de la Paruline à poitrine baie et de la Paruline rayée auxquelles elle ressemble beaucoup. Le ventre blanchâtre s'étend jusqu'aux sous-caudales. Noter aussi les pattes foncées; elles sont pâles chez la Paruline rayée, qui a également les sous-caudales blanchâtres.

Paruline à croupion jaune

Paruline à tête cendrée

Paruline tigrée

Paruline à couronne rousse

Paruline à gorge noire

Paruline à gorge orangée

Paruline à flancs marron

Paruline à poitrine baie

Paruline des pins

Paruline rayée

Petits oiseaux granivores généralement bruns et rayés, qui fréquentent les endroits herbeux, buissonneux ou envahis de mauvaises herbes. Chez presque tous les bruants, le plumage est pratiquement identique chez le mâle et la femelle. En migration, plusieurs espèces s'arrêtent aux mangeoires et se laissent observer facilement. Comme pour les autres familles d'oiseaux, on a tout à gagner à se familiariser avec les espèces les plus communes. Prendre le temps de regarder à maintes reprises une espèce facile à observer procurera une plus grande maîtrise des critères d'identification des membres de la famille.

Les bruants ont des chants caractéristiques, tantôt sifflés et aigus comme celui du Bruant à gorge blanche, tantôt bourdonnants comme celui du Bruant des prés. La voix constitue une clé importante pour leur identification au cours de la saison de reproduction et il vaut la peine de bien l'étudier. Les espèces qui nichent en milieux ouverts ont généralement un chant plus grave, qui porte moins loin, que celles qui nichent en forêt.

Le plumage

Avec leurs larges raies noires et blanches sur la tête, le Bruant à gorge blanche et le Bruant à couronne blanche ne sont pas trop difficiles à identifier. C'est le cas également du Tohi à flancs roux et du Junco ardoisé qui, tous deux, portent un capuchon noir distinctif.

Bruant à gorge blanche

Junco ardoisé

Dans d'autres cas, certaines caractéristiques, comme la calotte rousse de quelques espèces, facilitent l'identification.

Bruant hudsonien

La silhouette

Chez d'autres bruants, le plumage n'est pas suffisant pour permettre d'identifier l'espèce avec certitude. Ainsi, le point foncé sur la poitrine du Bruant chanteur peut se retrouver chez le Bruant des prés. Il faut faire appel à d'autres critères d'identification, comme la silhouette, qui permet de distinguer fort aisément ces deux espèces.

La silhouette permet de créer la catégorie des espèces rondelettes à queue courte, comme le Bruant de Nelson.

Bruant de Nelson

Bruant chanteur

Alouette, Pipit et Sturnelle

Des espèces appartenant à d'autres familles ont un plumage brunâtre et partagent l'habitat des bruants ; il est donc utile de les regrouper avec eux. Il s'agit de l'Alouette hausse-col, du Pipit d'Amérique et de la Sturnelle des prés, qu'on observe dans les champs.

Bruant des prés

Alouette hausse-col

Bruant à gorge blanche
16-18 cm

White-throated Sparrow • *Zonotrichia albicollis* • Embérizidés [p.356]

La gorge blanche bien nette, le dessus de la tête rayé de blanc et de noir et le point jaune devant l'oeil caractérisent cette espèce. Certains individus, indifféremment mâles ou femelles, ont des bandeaux beiges plutôt que blancs. Sexes semblables. Le juvénile a le menton gris ainsi que la poitrine et les flancs rayés. **Voix :** Chant composé de notes claires et sifflées, rendu par *où es-tu Frédéric, Frédéric, Frédéric* et accentué au début. **Habitat :** Niche dans les fourrés ainsi qu'à l'orée des forêts conifériennes et mixtes ; s'arrête aux mangeoires en migration.

Bruant à couronne blanche
17-19 cm

White-crowned Sparrow • *Zonotrichia leucophrys* • Embérizidés [p.357]

Élégant bruant au dessus de la tête marqué de raies noires et blanches chez l'adulte. Noter aussi le bec rosé, la gorge blanchâtre et la poitrine grise. Sexes semblables. L'immature observé en automne diffère de l'adulte par son aspect plus brun et sa tête rayée de beige et de brun roux. **Voix :** Chant composé de sifflements clairs, plus zézayés que ceux du Bruant à gorge blanche, se terminant par un trille sifflé, *veux-tu du poulet frit ?* **Habitat :** Niche dans la toundra forestière. En migration, fréquente les broussailles, l'orée des bois et les mangeoires.

Junco ardoisé
15-17 cm

Dark-eyed Junco • *Junco hyemalis* • Embérizidés [p.357]

Les plumes externes blanches de la queue, particulièrement visibles à l'envol, permettent d'identifier facilement ce petit oiseau au plumage gris ardoisé. Noter aussi le bec rosé, le capuchon foncé et le dessous du corps blanc. La femelle ressemble au mâle en plus terne, tandis que le juvénile, en été, est rayé sur le dos, la tête et la poitrine. **Voix :** Trille métallique habituellement plus lâche et plus musical que celui du Bruant familier. **Habitat :** Niche dans les forêts conifériennes et mixtes. En migration et en hiver, on le retrouve dans divers habitats ; visite les mangeoires.

Tohi à flancs roux
19-22 cm

Eastern Towhee • *Pipilo erythrophthalmus* • Embérizidés [p.349]

La large bande rousse sur les flancs et les yeux rouges identifient facilement tant le mâle que la femelle de cette espèce. Le mâle porte un capuchon noir de la même couleur que le dos, les ailes et le dessus de la queue ; les ailes et la queue sont marquées de blanc. La femelle adulte ressemble au mâle, mais avec un plumage plutôt brun. Le juvénile est rayé ; il a les ailes et la queue marquées de blanc comme l'adulte. **Voix :** *Tzui-cou-tii-ii-ii-ii*, dont la dernière note est plus aiguë. Le cri : un *tou-ouiiii* sonore. Émet aussi diverses autres notes, certaines sifflées ou roulées. **Habitat :** Fréquente les sous-bois denses, l'orée des forêts et les terrains broussailleux recouverts de feuilles mortes. Certains individus s'arrêtent parfois aux mangeoires en hiver.

Bruant à gorge blanche

forme à raies chamois

forme à
raies blanches

juvénile

immature

**Bruant à
couronne blanche**

♀

♂

Junco ardoisé

♂

juvénile

Tohi à flancs roux

♀

juvénile

♂

Bruant chanteur

15-18 cm

Song Sparrow • *Melospiza melodia* • Embérizidés [p.355]

Bruant au dos brun et au dessous pâle rayé qui porte un point foncé au centre de la poitrine. La longue queue arrondie caractérise la silhouette. Sexes semblables. Le jeune n'a pas de point foncé sur la poitrine. **Voix :** Chant cristallin, fort et rythmé, débutant par trois ou quatre notes détachées et terminé par une finale souvent étirée. **Habitat :** Fréquente les fourrés, l'orée des bois et les pâturages buissonneux ; aussi présent dans les jardins et les terrains vagues, à la ville comme à la campagne.

Bruant des prés

13-17 cm

Savannah Sparrow • *Passerculus sandwichensis* • Embérizidés [p.352]

Bruant au plumage rayé et à la queue relativement courte et encochée. Chez certains, on remarque une petite tache jaune près de l'oeil ou une marque noire sur la poitrine. La sous-espèce *principes*, qui niche à l'île de Sable, est plus pâle. Sexes semblables. **Voix :** Un zézaiement ténu et aigu qui commence par des strophes courtes, continue sur d'autres plus étirées, et baisse de tonalité vers la fin, *tsip-tsip-tsip tziiiiii-tsip*. **Habitat :** Niche dans les champs, les pâturages, les marais d'eau douce ou salée et sur les dunes.

Bruant vespéral

14-17 cm

Vesper Sparrow • *Pooecetes gramineus* • Embérizidés [p.351]

Les rectrices externes blanches permettent d'identifier ce bruant rayé à la queue courte et encochée. Noter aussi le cercle oculaire blanc et les épaulettes marron. Sexes semblables. **Voix :** Chant cristallin, un peu mélancolique, émis souvent à l'aube et au crépuscule, qui rappelle celui du Bruant chanteur. Le début se compose de deux paires de notes sifflées : *tiou-tiou, ki-ti*. **Habitat :** Niche dans les champs, les pâturages et les prés.

Bruant de Lincoln

14-15 cm

Lincoln's Sparrow • *Melospiza lincolnii* • Embérizidés [p.355]

La large bande ocre, en arc sur la poitrine finement rayée et les côtés, caractérise l'adulte. Noter la face grise de cet oiseau furtif. Sexes semblables. Le juvénile ressemble à l'adulte en plus foncé. **Voix :** Les notes enrouées et roulées sont répétées en strophes basses dont la tonalité monte et descend deux fois, *tchour tchour tchit tchit tchir zourrrrr zourrr zourrr*. **Habitat :** Fréquente les tourbières et les endroits légèrement humides où poussent des saules et des aulnes.

Bruant fauve

17-19 cm

Fox Sparrow • *Passerella iliaca* • Embérizidés [p.354]

Gros bruant massif. Noter le roux sur la queue et les ailes, les taches rousses sur le ventre et la poitrine ainsi que les marques grises près du cou. Sexes semblables. **Voix :** Sifflement mélancolique très pur et mélodieux, dans lequel on retrouve souvent la strophe *pi-toui-ta*. **Habitat :** Niche surtout dans la taïga. Fréquente en migration les parterres forestiers où il fouille dans les feuilles mortes avec ses pattes.

Bruant chanteur

juvénile

Bruant des prés

race de l'île de Sable

Bruant vespéral

Bruant fauve

Bruant de Lincoln

juvénile

Bruant familier
13-15 cm

Chipping Sparrow • *Spizella passerina* • Embérizidés [p.350]

Petit bruant à calotte rousse et à poitrine grise. En été, noter le sourcil blanc, le bandeau noir sur l'oeil, ainsi que les joues et la nuque grises. En plumage d'hiver, le croupion gris permet de le distinguer du Bruant des plaines. Sexes semblables. Le jeune, au plumage rayé, a lui aussi le croupion gris caractéristique. **Voix:** Trille monocorde et un peu mécanique. **Habitat:** Niche dans les bois clairs, les clairières, les plantations de résineux, les vergers et les conifères d'ornement plantés près des habitations.

Bruant hudsonien
15-16 cm

American Tree Sparrow • *Spizella arborea* • Embérizidés [p.349]

Petit bruant à tête grise et à calotte d'un roux moins vif que celle du Bruant familier. Il se distingue de ce dernier par la présence d'un point noir sur la poitrine. Noter aussi la ligne rousse derrière l'oeil, la tache de la même couleur sur le côté de la poitrine et la nuque grise. De près, on voit le bec bicolore. Sexes semblables. **Voix:** Chant doux et musical aux notes claires, dont l'ensemble diminue en intensité. Chaque strophe est souvent répétée deux fois, *peti-ti-ti, tiou-tiou-ouip.* **Habitat:** Niche dans les buissons ou les arbres nains de la taïga. Fréquente les terrains vagues et les milieux ouverts en migration et en hiver; visite les mangeoires.

Bruant des champs
13-15 cm

Field Sparrow • *Spizella pusilla* • Embérizidés [p.351]

Petit bruant au dos roussâtre, à calotte rousse et au bec rosé. Noter le mince cercle oculaire blanc et la face grise. En été, le rose du bec identifie aussi le jeune, à la poitrine finement rayée. Sexes semblables. **Voix:** Série de notes sifflées de plus en plus aiguës, accélérant en trille. **Habitat:** Fréquente les champs en friche et les pâturages envahis de buissons et d'arbustes.

Bruant des plaines
13-14 cm

Clay-colored Sparrow • *Spizella pallida* • Embérizidés [p.350]

Bruant couleur sable, à la poitrine claire et unie. Noter la joue brune, bien délimitée par une mince ligne foncée, ainsi que la nuque grise. Le croupion brun le différencie du Bruant familier, particulièrement en hiver. Sexes semblables. Les jeunes ressemblent aux adultes mais sont plus ocreux. **Voix:** Bourdonnement ressemblant à celui d'un insecte: *brii brrii brrii.* **Habitat:** Fréquente les pâturages, les champs où poussent des buissons et les jeunes plantations de conifères.

Bruant des marais
13-15 cm

Swamp Sparrow • *Melospiza georgiana* • Embérizidés [p.356]

Bruant des milieux humides à calotte rousse et à gorge pâle. Noter aussi le roux sur le dessus des ailes ainsi que la poitrine grise des adultes à la pariade. Sexes semblables. La calotte est rayée chez l'immature et le juvénile. **Voix:** Trille lâche plus lent et plus doux que ceux du Bruant familier et du Junco ardoisé: *suit suit suit suit.* **Habitat:** Niche aux abords des lacs, des étangs et des cours d'eau où on retrouve des plantes herbacées de grande taille.

Bruant familier hiver

été

juvénile

hiver

été

juvénile

Bruant hudsonien

Bruant des champs

Bruant des plaines

immature

juvénile

immature

Bruant des marais juvénile

Bruant de Nelson (Bruant à queue aiguë)   13-15 cm
Nelson's Sharp-tailed Sparrow • *Ammodramus nelsoni* • Embérizidés [p.354]

Petit bruant furtif et discret, à queue courte. Noter la coloration ocre des flancs, de la poitrine et de la face ainsi que la joue grise bien nette. La raie grise qui s'étend de la calotte jusque sur la nuque le distingue notamment du Bruant de Le Conte, qui a une calotte finement rayée. Sexes semblables. **Voix :** On entend ce bruant plus souvent qu'on ne le voit ; son chant, *te-schîîîîîîîîîîîîîîî-tchik*, ressemble au bruit d'une goutte d'eau tombant sur une surface métallique très chaude. **Habitat :** Fréquente les marais d'eau salée, particulièrement là où pousse la spartine, et les prés humides.

Bruant de Le Conte   11-14 cm
Le Conte's Sparrow • *Ammodramus leconteii* • Embérizidés [p.353]

Petit bruant à queue courte des terrains herbeux. Rarement perché au sommet de la végétation, il marche au sol plutôt que de s'envoler lorsqu'il est dérangé. Noter l'épais sourcil ocre de la même couleur que la poitrine, ainsi que la marque grise sur la joue. La calotte rayée et les marques marron sur la nuque le différencient du Bruant de Nelson, tandis que le petit bec et la tache grise sur la joue le distinguent du Bruant sauterelle. Sexes semblables. Le jeune, semblable à l'adulte, est plus ocre. **Voix :** Le chant, *brii bzziiii-iiii*, ressemble au cri d'un insecte et n'est pas très fort. **Habitat :** Niche dans les prés humides, les marais à carex, les champs de foin abandonnés ainsi que dans les arbustes qui croissent en bordure des marais et des tourbières.

Bruant sauterelle   12-14 cm
Grasshopper Sparrow • *Ammodramus savannarum* • Embérizidés [p.352]

Ce petit bruant trapu et à queue courte fréquente les milieux herbeux. Sa tête aplatie lui donne une silhouette bien particulière. Noter la poitrine et les flancs ocre, sans rayures, et le lore généralement orangé. Le Bruant des prés est plus élancé et sa poitrine et ses côtés sont fortement rayés. Le Bruant sauterelle diffère du Bruant de Le Conte par l'absence de sourcil ocre et de tache grise à la joue. Sexes semblables. Chez le jeune, la poitrine et les côtés sont rayés de brun. **Voix :** Le chant débute par deux notes de faible intensité et se termine par un rapide bourdonnement sec : *pi-top zriiiiiiiiiiiiiii*. **Habitat :** Niche dans les champs abandonnés, les champs de foin et les pâturages.

Bruant de Henslow   12-14 cm
Henslow's Sparrow • *Ammodramus henslowii* • Embérizidés [p.353]

Ce petit bruant à queue courte et à tête aplatie est rare au Canada. Il diffère du Bruant sauterelle par sa poitrine rayée et le marron sur ses ailes. Noter aussi la nuque verdâtre qui le distingue de tous les autres bruants à queue courte. Sexes semblables. **Voix :** Un *tsi-luc* avec l'accent placé sur la deuxième syllabe. **Habitat :** Niche dans les champs abandonnés et les champs de foin.

Bruant de Nelson

Bruant de Le Conte

juvénile

Bruant sauterelle

juvénile

Goglu des prés
automne

Bruant de Henslow

Bruant des neiges
15-19 cm

Snow Bunting • *Plectrophenax nivalis* • Embérizidés [p.358]

Bruant au plumage brun et blanc en hiver, qui se déplace souvent en grandes bandes. Le mâle est noir et blanc en été. En vol, noter les ailes blanches marquées de noir aux extrémités. **Voix :** Cri : un *tiou* sifflé ainsi qu'un crépitement mélodieux ou une série de *tiriou* légers et sifflés. **Habitat :** Niche dans l'Arctique ; autant en migration qu'en hiver, fréquente les milieux ouverts, comme les labours, les champs, le bord des routes et les dunes.

Bruant lapon
15-18 cm

Lapland Longspur • *Calcarius lapponicus* • Embérizidés [p.358]

Parfois repéré dans une bande de Bruants des neiges. On le distingue à son plumage plus brun, à la tache marron sur la nuque du mâle en plumage d'hiver ainsi qu'à l'absence de blanc sur les ailes. En plumage nuptial, le mâle ne ressemble à aucun autre bruant ; la femelle s'identifie par le marron sur la nuque et la bande foncée sur le haut de la poitrine. **Voix :** Le cri est un simple *tiou* ; le chant est musical et vigoureux. **Habitat :** Niche dans l'Arctique ; en migration et en hiver, se tient dans les champs, sur les rivages et dans d'autres milieux ouverts.

Alouette hausse-col (Alouette cornue)
17-20 cm

Horned Lark • *Eremophila alpestris* • Alaudidés [p.315]

Oiseau brunâtre au motif particulier sur la tête : croissant noir sur la joue et gorge jaune délimitée par un plastron noir. Les aigrettes sont absentes chez les juvéniles. Noter le vol très léger et le contraste entre le dessous noir de la queue et le ventre blanc. Sexes semblables. **Voix :** Cascade de notes très douces et cristallines, hésitantes au début puis accélérées vers la fin, *tout petit petit pti pti ti ti iiii*. **Habitat :** Observée au bord des routes à la fin de l'hiver ; niche en milieux ouverts, dans la toundra, les labours, les champs cultivés et sur les rivages.

Pipit d'Amérique
15-18 cm

American Pipit • *Anthus rubescens* • Motacillidés [p.332]

De la taille d'un bruant, ce passereau brunâtre au dessous du corps beige rosé et au bec fin se voit généralement alors qu'il marche au sol, hochant sans cesse la queue. Noter les rectrices externes blanches, bien visibles en vol. Sexes semblables. **Voix :** Le cri est un *djit* ténu, répété rapidement à quelques reprises. **Habitat :** Niche dans la toundra ; se tient dans les labours, les champs et le long des rivages en migration.

Sturnelle des prés
22-28 cm

Eastern Meadowlark • *Sturnella magna* • Ictéridés [p.362]

Noter le croissant noir sur la poitrine jaune vif de cet oiseau brunâtre au bec long et effilé. Les plumes blanches des côtés de la queue courte permettent de l'identifier facilement en vol. Sexes semblables. Le jeune n'a pas le croissant noir sur la poitrine. **Voix :** Le chant, *tiou-lu ti-u*, est sifflé et plaintif ; l'oiseau émet aussi un bruit de crécelle. **Habitat :** Fréquente les champs et les prés, particulièrement là où l'herbe est haute.

♀ hiver

♂ hiver

Bruant des neiges

♂ été

Bruant lapon

♀ hiver

♂ hiver

♂ été

Alouette hausse-col

été

hiver

Pipit d'Amérique

Sturnelle des prés

juvénile

Malgré leur ressemblance, moineau et dickcissel appartiennent à des familles différentes. Petit oiseau brunâtre introduit au XIXᵉ siècle, le moineau est le seul représentant de la famille des Passéridés dans nos régions. Granivore originaire de l'Ouest, le Dickcissel d'Amérique est rarement observé dans nos régions. Essentiellement frugivores, les jaseurs sont des passereaux huppés au plumage brunâtre et soyeux. Les extrémités des plumes secondaires sont ornées de pointes de cire rouge.

Jaseur d'Amérique

Moineau domestique

Oiseaux dont les mâles en plumage nuptial sont vivement colorés. Les femelles ont un plumage très différent et plus terne. Chez le cardinal, dont le gros bec est particulièrement adapté à la diète granivore, le mâle et la femelle chantent.

Cardinal rouge

Passerin indigo

Oriole de Baltimore

Plusieurs membres de cette famille sont des visiteurs assidus aux mangeoires. Ces granivores possèdent un bec puissant permettant de briser les graines dont ils se nourrissent. Les becs-croisés, le durbec, les sizerins et le tarin sont de véritables nomades qui se déplacent de façon imprévisible.

Bec-croisé des sapins

Chardonneret jaune

Gros-bec errant

Roselin pourpré

Durbec des sapins

Moineau domestique
House Sparrow • *Passer domesticus* • Passéridés

15-17 cm
[p.370]

Petit oiseau brun bien connu dans les villes. Le bec noir, le dessus de la tête gris et la bavette noire permettent d'identifier le mâle en plumage nuptial. En automne et en hiver, la bavette est délavée et le bec est pâle. On identifie la femelle, plus terne, principalement à sa poitrine unie et à son sourcil beige. Le juvénile ressemble à la femelle. **Voix :** Une série de *chirp* émis par le mâle. **Habitat :** Oiseau typique des villes et des fermes, on le retrouve avant tout près des habitations, en milieu urbain comme à la campagne.

Dickcissel d'Amérique (Dickcissel)
Dickcissel • *Spiza americana* • Cardinalidés

15-18 cm
[p.360]

Petit oiseau brunâtre aux épaulettes marron, dont le mâle en plumage nuptial a la poitrine jaune marquée d'une bavette noire. Cette bavette, plus pâle en hiver, est absente chez la femelle et l'immature qui ressemblent au Moineau domestique et s'en distinguent par le jaune sur la poitrine et le sourcil. En tous plumages, les épaulettes marron permettent d'identifier cette espèce. **Voix :** Généralement silencieux lorsqu'il passe à l'automne. Chant : quelques notes liées et peu mélodieuses sur deux tonalités. Il semble dire son nom : *dick-dick-ciss-ciss-ciss*. **Habitat :** Niche dans les champs cultivés de l'ouest du continent. Dans nos régions, ce visiteur est habituellement observé en automne, souvent aux mangeoires.

Jaseur d'Amérique (Jaseur des cèdres)
Cedar Waxwing • *Bombycilla cedrorum* • Bombycillidés

17-20 cm
[p.333]

Cet élégant oiseau couleur caramel, huppé et masqué de noir, présente un plumage d'aspect soyeux. La bande jaune à l'extrémité de la queue est présente autant chez l'adulte que chez le juvénile. Plus petit que le Jaseur boréal, on le distingue facilement par les sous-caudales blanchâtres et le ventre jaunâtre. Sexes semblables. Le juvénile, plus gris, a le ventre rayé. **Voix :** Plainte susurrée, quelque peu trillée à l'occasion : *ziiii ziiii ziiii* ou *zriiiii zriiiii zriiiii*. **Habitat :** Fréquente les bois clairs, les vergers, les jardins et divers habitats ouverts où il trouve les petits fruits dont il s'alimente. Capture aussi des insectes en vol, un peu à la manière des moucherolles.

Jaseur boréal
Bohemian Waxwing • *Bombycilla garrulus* • Bombycillidés [p.332]

19-22 cm

Ce jaseur partage beaucoup de traits avec le Jaseur d'Amérique : huppe, masque noir, plumage soyeux et extrémité de la queue jaune. Il s'en distingue par le motif jaune et blanc sur les ailes ; plus gros et plus rondelet que le Jaseur d'Amérique, il est aussi plus grisâtre et, en tous plumages, on le reconnaît à ses sous-caudales marron. Sexes semblables. Le juvénile au dos plus brun que l'adulte a la gorge pâle, le ventre rayé et les ailes marquées de blanc. **Voix :** Un *zritt* plus rauque que celui du Jaseur d'Amérique. **Habitat :** Niche dans les forêts conifériennes ou mixtes claires de l'Ouest ; il se déplace en bandes en hiver, recherchant les arbres fruitiers.

Moineau domestique

♂ été

♀ été

♂ hiver

Dickcissel d'Amérique

♂ été

♂ hiver

♀ été

Jaseur d'Amérique

juvénile

Jaseur boréal

juvénile

Cardinal rouge
19-24 cm

Northern Cardinal • *Cardinalis cardinalis* • Cardinalidés [p.359]

Le mâle est entièrement rouge. Noter la face noire, la huppe et le gros bec rouge. La femelle au plumage havane, marqué de rouge sur la queue et les ailes, a aussi le bec rouge. Les jeunes diffèrent de la femelle par leur bec noirâtre. **Voix :** Plusieurs sifflements forts et répétés, émis autant par la femelle que le mâle, *tsiu tsiu piou-piou-piou-piou*. Cri : un *tchip* métallique. **Habitat :** Fréquente les zones urbaines boisées, les parcs, les jardins, les haies, les fourrés et l'orée des bois. Vient aux mangeoires.

Tangara écarlate
17-19 cm

Scarlet Tanager • *Piranga olivacea* • Thraupidés [p.348]

Le mâle en plumage nuptial est unique : corps écarlate, ailes et queue noires. La femelle est verdâtre, tout comme l'immature. En plumage d'hiver, le mâle ressemble à la femelle mais il a les ailes plus foncées. Le plumage est plus ou moins maculé de rouge chez le mâle en mue. **Voix :** Le chant est celui d'un Merle d'Amérique qui serait enroué. Le cri, *thic-burr*, est très distinctif. **Habitat :** Fréquente les forêts décidues et mixtes âgées.

Cardinal à poitrine rose
18-22 cm

Rose-breasted Grosbeak • *Pheucticus ludovicianus* • Cardinalidés [p.359]

Oiseau au gros bec fort. Le mâle, noir et blanc, porte une tache vermillon sur la poitrine. La femelle, brune et rayée, ressemble à un gros bruant ; on l'identifie à l'épais sourcil blanc, aux bandes alaires blanches et au gros bec. En vol, noter les sous-alaires rosées du mâle et jaunes de la femelle. **Voix :** Chant sifflé rappelant celui du Merle d'Amérique mais plus mélodieux et aux notes plus liées. Cri : un *tchink* métallique. **Habitat :** Fréquente les forêts de feuillus et mixtes ainsi que les bois en régénération.

Oriole de Baltimore (Oriole du Nord)
18-23 cm

Baltimore Oriole • *Icterus galbula* • Ictéridés [p.364]

Oiseau orange et noir. Le mâle porte un capuchon noir ; noter le dessus noir de la queue et les ailes noires marquées de blanc. La femelle a le dessus du corps olivâtre et le dessous jaune orangé. Noter les deux bandes alaires blanches. **Voix :** Sifflement mélodieux et enjoué, assez varié. Aussi, caquetage où se mêlent des notes rauques. **Habitat :** Niche dans les grands arbres isolés ; se tient également près des cours d'eau bordés d'arbres et dans les quartiers des villes où poussent de grands arbres.

Passerin indigo
13-15 cm

Indigo Bunting • *Passerina cyanea* • Cardinalidés [p.360]

En plumage nuptial, le mâle a le corps entièrement bleu. La femelle est uniformément brune, avec le dessous plus pâle. Les jeunes mâles ont le plumage bleu maculé de brun. **Voix :** Joyeux gazouillis aux notes généralement doublées, plus court que le chant du Chardonneret jaune, et dans lequel on retrouve souvent la strophe *clin-clin* insérée au milieu ou à la fin. **Habitat :** Fréquente les clairières, les secteurs en regain et les endroits où se mêlent buissons et grands arbres.

Cardinal rouge ♂

♀

juvénile

Tangara écarlate ♂

♂ en mue

♀

♂ 1er automne

Cardinal
à poitrine rose

♂

♂

♀

Oriole de Baltimore

♀

♂ 1er printemps

♂

Passerin indigo

Durbec des sapins (Dur-bec des pins)   23-25 cm
Pine Grosbeak • *Pinicola enucleator* • Fringillidés   [p.365]

Oiseau rondelet, à petit bec robuste et fort, caractérisé, en tous plumages, par la présence de deux bandes alaires blanches sur les ailes noires. Le mâle adulte est rougeâtre tandis que la femelle adulte et l'immature sont plutôt gris. **Voix :** Le cri consiste en un *tiou-diou* fort et sifflé. Le chant musical s'apparente à celui du Roselin pourpré, mais plusieurs strophes semblent répétées. **Habitat :** Niche dans les forêts coniférennes claires ; on le rencontre dans les feuillus et les arbres fruitiers en automne et en hiver.

Bec-croisé des sapins (Bec-croisé rouge)   14-17 cm
Red Crossbill • *Loxia curvirostra* • Fringillidés   [p.366]

Oiseau rouge aux mandibules croisées ; le mâle diffère du Bec-croisé bifascié par les ailes unies. La femelle et l'immature sont plutôt jaunâtres. Le juvénile est fortement rayé et brunâtre ; il n'a pas de bandes alaires blanches. **Voix :** Crie *djip djip* et produit une série de notes riches plutôt sifflées et plus douces que le chant du Bec-croisé bifascié. **Habitat :** Niche en forêt boréale, où il s'alimente principalement des graines de conifères.

Bec-croisé bifascié (Bec-croisé à ailes blanches)   15-17 cm
White-winged Crossbill • *Loxia leucoptera* • Fringillidés   [p.367]

En tous plumages, cet oiseau aux mandibules croisées se reconnaît aux bandes blanches sur les ailes noires. Le mâle adulte est rougeâtre tandis que la femelle et l'immature sont plutôt jaunâtres. Le juvénile est brun et fortement rayé. **Voix :** Le cri est un *tchik tchik* sec où se glissent des notes plus douces. Aussi longue série de notes saccadées et rythmées, ressemblant à celles du Tarin des pins. **Habitat :** Niche en forêt boréale, où il s'alimente surtout des graines de conifères.

Roselin pourpré   14-16 cm
Purple Finch • *Carpodacus purpureus* • Fringillidés   [p.365]

Petit oiseau couleur framboise. La femelle, brune et rayée, est caractérisée par une tache brune bien nette sur le côté de la tête. **Voix :** Gazouillis rapide et enjoué, moins aigu mais plus long que celui du Roselin familier. **Habitat :** Niche dans les forêts coniférennes et mixtes ; fréquente notamment les parcs et les jardins en hiver et s'observe aux mangeoires.

Roselin familier   13-14 cm
House Finch • *Carpodacus mexicanus* • Fringillidés   [p.366]

Plus petit que le Roselin pourpré ; un bandeau rouge orangé orne la tête du mâle qui a des raies brunes sur le côté et le dessous du corps. La femelle est brune et rayée ; elle n'a pas de marques distinctives sur la tête comme la femelle du Roselin pourpré. L'immature est semblable à la femelle. **Voix :** Un gazouillis se terminant par un *dri-ur* enroué, caractéristique de l'espèce. **Habitat :** Nouveau venu dans le Nord-Est, ce roselin est particulièrement présent près des habitations, nichant dans les plantes grimpantes et les arbres d'ornement et s'alimentant souvent aux mangeoires.

Durbec des sapins

♂

♀

♂ immature

Bec-croisé des sapins

♂

♀

♂ immature

juvénile

Bec-croisé bifascié

♀

♂ immature

♂

juvénile

Roselin pourpré

♀

♂

Roselin familier

♀

♂

Sizerin flammé
11-15 cm

Common Redpoll • *Carduelis flammea* • Fringillidés [p.367]

Petit oiseau rayé, gris-brun, au dessus de la tête rouge et au menton noir. Les mâles ont la poitrine plus ou moins rosée. Les femelles ressemblent aux mâles mais n'ont pas la poitrine colorée. **Voix :** Cri : *suii-it* moins grave que celui du Tarin des pins. Émet aussi un cliquetis rapide en vol. **Habitat :** Niche dans la toundra. Observé en hiver dans les régions habitées où il se nourrit de graines d'aulne ou de bouleau ; visite les mangeoires.

Sizerin blanchâtre
11-15 cm

Hoary Redpoll • *Carduelis hornemanni* • Fringillidés [p.368]

Plus rare que le Sizerin flammé auquel il ressemble beaucoup, en plus pâle ; les individus typiques semblent givrés tellement leur plumage est blanc et le brun du dos est délavé. Noter aussi le bec un peu plus petit ainsi que les flancs, les sous-caudales et le croupion blancs. **Voix :** Généralement silencieux en hiver. **Habitat :** Niche dans l'Arctique ; se mêle parfois à une bande de Sizerins flammés venus se nourrir à une mangeoire en hiver.

Tarin des pins (Chardonneret des pins)
11-13 cm

Pine Siskin • *Carduelis pinus* • Fringillidés [p.368]

Petit oiseau brunâtre, fortement rayé, au bec pointu. Noter les bandes jaunes, plus ou moins étendues selon les individus ; ces bandes sont bien visibles sur les ailes des oiseaux en vol ou chez ceux qui tentent d'intimider leurs voisins aux mangeoires. **Voix :** Gazouillis plus rauque que celui du Chardonneret jaune. Cri : un *zrrriiiiii* bourdonnant et ascendant. **Habitat :** Niche dans les forêts conifériennes et mixtes ; en hiver, fréquente les forêts et les champs et se tient souvent en bandes aux mangeoires.

Chardonneret jaune
11-14 cm

American Goldfinch • *Carduelis tristis* • Fringillidés [p.369]

En plumage nuptial, le mâle est facile à identifier avec son plumage jaune vif et sa calotte noire. Noter aussi le bec orangé, les ailes et la queue noires ainsi que le blanc des sous-caudales et des sus-caudales. La femelle a le dessus du corps olivâtre et le dessous jaunâtre en été. En hiver, les deux sexes ressemblent à la femelle en été. Le jeune ressemble à la femelle. **Voix :** Babillage enjoué et prolongé qui rappelle celui d'un canari. Le mâle émet un *pe-ti-ti-diou* caractéristique durant le vol au parcours sinusoïdal. **Habitat :** Fréquente les champs, l'orée des bois et le bord des routes en été. En hiver, se tient souvent aux mangeoires.

Gros-bec errant
18-22 cm

Evening Grosbeak • *Coccothraustes vespertinus* • Fringillidés [p.369]

Oiseau à gros bec, vivement coloré. Le mâle au plumage surtout jaune et noir a la tête brune marquée d'une bande jaune contrastée ; le dessus des ailes noires porte une grande tache blanche. La femelle est grisâtre ; elle a également du blanc sur les ailes noires. **Voix :** Criard et bavard ; le cri consiste en une série de *tchirp* perçants. **Habitat :** Niche en forêt coniférienne ou mixte. Observé dans les parcs urbains et aux mangeoires en hiver.

Sizerin flammé

♂ été

♀ hiver

♂ hiver

♀ été

Sizerin blanchâtre

Tarin des pins

juvénile

Chardonneret jaune

juvénile

♂ hiver

♀ été

♂ été

♀ hiver

♀

Gros-bec errant

♂

♂

2
POUR EN
SAVOIR PLUS

Cardinalidés

Thraupidés

Ictéridés

Embérizidés

Fringillidés

Passéridés

Plongeon catmarin (Huart à gorge rousse) p.28
Red-throated Loon *Gavia stellata*

Présence et répartition : Niche dans l'île d'Anticosti, sur la moyenne et sur la basse Côte-Nord. Observé surtout en migration dans toutes les autres régions ; hiverne près des côtes du Nouveau-Brunswick et de la Nouvelle-Écosse.

Alimentation : Se nourrit de poissons qu'il pêche en mer ou dans les rivières et les lacs. Contrairement au Plongeon huard, ne pêche pas sur les étangs où il niche, sauf pour nourrir ses petits durant les jours qui suivent l'éclosion. Effectue donc de nombreux aller-retour entre le lieu de nidification et la mer au cours de cette période.

Habitat de nidification : Niche généralement sur de petits étangs d'eau douce ou des lacs côtiers, parfois sur des lacs situés à l'intérieur des terres et exceptionnellement sur la terre ferme. Le Plongeon catmarin est plus habile au sol que les autres plongeons et peut même en décoller ou s'y poser.

Nidification : Le nid aménagé par le mâle et la femelle près de l'eau est plutôt sommaire : petit amoncellement de végétaux ou simple dépression où la femelle pond 2 oeufs. L'incubation, qui dure de 24 à 31 jours, débute dès la ponte du premier oeuf ; elle est assurée par les deux adultes. Les petits demeurent moins de 24 heures au nid après l'éclosion. Toutefois, ils sont dépendants des adultes durant tout l'été. Ils deviennent aptes à l'envol à un âge variant entre 28 et 52 jours.

Plongeon huard (Huart à collier) p. 28
Common Loon *Gavia immer*

Présence et répartition : Nicheur migrateur au Québec et dans les Maritimes sauf à l'Île-du-Prince-Édouard. On voit souvent des jeunes d'un an dans les eaux côtières en été. Passe dans toutes les régions en migration. Hiverne en eaux libres de glaces, particulièrement dans les Maritimes, près de la côte.

Alimentation : Se nourrit essentiellement de poissons capturés sous l'eau. Excellent plongeur, il se propulse à l'aide de ses pattes, utilisant ses ailes afin de virer brusquement, à la poursuite d'une proie. Mange à l'occasion des invertébrés, des plantes aquatiques, des amphibiens et même des canetons.

Habitat de nidification : Niche sur de grands lacs d'eau douce où la végétation n'est pas trop abondante.

Nidification : Le mâle et la femelle aménagent le nid près de l'eau, soit en creusant une simple dépression au sol, soit en accumulant des plantes aquatiques ; parfois, le nid est placé sur une plate-forme flottante. Le mâle et la femelle se relaient pour couver les oeufs, habituellement au nombre de deux. L'incubation débute dès la ponte du premier oeuf et dure de 26 à 31 jours. Les petits quittent le nid peu de temps après l'éclosion ; les parents les transportent souvent sur leur dos au cours des trois premières semaines. Les jeunes dépendent des adultes durant tout l'été et peuvent voler 70 à 84 jours après l'éclosion.

Grèbe à bec bigarré
Pied-billed Grebe

p.30
Podilymbus podiceps

Présence et répartition : Niche essentiellement au sud du 49ᵉ parallèle au Québec. Dans les Maritimes, niche surtout dans l'est de l'Île-du-Prince-Édouard et près de l'isthme de Chignectou. C'est le grèbe le plus courant dans l'est du Canada. Il arrive généralement très tôt au printemps, au dégel, et repart assez tard à l'automne.

Alimentation : Se nourrit de petits poissons, d'escargots, de grenouilles et d'insectes aquatiques. Régurgite les parties indigestes sous forme de boulettes dont la formation serait aidée par les plumes qu'il avale.

Habitat de nidification : Niche par couples isolés sur les lacs peu profonds, les étangs d'eau douce et les marais où poussent des plantes émergentes.

Nidification : Le nid, construit par le mâle et la femelle, est une structure flottante formée de plantes et ancrée à la végétation. La femelle pond de 4 à 7 oeufs que couvent les deux parents en alternance durant 21 à 27 jours. Les jeunes quittent le nid peu de temps après l'éclosion. Ils se perchent souvent sur le dos des adultes, y demeurant même lorsque ces derniers plongent. Les parents nourrissent les jeunes jusqu'à l'envol, vers l'âge de 35 jours. On compte une ou deux couvées par année.

Grèbe esclavon (Grèbe cornu)
Horned Grebe

p.30
Podiceps auritus

Présence et répartition : Espèce considérée comme « vulnérable », qui niche aux îles de la Madeleine. Passe en migration dans toutes les autres régions. Hiverne dans les eaux côtières des Maritimes, principalement à l'entrée de la baie de Fundy et sur la côte atlantique de la Nouvelle-Écosse.

Alimentation : Se nourrit principalement d'insectes aquatiques et de poissons. En hiver, s'alimente surtout de poissons et de crustacés tandis qu'au cours de la saison de reproduction, il consomme beaucoup d'insectes aquatiques, de petits poissons et de petites grenouilles.

Habitat de nidification : Niche sur les petits étangs où il y a de la végétation émergente. Il arrive dès la fonte des glaces.

Nidification : Le mâle et la femelle construisent un nid flottant, amarré à la végétation émergente de l'étang. De cette façon, les adultes n'ont pas à se déplacer sur le sol pour se rendre au nid. La ponte des 4 ou 5 oeufs est étalée, ce qui occasionne une éclosion successive et un écart dans la taille des jeunes. Les adultes se relaient pour couver pendant 22 à 25 jours. Les petits quittent le nid peu de temps après l'éclosion et se tiennent souvent sur le dos des parents au cours de la première semaine. Ils dépendent des adultes de 19 à 21 jours après l'éclosion et prennent leur envol à l'âge de 49 jours. Il y a normalement une seule couvée par année ; si elle est détruite, il peut y avoir une deuxième ponte.

Grèbe jougris
Red-necked Grebe

p.30
Podiceps grisegena

Présence et répartition: Niche en Abitibi-Témiscamingue. Passe ailleurs en migration; hiverne près des côtes dans les Maritimes, principalement à l'entrée de la baie de Fundy et sur la côte atlantique de la Nouvelle-Écosse.

Alimentation: Se nourrit de petits poissons qu'il capture en plongeant. Mange aussi des crustacés et, surtout en période de reproduction, des insectes aquatiques. Tout comme les autres grèbes, il avale des plumes pour faciliter sa digestion.

Habitat de nidification: Niche en eau douce, sur les lacs peu profonds, les étangs ou les baies bordées de végétation émergente.

Nidification: Comme chez les autres grèbes, le mâle et la femelle construisent le nid, formé de plantes aquatiques, et amarré à la végétation émergente. La femelle y pond 4 ou 5 oeufs et l'incubation débute dès la ponte du premier oeuf. Les adultes des deux sexes se relaient pour couver de 20 à 25 jours. Les petits quittent le nid dès l'éclosion et voyagent souvent installés sur le dos des parents. Les jeunes volent à l'âge de 72 jours.

Fulmar boréal
Northern Fulmar

p.90
Fulmarus glacialis

Présence et répartition: Passe en migration, habituellement au large dans le golfe du Saint-Laurent. En 1996, un couple a niché, sans succès, près de Sept-Îles. Ce migrateur passe au large des côtes des trois provinces maritimes.

Alimentation: Se nourrit principalement de poissons, de calmars et de zooplancton. N'hésite pas à consommer les déchets de poissons, particulièrement dans le sillage des chalutiers hauturiers. Se nourrit à la surface, bien qu'il lui arrive de poursuivre ses proies sous l'eau jusqu'à 4 m de profondeur. S'alimente surtout le jour, parfois la nuit, notamment lorsqu'il consomme du zooplancton.

Habitat de nidification: Niche en colonies pouvant compter plusieurs milliers d'individus, sur des falaises maritimes. Il s'installe sur les corniches, dans des troncs ou encore dans les anfractuosités rocheuses.

Nidification: Le fulmar ne construit habituellement pas de nid; si le sol est meuble, il lui arrive de façonner une légère dépression qu'il garnit parfois de quelques petites roches plates. La femelle ne pond qu'un seul oeuf; les rares cas de nids à deux oeufs sont peut-être le fait de deux femelles. Le mâle et la femelle se relaient pour couver pendant 53 à 57 jours. Après l'éclosion, le petit demeure au nid de 46 à 51 jours; les parents le nourrissent une fois par jour. À l'envol, le jeune acquiert son indépendance.

Puffin cendré
Cory's Shearwater

p.92

Calonectris diomedea

Présence et répartition: Ce puffin serait exceptionnel dans les eaux québécoises. C'est un visiteur rare au large de la Nouvelle-Écosse, notamment au large de l'île de Sable, surtout de mai à octobre.

Alimentation: Se nourrit principalement de poissons, calmars, crustacés et déchets provenant des chalutiers; on le retrouve aussi dans le sillage des baleines. S'alimente en grande partie la nuit, surtout à partir de la surface de l'eau; plonge parfois pour capturer un poisson.

Habitat de nidification: Les oiseaux observés de ce côté de l'Atlantique nichent dans les colonies situées au large du Portugal jusqu'aux Açores et aux Canaries.

Nidification: Niche dans une crevasse de rochers ou encore dans un terrier creusé en sol meuble par le mâle et la femelle et long parfois de 1 m. La femelle pond un seul oeuf que les parents se relaient pour couver durant 52 à 55 jours. Ils nourrissent ensuite le jeune qui demeurerait au nid une centaine de jours avant d'acquérir son indépendance et de quitter le terrier.

Puffin majeur
Greater Shearwater

p.92

Puffinus gravis

Présence et répartition: Visiteur d'été dans le golfe du Saint-Laurent; observé occasionnellement dans l'estuaire. Dans les Maritimes, visiteur d'été commun dans la baie de Fundy ainsi qu'au sud et à l'est de la Nouvelle-Écosse. Niche dans l'Hémisphère Sud et remonte dans l'Atlantique Nord durant l'hiver austral.

Alimentation: Se nourrit surtout de poissons, de calmars et de déchets de poissons; observé d'ailleurs souvent en grand nombre derrière les chalutiers. Il consomme aussi des crustacés à l'occasion. On le retrouve de plus dans le sillage des baleines et des dauphins. Plonge du haut des airs et poursuit ses proies sous la surface; il se nourrit également à partir de la surface.

Habitat de nidification: Niche en très grandes colonies dans quelques îles de l'Atlantique Sud. Il y a 5 millions de couples à Tristan da Cunha et de 600 000 à 3 000 000 de couples à l'île Gough.

Nidification: Le nid est installé dans une crevasse ou un terrier creusé dans le sol meuble. Les deux membres du couple se partagent la tâche d'excaver le tunnel au bout duquel ils déposent un peu d'herbe. La femelle pond un seul oeuf que le mâle et la femelle couvent durant 53 à 57 jours. Après l'éclosion, le petit séjourne au nid plus de cent jours au cours desquels ses deux parents le nourrissent; il acquiert son indépendance au moment de quitter le nid.

Puffin fuligineux
Sooty Shearwater

p.92
Puffinus griseus

Présence et répartition : Visite régulièrement en été le golfe du Saint-Laurent, et parfois l'estuaire. Dans les Maritimes, ce visiteur est commun l'été dans la baie de Fundy et au large de la Nouvelle-Écosse. Il niche dans l'Hémisphère Sud et remonte dans l'Atlantique Nord pendant l'hiver austral.

Alimentation : S'alimente principalement dans les bancs de poissons comme le capelan et le hareng et consomme aussi lançons, anchois, calmars et crustacés. Il se nourrit surtout à la nage ou encore en plongée, tout juste sous la surface. Rare derrière les chalutiers ; il s'agit alors généralement de jeunes oiseaux.

Habitat de nidification : Niche en colonies dans les îles de l'Atlantique Sud. Il s'installe à flanc de montagne souvent dans la végétation dense, généralement près de la mer et parfois à 1 500 m d'altitude.

Nidification : Les deux membres du couple se partagent l'excavation d'un terrier au fond duquel la femelle pond un seul oeuf, puis couvent en alternance durant 53 à 56 jours. Après l'éclosion, le petit se fait nourrir au nid de 86 à 106 jours par ses deux parents ; il devient indépendant après le départ du terrier.

Puffin des Anglais
Manx Shearwater

p.92
Puffinus puffinus

Présence et répartition : Visite en été le golfe du Saint-Laurent et parfois l'estuaire. L'espèce a étendu son aire de nidification au cours des dernières années et niche depuis peu à Terre-Neuve. Dans les Maritimes, visite en été la baie de Fundy et les eaux au large de la Nouvelle-Écosse.

Alimentation : Se nourrit principalement de petits poissons qui se tiennent en bancs comme le hareng, de calmars et de crustacés. Il poursuit ses proies sous l'eau, en nageant à l'aide de ses ailes, ou les saisit à partir de la surface. S'alimente généralement seul ou en petits groupes.

Habitat de nidification : Niche sur des îles en colonies aménagées en terrain plat ou à flanc de montagne, jusqu'à 2 km de la mer.

Nidification : Le nid est installé dans une crevasse naturelle ou dans un terrier creusé dans le sol. Le mâle et la femelle se partagent l'excavation d'un tunnel de 1 à 2 m de long au bout duquel ils aménagent une chambre garnie d'un peu d'herbe, de fougères et de racines. La femelle pond un seul oeuf que les deux adultes couvent durant une cinquantaine de jours. Après l'éclosion, le jeune demeure au nid de 62 à 76 jours au cours desquels il est nourri par ses deux parents. Il acquiert son indépendance au moment où les adultes cessent de le nourrir et quitte alors le nid.

Océanite de Wilson (Pétrel océanite) p.90
Wilson's Storm-Petrel *Oceanites oceanicus*

Présence et répartition : Visite régulièrement les eaux du golfe du Saint-Laurent en été, et remonte exceptionnellement l'estuaire jusqu'à Québec. Visiteur présent l'été au large des trois provinces maritimes. Niche dans l'Atlantique Sud et en Antarctique ; remonte vers le nord durant l'hiver austral.

Alimentation : Se nourrit principalement de crustacés planctoniques et de petits calmars. Vole en écumant la surface de l'eau. Suit souvent les bateaux de pêche et les baleines. Cette espèce repère sa nourriture grâce à son odorat.

Habitat de nidification : Niche en colonies sur de petites îles rocheuses de l'Hémisphère Sud.

Nidification : Le nid est installé dans une crevasse ou encore au fond d'un terrier creusé dans le sol et réutilisé d'une année à l'autre. La femelle pond un oeuf par an. Après la ponte, le mâle et la femelle se relaient pour couver de 38 à 59 jours. Après l'éclosion, les deux parents nourrissent le jeune qui séjourne au nid environ 60 jours avant de prendre son envol et d'acquérir son indépendance.

Océanite cul-blanc (Pétrel cul-blanc) p.90
Leach's Storm-Petrel *Oceanodroma leucorhoa*

Présence et répartition : Niche dans le golfe du Saint-Laurent : Gaspésie, Côte-Nord et îles de la Madeleine ; à l'entrée de la baie de Fundy, le long de la côte atlantique de la Nouvelle-Écosse ainsi qu'à l'île du Cap-Breton. Visiteur dans les autres régions et absent l'hiver.

Alimentation : Se nourrit de crustacés planctoniques, de calmars et de petits poissons qu'il capture en écumant la surface de l'eau en vol et en suivant les baleines. Cette espèce utilise l'odorat pour trouver sa nourriture.

Habitat de nidification : Niche en colonies, sur des îles côtières.

Nidification : Le nid est aménagé au fond d'un terrier long d'environ 1 m, creusé par le mâle et réutilisé d'année en année. La femelle y pond son unique oeuf et les deux parents se relaient pour couver durant 38 à 46 jours. Les adultes sont difficiles à voir près des nids car ils n'y reviennent qu'à la tombée de la nuit pour éviter des prédateurs comme les goélands. Ce va-et-vient entre la mer et le terrier se poursuit de 63 à 70 jours après l'éclosion pour nourrir le jeune qui demeure dans le terrier jusqu'à l'envol.

Fou de Bassan
Northern Gannet

p.90

Morus bassanus

Présence et répartition : Niche en Gaspésie, à l'île d'Anticosti et aux îles de la Madeleine. Visiteur d'été régulier dans les autres régions côtières. Se voit au large du sud des Maritimes au début de l'hiver.

Alimentation : Se nourrit dans les bancs de poissons comme le maquereau, le hareng et le capelan. Effectue des plongeons spectaculaires afin de capturer les poissons qui se tiennent près de la surface. Pêche souvent près de la côte quand le capelan fraie.

Habitat de nidification : Niche en colonies, sur les falaises ou au sommet des îles. Les adultes sont fidèles à leur colonie et y reviennent année après année.

Nidification : Le mâle et la femelle aménagent un nid plutôt rudimentaire avec de la boue, de l'herbe, des algues ou des débris divers façonnés en petit monticule. La femelle pond un seul oeuf que les deux parents couvent pendant 44 jours en moyenne. Le fou utilise ses pieds palmés, fortement vascularisés, pour couver. Le jeune demeure ensuite au nid de 82 à 99 jours au cours desquels les parents le nourrissent. La saison de reproduction est longue : les jeunes ne s'envolent que vers la mi-septembre.

Grand Cormoran
Great Cormorant

p.28

Phalacrocorax carbo

Présence et répartition : Niche et réside dans le golfe (Gaspésie, île d'Anticosti, basse Côte-Nord, îles de la Madeleine) ainsi qu'à l'Île-du-Prince-Édouard et en Nouvelle-Écosse. Passe en migration et hiverne à l'entrée de la baie de Fundy.

Alimentation : S'alimente de poissons qu'il pêche principalement au large.

Habitat de nidification : Niche en colonies sur les îles rocheuses et les falaises côtières.

Nidification : Les deux adultes travaillent à construire un nid qui est réutilisé année après année. La femelle pond généralement 3 à 5 oeufs en séquence. L'incubation dure 28 jours pour un oeuf et débute dès la ponte du premier, ce qui produit une éclosion successive et des petits d'âges différents. Les petits demeurent au nid environ 50 jours. Ils dépendent des deux parents jusqu'à l'âge de 80 jours environ.

Cormoran à aigrettes
Double-crested Cormorant

p.28
Phalacrocorax auritus

Présence et répartition : Niche le long de l'estuaire, du golfe et dans les Maritimes. De passage dans toutes les régions. On retrouve quelques petites colonies plus haut sur le Saint-Laurent et en Abitibi. Quelques individus s'attardent en hiver dans le sud des Maritimes.

Alimentation : Essentiellement piscivore ; se nourrit d'une grande variété de poissons qu'il poursuit sous l'eau, se propulsant avec ses pattes.

Habitat de nidification : Niche en colonies aménagées dans les arbres ou les falaises à proximité de l'eau, autant en eau douce que salée.

Nidification : Le nid, construit par le couple, est situé au sol ou encore dans un arbre. Dans ce cas, il arrive que les cormorans restaurent un ancien nid de Grand Héron. La femelle pond généralement 3 ou 4 oeufs, l'incubation commençant à la ponte du troisième oeuf. Les deux adultes couvent de 24 à 49 jours. Les petits, qui ne sont pas tous du même âge, demeurent au nid de 3 à 5 semaines après l'éclosion. Aptes au vol à 5 ou 6 semaines, les jeunes demeurent dépendants des parents jusqu'à 10 semaines.

Butor d'Amérique
American Bittern

p.68
Botaurus lentiginosus

Présence et répartition : Niche dans toutes les régions du Québec méridional et des Maritimes. Absent en hiver.

Alimentation : Surtout actif au crépuscule et à l'aurore, le butor pêche à l'affût ou quelquefois en se déplaçant très lentement dans l'eau peu profonde. Son régime est varié : poissons, invertébrés aquatiques, amphibiens, petits mammifères, insectes.

Habitat de nidification : Niche isolément dans les marais d'eau douce ou d'eau salée, les prés humides et les fourrés d'aulnes.

Nidification : Le nid, généralement au sol ou sur une plate-forme surélevée dans un marais, est construit par la femelle avec des quenouilles séchées ou d'autres plantes aquatiques rigides. La couvée compte généralement 3 à 5 oeufs et l'incubation débute dès la ponte du premier oeuf. La femelle couve seule pendant 24 à 29 jours, comme elle s'occupe seule des petits durant leur séjour au nid, d'une durée de 7 à 14 jours. Jusqu'à l'âge de 14 à 28 jours, les jeunes ne vont pas loin et les deux parents les nourrissent.

Petit Blongios (Petit Butor)
Least Bittern

p.68
Ixobrychus exilis

Présence et répartition : Espèce classée « vulnérable » au Québec. Niche de l'Outaouais à l'Estrie. Visiteur inusité ailleurs au Québec et dans les Maritimes où il niche peut-être : Madawaska, sud du Nouveau-Brunswick, isthme de Chignectou.

Alimentation : Se nourrit de petits poissons, d'insectes, d'amphibiens et de petits mammifères.

Habitat de nidification : Niche en solitaire, principalement dans les roselières et les marais d'eau douce où poussent les quenouilles parmi lesquelles il fait son nid.

Nidification : Le nid, construit principalement par le mâle, est une petite plate-forme composée de tiges ou de feuilles de quenouilles. Il est généralement placé à bonne distance de l'eau libre. La couvée compte généralement 4 ou 5 oeufs que le mâle et la femelle couvent de 17 à 20 jours. Les petits sont nourris au nid par les deux adultes durant 13 à 15 jours. Les parents s'occupent des jeunes jusqu'à l'âge de 26 jours.

Grand Héron
Great Blue Heron

p.64
Ardea herodias

Présence et répartition : Niche dans toutes les régions du Québec et des Maritimes. Certains individus hivernent là où l'eau ne gèle pas, notamment dans l'extrême-sud du Québec et dans le sud des Maritimes, surtout en Nouvelle-Écosse.

Alimentation : Pêche le jour comme la nuit en eau peu profonde, dans les baies, à l'embouchure des rivières et dans les marais d'eau douce ou d'eau salée. Bien qu'il se nourrisse essentiellement de poissons, il lui arrive aussi de capturer des grenouilles, de gros insectes, des petits mammifères et même des oisillons.

Habitat de nidification : Niche en colonies sur les îles boisées ou dans les forêts inondées.

Nidification : Le nid plutôt volumineux est formé de branches entrecroisées. La couvée compte généralement 4 oeufs et l'incubation débute à la ponte du premier oeuf. Les deux adultes couvent durant 27 jours en moyenne et les petits ne naissent pas tous en même temps. Ils demeurent au nid environ 80 jours bien qu'ils soient généralement aptes à voler à 60 jours. Ils continuent de dépendre des parents jusqu'à 20 jours après l'envol.

Grande Aigrette
Great Egret

p.66
Ardea alba

Présence et répartition: Niche localement en Montérégie, notamment à l'extrémité ouest du lac Saint-François. Visite toutes les autres régions du Québec et des Maritimes.

Alimentation: Pêche en eau peu profonde, en eau douce autant que salée. Essentiellement piscivore, la Grande Aigrette se nourrit aussi d'amphibiens, d'insectes, de petits mammifères et même d'oisillons.

Habitat de nidification: Niche en colonies en compagnie d'autres ardéidés comme le Grand Héron.

Nidification: Le nid, construit par le mâle, est formé de branches entrecroisées; il arrive que le mâle réutilise un vieux nid. La femelle pond généralement 3 à 5 oeufs. Les deux parents couvent dès la ponte du troisième oeuf et durant 25 jours environ. Les petits séjournent au nid pendant une vingtaine de jours et sont capables de voler à l'âge de 42 à 49 jours. Ils demeurent toutefois dépendants des parents jusqu'à la fin de l'été.

Aigrette neigeuse
Snowy Egret

p.66
Egretta thula

Présence et répartition: Visite à l'occasion le Québec et plus fréquemment les Maritimes, en été; niche probablement sur l'île du Bon Portage, dans le sud-ouest de la Nouvelle-Écosse.

Alimentation: Se nourrit surtout le jour dans les marais côtiers: marche beaucoup en utilisant ses pieds pour effrayer ses proies. Son régime varié est constitué de petits poissons, de crustacés, de mollusques, d'insectes aquatiques et de grenouilles.

Habitat de nidification: Niche en colonies près des marais côtiers souvent avec d'autres espèces d'ardéidés.

Nidification: Le nid est construit par la femelle, habituellement dans un arbre à moins de 3 m du sol. La femelle pond généralement 4 ou 5 oeufs. L'incubation débute avec la ponte du premier oeuf; elle est assurée par les deux adultes pendant 20 à 29 jours. Les petits demeurent au nid durant une vingtaine de jours, puis commencent à s'aventurer sur les branches. Ils prennent habituellement leur envol un mois après l'éclosion.

Aigrette bleue
Little Blue Heron

p.64, 66
Egretta caerulea

Présence et répartition : Visiteur occasionnel dans l'extrême-sud du Québec. Visiteur d'été dans les Maritimes.

Alimentation : Marche en eaux peu profondes, scrutant l'eau attentivement à la recherche de ses proies : petits poissons, insectes et amphibiens, surtout.

Habitat de nidification : Niche en colonies près des marais, souvent en compagnie d'autres ardéidés.

Nidification : Le nid, plutôt rudimentaire, est installé dans un arbre entre 50 cm et 12 m du sol. Il est fabriqué avec de petites branches que le mâle apporte à la femelle. Celle-ci pond 2 à 5 oeufs et les deux adultes couvent de 20 à 24 jours. Deux semaines après l'éclosion, les jeunes commencent à s'aventurer hors du nid. Ils continuent d'être nourris par les parents jusqu'à l'âge de 42 à 49 jours, soit jusqu'au moment du premier vol.

Aigrette tricolore
Tricolored Heron

p.64
Egretta tricolor

Présence et répartition : Visiteur d'été rare au Québec et dans les Maritimes.

Alimentation : Pêche en eau peu profonde en effectuant une danse bien spéciale : elle marche rapidement, sautille et ouvre les ailes. Se nourrit surtout de petits poissons, de crustacés, d'amphibiens et d'insectes.

Habitat de nidification : Niche en colonies dans lesquelles on retrouve parfois d'autres espèces de hérons et d'aigrettes.

Nidification : Construit à l'occasion au sol, le nid est habituellement placé dans un arbre entre 2 et 4 m de hauteur. C'est le mâle qui en amorce la construction en fabriquant une plate-forme avec de petites branches. La femelle termine le nid et pond 3 ou 4 oeufs, parfois jusqu'à 7. L'incubation dure de 21 à 25 jours. Les jeunes commencent à s'aventurer hors du nid vers l'âge de 21 jours et dépendent des adultes jusqu'à l'envol, à l'âge de 35 jours environ.

Héron garde-boeufs
Cattle Egret

p.66
Bubulcus ibis

Présence et répartition : Visite le Québec et les Maritimes.

Alimentation : C'est le héron qui s'alimente dans les endroits les plus secs. Suit souvent le bétail et même les tracteurs dans les champs pour attraper les insectes (notamment des criquets) dérangés par les vibrations des animaux en marche et des machines agricoles. Mange aussi des grenouilles, des crapauds, de petits mammifères, des poissons et des mollusques.

Habitat de nidification : Niche en colonies, souvent avec d'autres espèces de hérons et d'aigrettes.

Nidification : Les deux adultes participent à la construction du nid, qui est fait de petites branches et installé généralement dans un arbre, parfois jusqu'à 20 m du sol. La femelle pond généralement 2 à 5 oeufs qui sont incubés de 21 à 24 jours. Les jeunes quittent le nid vers l'âge de 20 jours et dépendent des parents pendant une dizaine de jours encore, jusqu'à l'envol.

Héron vert
Green Heron

p.68
Butorides virescens

Présence et répartition : Nicheur répandu dans le sud du Québec et localisé au Nouveau-Brunswick, principalement le long du Saint-Jean. Visiteur dans les autres régions. Absent en hiver.

Alimentation : Pêche à l'affût, souvent perché sur une branche au-dessus de l'eau. Il lui arrive d'attirer les poissons en déposant une feuille à la surface de l'eau. Outre divers poissons, ce petit héron solitaire se nourrit aussi d'amphibiens, de reptiles, de mollusques et d'insectes.

Habitat de nidification : Niche en couples isolés, principalement en eau douce, près des étangs ou des cours d'eau lents.

Nidification : Le nid, formé de brindilles, est construit dans un arbre, parfois au sol, par les deux adultes. La femelle pond 4 ou 5 oeufs. L'incubation débute dès la ponte du premier oeuf et les deux adultes couvent durant 19 à 21 jours. Les petits séjournent au nid 16 ou 17 jours, sont aptes à voler à l'âge de 21-23 jours et demeurent dépendants des parents jusqu'à l'âge de 30 à 35 jours.

Bihoreau gris (Bihoreau à couronne noire) p.68
Black-crowned Night-Heron *Nycticorax nycticorax*

Présence et répartition : Niche surtout le long du Saint-Laurent ; niche aussi localement le long du Saguenay, au lac Saint-Jean et en Gaspésie. Dans les Maritimes, niche dans le Madawaska, la baie des Chaleurs, la péninsule acadienne et le sud-ouest du Nouveau-Brunswick ; niche localement dans le sud-ouest de la Nouvelle-Écosse. Absent en hiver.

Alimentation : Se nourrit habituellement de petits poissons, d'amphibiens ou d'insectes. Pêche à l'affût ou en marchant lentement en eau peu profonde. On l'observe souvent près des marelles, à marée basse, dans les marais côtiers.

Habitat de nidification : Niche en couples isolés, ou en colonies, parfois, dans les colonies de Grands Hérons.

Nidification : Le nid, formé de petites branches entrecroisées, est réutilisé d'année en année, et compte généralement 3 à 5 oeufs. Les deux adultes couvent, dès la ponte du premier oeuf, pendant 21 à 26 jours. Les petits séjournent au nid de 12 à 28 jours et volent vers l'âge de 40 à 50 jours ; ils dépendent encore des parents quelques jours après l'envol.

Threskiornithidés

Ibis falcinelle p.74
Glossy Ibis *Plegadis falcinellus*

Présence et répartition : Visite le Québec et plus régulièrement les Maritimes au printemps. En 1986, il a niché dans une colonie de Cormorans à aigrettes près de Saint John au Nouveau-Brunswick. L'ibis est en augmentation sur la côte du Maine et étend progressivement son aire vers le nord.

Alimentation : Se nourrit surtout d'invertébrés, notamment d'écrevisses, et d'insectes. Consomme occasionnellement des petits poissons et des amphibiens.

Habitat de nidification : Niche en colonies, souvent en compagnie de hérons, à proximité de plans d'eau douce ou d'eau salée.

Nidification : Niche dans un arbre ou au sol. Le nid, construit par le mâle et la femelle, est fabriqué de petites branches, de brindilles et de plantes aquatiques rassemblées en une plate-forme dans laquelle la femelle pond 2 à 4 oeufs. Les deux parents couvent pendant 21 jours environ. Les petits dépendent des adultes jusqu'à 25-28 jours après l'éclosion.

Urubu à tête rouge
Turkey Vulture

p.110
Cathartes aura

Présence et répartition: Niche depuis peu au Québec, du Pontiac à l'Estrie; visite les autres régions. Pourrait nicher dans le sud du Nouveau-Brunswick et de la Nouvelle-Écosse. Absent en hiver.

Alimentation: Charognard, l'urubu possède une vue et un odorat développés, qui lui servent à trouver sa nourriture composée principalement de petits mammifères morts, notamment le long des routes ou près des fermes.

Habitat de nidification: Niche sur les escarpements rocheux, sous les amas de roches ou dans les sous-bois.

Nidification: Les oeufs, généralement au nombre de 2, sont pondus directement sur le sol, dans un abri sous roche ou un autre endroit protégé des intempéries, incluant les bâtiments abandonnés. L'incubation, qui dure de 28 à 41 jours, est assurée par les deux parents qui nourrissent ensuite les petits au nid pendant au moins 55 jours. Les jeunes peuvent voler vers l'âge de 60 jours mais demeurent dépendants des parents pendant encore plusieurs mois.

Oie rieuse
Greater White-fronted Goose

p.50
Anser albifrons

Présence et répartition: De passage dans tout le sud du Québec. Visiteur inusité dans les Maritimes durant les migrations.

Alimentation: En été, broute la végétation des milieux où elle niche. En migration et en hiver, s'alimente dans les champs de riz, de blé, d'orge et d'autres céréales.

Habitat de nidification: Forme fréquemment des colonies dans la toundra arctique, près des lacs et des rivières.

Nidification: Le nid, au sol, est fait de mousse, d'herbes et d'autres matériaux; il est tapissé de plumes et de duvet. La couvée compte habituellement 4 à 6 oeufs que la femelle couve de 22 à 28 jours pendant que le mâle monte la garde à proximité et chasse les intrus. Les oisons quittent le nid peu après l'éclosion et commencent aussitôt à s'alimenter en compagnie des adultes. Ils volent habituellement vers l'âge de 45 jours et demeurent avec les parents durant leur première année.

Oie des neiges
Snow Goose

p.48, 50
Chen caerulescens

Présence et répartition : De passage dans le sud du Québec ; d'immenses volées font halte au printemps et en automne le long du Saint-Laurent au cours du périple qui les conduit de la côte de la Virginie à l'Arctique. Passe rarement dans les Maritimes.

Alimentation : Dans l'Arctique, les oies broutent la végétation de la toundra. En migration, elles s'alimentaient traditionnellement des rhizomes du scirpe d'Amérique. Depuis 30 ans, l'augmentation de leurs effectifs les a contraintes à aller se nourrir sur les terres agricoles et dans les marais à spartine.

Habitat de nidification : Niche dans les plaines côtières de l'Arctique, généralement là où il y a des des cours d'eau, des étangs et des lacs peu profonds. Elle s'installe aussi sur les pentes abritées des ravins.

Nidification : Le nid est une simple dépression du sol recouverte d'herbe et de duvet. La femelle y pond 3 à 5 oeufs qu'elle couve pendant 24 jours alors que le mâle fait le guet à proximité. Les oisons quittent le nid moins de 48 heures après l'éclosion, et commencent à s'alimenter dans la toundra en suivant les parents. Ils sont aptes à voler à l'âge de 42 jours et demeurent avec les adultes durant leur première année.

Oie de Ross
Ross' Goose

p.48
Chen rossii

Présence et répartition : Rare en migration dans toutes les régions du Québec et exceptionnelle dans les Maritimes.

Alimentation : En été, dans les aires de reproduction, broute la végétation environnante. En migration et en hiver, consomme dans les champs le grain demeuré au sol après la récolte. Brouteuse stricte, elle n'enfonce pas sa tête dans la boue comme le fait l'Oie des neiges.

Habitat de nidification : Niche en colonies dans la toundra arctique, près des lacs et dans les plaines fluviales.

Nidification : Le nid est une simple dépression aménagée dans le sol, garnie de végétation sur le pourtour et tapissée de duvet à l'intérieur. La couvée compte généralement 4 oeufs que la femelle couve durant 22 jours environ. Comme chez les autres oies, le jars monte la garde à proximité afin de chasser les intrus. Les oisons quittent le nid quelques heures après l'éclosion et commencent à s'alimenter dans la toundra environnante. Ils prennent leur premier envol à l'âge de 40 à 45 jours et demeurent avec les adultes durant leur première année.

Bernache du Canada
Canada Goose

p.50
Branta canadensis

Présence et répartition : Niche dans le Nouveau-Québec, notamment dans la taïga ; niche aussi localement dans le sud du Québec et dans les Maritimes. Certains individus hivernent sur la côte atlantique de la Nouvelle-Écosse. Dans toutes les régions, passe en grandes volées au printemps et à l'automne.

Alimentation : Le régime alimentaire est principalement végétal. En migration et en hiver, consomme souvent le grain demeuré au sol après les récoltes.

Habitat de nidification : Niche surtout dans les tourbières boréales, sur les lacs et les étangs d'eau douce ainsi que dans la toundra arctique.

Nidification : Le nid, plutôt rudimentaire, est une dépression au sol recouverte de duvet et dont le pourtour est formé de végétaux divers. Le nid est généralement placé sur une petite île, sur divers monticules comme des huttes de castors et même dans les arbres. La couvée compte généralement 4 à 6 oeufs ; la ponte terminée, la femelle couve durant 25 à 30 jours. Durant cette période, le mâle monte la garde et chasse tout intrus qui s'approche trop près du nid. À peine éclos, les petits quittent le nid et suivent les parents afin de s'alimenter à proximité. Les jeunes volent une soixantaine de jours après l'éclosion mais demeurent avec les adultes pendant leur première année.

Bernache cravant
Brant

p.50
Branta bernicla

Présence et répartition : Niche dans l'Arctique. De passage dans toutes nos régions, principalement dans les marais côtiers de l'estuaire, du golfe et des Maritimes. Quelques individus hivernent dans l'archipel de Grand-Manan au Nouveau-Brunswick.

Alimentation : En migration et en hiver, la zostère marine compte pour plus de 90 % du régime alimentaire de cette bernache, qui se nourrit aussi d'algues. Sur les lieux de nidification de l'Arctique, elle broute des graminés de sol humide.

Habitat de nidification : Niche dans la toundra à proximité des cours d'eau.

Nidification : Le nid, aménagé au sol dans la végétation basse par la femelle, est une simple dépression tapissée de duvet. La couvée compte habituellement 3 ou 4 oeufs et l'incubation débute une fois la ponte terminée. La femelle couve 23 ou 24 jours pendant que le mâle monte la garde à proximité. Les petits quittent le nid moins de 24 heures après l'éclosion et partent en quête de nourriture ; les adultes les surveillent constamment. Les jeunes sont capables de voler à l'âge de 40 à 50 jours mais demeurent avec les adultes pendant un an ; ils les accompagnent dans la migration.

Cygne tuberculé
Mute Swan

p.48
Cygnus olor

Présence et répartition : Ce cygne d'Eurasie a été introduit en Amérique du Nord, dans les grands parcs urbains. Naturalisée dans certains secteurs de l'est des États-Unis, cette espèce visite parfois le Québec et rarement les Maritimes.

Alimentation : Se nourrit essentiellement de végétaux submergés, flottants ou émergeants. Son long cou lui permet de se nourrir sous l'eau sans plonger.

Habitat de nidification : Niche au bord de l'eau où la végétation est dense et abondante.

Nidification : Le nid, généralement au sol près d'un plan d'eau, est construit par le couple avec des tiges et des racines de plantes aquatiques ; il est tapissé de plumes et de duvet. La femelle y pond 4 à 8 oeufs qu'elle couve ensuite pendant 35 jours environ. Moins de 48 heures après l'éclosion, les petits sont conduits à l'eau pour s'y nourrir. Les deux parents s'occupent des jeunes jusqu'à l'âge d'un an environ. Les jeunes sont aptes à voler vers l'âge de 100 à 150 jours.

Cygne siffleur
Tundra Swan

p.48
Cygnus columbianus

Présence et répartition : Niche au Nouveau-Québec, sur la côte de la baie d'Hudson. Rare en migration dans toutes les autres régions ; passe principalement au printemps. Inusité dans les Maritimes.

Alimentation : Se nourrit principalement de végétaux, notamment des tiges et des tubercules de plantes aquatiques et d'invertébrés aquatiques. Sur les lieux de nidification, les cygnes se nourrissent dans les marais et quelquefois en terrain sec.

Habitat de nidification : Niche dans la toundra.

Nidification : Le nid, formé d'un amas de végétaux, est construit sur un point surélevé d'où l'oiseau peut surveiller les environs. La couvée compte généralement 4 oeufs que la femelle couve pendant 30 à 32 jours environ. Le mâle monte la garde pendant cette période. Les petits quittent le nid moins de 24 heures après l'éclosion et commencent à chercher leur nourriture avec l'aide des adultes. Les jeunes sont capables de voler à l'âge de 60 à 75 jours et demeurent avec leurs parents durant un an environ.

Canard branchu
Wood Duck

p.54, 58

Aix sponsa

Présence et répartition : Niche dans le sud du Québec (surtout de l'Outaouais jusqu'en Mauricie - Bois-Francs), et dans les Maritimes ; particulièrement présent dans la zone de la forêt décidue ; absent en hiver.

Alimentation : Végétarien, ce canard se nourrit de plantes aquatiques (lentilles d'eau, riz sauvage), de plantes forestières, de fruits, de noix et de glands. Les canetons se nourrissent surtout d'insectes.

Habitat de nidification : Niche dans les forêts inondées, près des rivières bordées d'arbres et sur les étangs à castors, où il trouve des cavités dans les grands arbres.

Nidification : Niche dans des trous d'arbres ou des nichoirs. Le fond de la cavité est recouvert de copeaux de bois et de duvet. La femelle pond généralement 12 oeufs ; elle couve une fois la ponte terminée, et durant 27 à 37 jours. Les canetons quittent le nid un peu plus de 24 heures après l'éclosion : ils grimpent hors de la cavité, se laissent choir au sol et suivent la mère qui les mène au plan d'eau le plus proche. Les jeunes sont aptes à voler après 56 à 70 jours. La mère s'occupe d'eux jusqu'à un âge variant entre 30 et 60 jours.

Canard chipeau
Gadwall

p.52, 56

Anas strepera

Présence et répartition : Niche le long du Saint-Laurent, essentiellement jusqu'à Trois-Rivières vers le nord. Niche localement dans les Maritimes, particulièrement à l'Île-du-Prince-Édouard.

Alimentation : Se nourrit surtout de plantes aquatiques qu'il trouve près de la surface de l'eau. En été, les larves et les insectes aquatiques comptent pour une bonne part du régime alimentaire des adultes et des jeunes.

Habitat de nidification : Niche bien au sec dans la végétation herbacée à proximité de l'eau.

Nidification : Le nid est situé près de l'eau. La femelle aménage une dépression au sol qu'elle garnit de plantes et de duvet. Elle pond généralement 8 à 11 oeufs et couve seule à partir de la ponte du dernier oeuf et durant 23 à 27 jours. Les canetons quittent le nid quelques heures après l'éclosion et sont menés à l'eau par la mère qui s'en occupe jusqu'à l'envol, vers l'âge de 45 à 50 jours.

Canard siffleur (Canard siffleur d'Europe)   p.54
Eurasian Wigeon   *Anas penelope*

Présence et répartition : Visite occasionnellement le Québec et les Maritimes, surtout au printemps. Pourrait nicher en Amérique du Nord.

Alimentation : Essentiellement végétarien, ce canard mange des feuilles, des racines, des tiges et des graines de plantes aquatiques. Il se nourrit en barbotant dans l'eau ou encore dans les champs.

Habitat de nidification : En Europe, niche en zone boréale près des lacs peu profonds et riches en végétation aquatique.

Nidification : Le nid, construit par la femelle près de l'eau, consiste en une simple dépression au sol garnie de brindilles, de feuilles et de duvet. La couvée compte généralement 7 à 10 oeufs. L'incubation, assurée par la femelle seule, débute avec la ponte du dernier oeuf et dure en moyenne 24 jours. Les canetons quittent le nid quelques heures après l'éclosion ; la mère les mène à l'eau et s'en occupe jusqu'à l'âge de l'envol, entre 63 et 80 jours.

Canard d'Amérique (Canard siffleur d'Amérique) p.54, 58
American Wigeon   *Anas americana*

Présence et répartition : Niche dans la vallée du Saint-Laurent, en Abitibi, aux îles de la Madeleine et près des côtes des trois provinces maritimes. Passe en migration dans les autres régions.

Alimentation : Le régime alimentaire de ce canard est essentiellement végétarien : feuilles et tiges de plantes aquatiques. Il broute à l'occasion dans les champs de trèfle. Les canetons se nourrissent d'invertébrés aquatiques.

Habitat de nidification : Niche au bord de lacs peu profonds, dans des prés herbeux dépourvus d'arbres.

Nidification : Le nid est une simple dépression garnie de brindilles et de duvet que la femelle aménage au sol, en terrain sec, souvent près de l'eau. La couvée compte généralement 7 à 10 oeufs et l'incubation, assurée uniquement par la femelle, commence avec la ponte du dernier oeuf et dure de 23 à 35 jours. Les canetons quittent le nid quelques heures après l'éclosion et sont menés à l'eau par la mère. Ils demeurent dépendants d'elle jusqu'à l'envol, soit jusqu'à un âge variant de 37 à 48 jours.

Canard noir
American Black Duck

p.52, 56
Anas rubripes

Présence et répartition: Niche partout au Québec et dans les Maritimes. Hiverne dans les eaux libres de glaces.

Alimentation: Le régime alimentaire de ce canard est constitué principalement de graines de plantes aquatiques. En automne, il consomme aussi des petits fruits et du grain demeuré au sol après les récoltes. En hiver, il mange aussi de petits mollusques.

Habitat de nidification: Niche dans les marais et les tourbières, au bord des cours d'eau et des étangs en forêt.

Nidification: Le nid est généralement au sol, dissimulé dans la végétation avoisinante, bien qu'on le retrouve parfois dans les arbres des lieux inondés au printemps. Le nid, formé de brindilles et recouvert de duvet à l'intérieur, est construit par la femelle qui y pond généralement 6 à 12 oeufs. L'incubation débute lorsque la couvée est complète et dure de 28 à 29 jours. Peu après l'éclosion, la femelle guide les canetons vers un marais ou un étang; elle s'occupe d'eux jusqu'à leur envol, vers l'âge de 60 jours.

Canard colvert
Mallard

p.52, 56
Anas platyrhynchos

Présence et répartition: Niche dans tout le sud du Québec et dans plusieurs marais des Maritimes. Quelques individus hivernent dans le sud du Québec et dans les eaux libres de glaces des Maritimes.

Alimentation: Surtout végétarien, le colvert se nourrit de plantes aquatiques et de graines diverses, incluant le grain demeuré au sol après les récoltes. Les canetons consomment surtout des larves d'insectes.

Habitat de nidification: Niche dans divers habitats d'eau douce plutôt ouverts.

Nidification: Le nid est fabriqué par la femelle avec de l'herbe et des joncs et l'intérieur est recouvert de duvet. Généralement au sol, bien dissimulé dans la végétation, il est parfois installé dans une fourche d'arbre, jusqu'à 2 m du sol, dans les terrains soumis aux crues printanières. La femelle pond habituellement de 7 à 10 oeufs qu'elle couve seule durant 28 jours. Les canetons quittent le nid quelques heures après l'éclosion et suivent la mère jusqu'à un plan d'eau. Ils demeurent avec elle jusqu'à ce qu'ils soient aptes à voler, à un âge variant entre 40 et 60 jours.

Sarcelle à ailes bleues
Blue-winged Teal

p.54, 58
Anas discors

Présence et répartition : Niche dans tout le Québec méridional, un peu partout à l'Île-du-Prince-Édouard, au Nouveau-Brunswick, ainsi que dans les marais de l'isthme de Chignectou en Nouvelle-Écosse.

Alimentation : Le régime alimentaire de cette sarcelle est essentiellement végétarien : graines de plantes aquatiques comme la renouée, le potamot et le carex. La femelle se nourrit aussi de larves d'insectes et d'escargots en période de reproduction.

Habitat de nidification : Niche dans les endroits ouverts, à proximité des marais et des étangs d'eau douce.

Nidification : Le nid est habituellement situé non loin d'un plan d'eau, bien dissimulé dans la végétation de l'année précédente. La femelle le construit de brins d'herbe séchés, de paille et de tiges de plantes qui croissent à proximité ; elle en tapisse l'intérieur avec du duvet. La couvée compte généralement 9 ou 10 oeufs et l'incubation débute avec la ponte du dernier oeuf. La femelle couve seule durant 23 à 27 jours. Les canetons quittent le nid quelques heures après l'éclosion et suivent la mère dans un endroit marécageux. Ils demeurent dépendants d'elle jusqu'à l'envol, vers l'âge de 35 à 44 jours.

Canard souchet
Northern Shoveler

p.52, 56
Anas clypeata

Présence et répartition : Niche sur le haut Saint-Laurent jusqu'à Trois-Rivières et, localement, dans la plupart des autres régions du sud du Québec. Dans les Maritimes, niche principalement dans la basse vallée du Saint-Jean, à l'Île-du-Prince-Édouard et dans les marais de l'isthme de Chignectou.

Alimentation : Filtre sa nourriture à l'aide des lamelles de son large bec : invertébrés aquatiques, végétaux (graines, lentilles d'eau et algues), mollusques, insectes aquatiques.

Habitat de nidification : Niche près des plans d'eau en milieu ouvert.

Nidification : Le nid est généralement situé non loin de l'eau, au sol, et dissimulé dans la végétation herbacée de l'année précédente. La cane le fabrique avec de l'herbe et le garnit de duvet à l'intérieur. Elle pond habituellement 9 oeufs qu'elle couve seule une fois la ponte achevée et durant généralement 22 ou 23 jours. Les canetons quittent le nid quelques heures après l'éclosion et sont guidés vers l'eau par la femelle qui s'en occupe jusqu'à leur envol, à un âge variant de 36 à 66 jours.

Canard pilet
Northern Pintail

p.52, 56
Anas acuta

Présence et répartition: Dans le sud du Québec, niche essentiellement dans la vallée du Saint-Laurent, mais passe en migration dans toutes les régions. Dans les Maritimes, niche notamment dans la péninsule acadienne, dans les marais de l'isthme de Chignectou et dans le centre de l'Île-du-Prince-Édouard.

Alimentation: Se nourrit essentiellement de végétaux et de graines de plantes aquatiques (potamot, renouée et scirpe). Au printemps, les canes s'alimentent d'invertébrés aquatiques.

Habitat de nidification: Niche en milieu ouvert, généralement près de l'eau.

Nidification: Le nid est habituellement dissimulé dans la végétation herbacée de l'année précédente ou sous un arbuste, et près de l'eau. La femelle garnit une dépression d'herbes, de tiges et de joncs à l'extérieur et de duvet à l'intérieur. La couvée compte généralement 8 oeufs. La femelle commence à incuber après la ponte du dernier oeuf et couve pendant 21 à 25 jours. Les petits suivent la mère vers un plan d'eau quelques heures après l'éclosion et demeurent avec elle jusqu'à l'envol, qui survient à l'âge de 36 à 57 jours.

Sarcelle d'hiver (Sarcelle à ailes vertes)
Green-winged Teal

p.54, 58
Anas crecca

Présence et répartition: Niche partout au Québec, mais assez localement dans les régions très peuplées du sud. Niche dans l'ensemble des Maritimes. De passage dans toutes les régions, particulièrement dans l'axe du Saint-Laurent.

Alimentation: Se nourrit surtout de graines de plantes aquatiques comme le carex, la renouée et le potamot, de petits crustacés, de mollusques et d'insectes aquatiques. S'alimente surtout sur les rivages boueux, mais va parfois dans les champs de céréales en migration.

Habitat de nidification: Niche près d'un étang d'eau douce.

Nidification: Le nid est placé dans un terrain sec où la végétation herbacée est haute. Cette simple dépression garnie d'herbes séchées, de plumes et de duvet accueille généralement 8 à 12 oeufs. L'incubation débute lorsque la ponte est terminée et la cane couve seule durant 21 à 23 jours. Peu après l'éclosion, les canetons sont conduits au plan d'eau le plus proche par la mère, avec qui ils demeurent jusqu'à l'âge de l'envol, vers 35 à 45 jours.

Fuligule à dos blanc (Morillon à dos blanc)   p.42
Canvasback   *Aythya valisineria*

Présence et répartition : De passage dans la région de Montréal ; inusité dans les autres régions et dans les Maritimes. Quelques individus hivernent à l'occasion.

Alimentation : Le régime alimentaire est essentiellement composé des diverses parties de la vallisnérie, plante qui a valu à l'espèce son nom latin. Ce fuligule consomme aussi du potamot, des insectes aquatiques et des mollusques.

Habitat de nidification : Niche dans l'ouest du continent, dans les marais d'eau douce et au bord des lacs, des étangs et des baies où la végétation émergente est abondante.

Nidification : Le nid, fait de roseaux et de carex et garni de duvet à l'intérieur, est habituellement construit au-dessus de l'eau dans la végétation émergente. La femelle pond généralement 7 à 10 oeufs ; elle commence à couver seule de 1 à 3 jours avant la ponte du dernier oeuf et incube les oeufs durant 24 jours. Les canetons demeurent au nid moins de 24 heures et se rendent à l'eau pour s'alimenter. Ils deviennent indépendants de leur mère quelques jours ou quelques semaines avant le premier vol, qui a lieu à l'âge de 63 à 80 jours.

Fuligule à tête rouge (Morillon à tête rouge)   p.42
Redhead   *Aythya americana*

Présence et répartition : Niche sur le haut Saint-Laurent. Passe en migration dans tout le sud du Québec, rarement plus à l'est. Niche peut-être en Nouvelle-Écosse et à l'Île-du-Prince-Édouard.

Alimentation : Canard plongeur au régime à 90 % végétarien. Mange des tiges, des feuilles et des racines de plantes aquatiques submergées comme la vallisnérie et le potamot. Plonge en eau peu profonde et s'alimente parfois comme un canard barboteur. Même les canetons se nourrissent de plantes. Les canes consomment des invertébrés aquatiques durant la ponte.

Habitat de nidification : Fréquente les marais d'eau douce et les étangs peu profonds, bordés de végétation dense.

Nidification : Le nid, dissimulé dans la végétation, est construit par la femelle au-dessus de l'eau et ressemble à un gros panier. La couvée compte généralement 9 à 11 oeufs. L'incubation, assurée par la cane, débute peu de temps après la ponte du dernier oeuf et dure de 22 à 28 jours. Les petits quittent le nid quelques heures après l'éclosion et peuvent voler vers l'âge de 60 à 65 jours. Les jeunes demeurent dépendants de la mère jusqu'à l'âge de 21 à 35 jours.

Fuligule à collier (Morillon à collier)   p.42
Ring-necked Duck   *Aythya collaris*

Présence et répartition : Niche dans les régions forestières du Québec méridional ; absent de la plaine de Montréal. Niche dans l'ensemble des Maritimes.

Alimentation : Se nourrit surtout de plantes aquatiques, notamment de potamot. Plonge occasionnellement jusqu'à 12 m mais trouve habituellement sa nourriture à moins de 2 m de profondeur. Consomme aussi des invertébrés aquatiques et de petits poissons.

Habitat de nidification : Associé principalement aux forêts conifériennes, ce fuligule niche notamment en eau douce peu profonde, dans les tourbières et les étangs à castor.

Nidification : La femelle choisit l'emplacement du nid, habituellement sur la rive ou au-dessus de l'eau dans les plantes émergentes. Le nid est une dépression garnie de brindilles et de duvet dans laquelle la cane pond généralement 9 oeufs. L'incubation, qu'elle assure seule, débute avec la ponte du dernier oeuf et dure de 25 à 29 jours. Les canetons quittent le nid quelques heures après l'éclosion et suivent la mère sur l'eau ; ils dépendent d'elle jusqu'à l'envol qui survient vers l'âge de 49 à 56 jours.

Fuligule milouinan (Grand Morillon)   p.42
Greater Scaup   *Aythya marila*

Présence et répartition : Niche au Nouveau-Québec, à l'île d'Anticosti, aux îles de la Madeleine et sur le bas Saint-Jean au Nouveau-Brunswick. De passage dans toutes les autres régions du Québec et des Maritimes. Quelques individus hivernent dans la baie de Fundy et sur la côte atlantique de la Nouvelle-Écosse.

Alimentation : Le menu varie selon les saisons et la disponibilié de la nourriture : mollusques, insectes aquatiques, petits poissons, oeufs de poissons, crevettes d'eau douce et larves d'insectes. Mange aussi du potamot et de la vallisnérie.

Habitat de nidification : Niche en milieu ouvert, près de plans d'eau peu profonds aux rives herbeuses.

Nidification : Le nid, construit par la femelle, est une simple dépression au sol garnie de plumes et de duvet, dissimulée dans l'herbe ou dans la végétation émergente. La femelle pond généralement 8 ou 9 oeufs qu'elle commence à incuber dès la ponte du dernier et durant une période de 23 à 28 jours. Quelques heures après l'éclosion, les petits vont à l'eau pour s'alimenter, abandonnant le nid. Capables de voler vers l'âge de 35 à 45 jours, ils deviennent alors autonomes.

Petit Fuligule (Petit Morillon)   p.42
Lesser Scaup   *Aythya affinis*

Présence et répartition : Niche en Montérégie, au lac Saint-Pierre, au lac Saint-Jean et en Abitibi. Passe dans toutes les régions du Québec et des Maritimes ; hiverne dans le sud des Maritimes.

Alimentation : Se nourrit de mollusques, d'escargots, de crustacés et de plantes aquatiques, notamment de graines de potamot, de riz sauvage et de rubanier. Les jeunes s'alimentent principalement d'insectes.

Habitat de nidification : Au Québec, niche dans les grands marais du Saint-Laurent et au bord des lacs et des étangs en Abitibi.

Nidification : Le nid est une dépression que la femelle garnit de brindilles et de duvet ; il est bien dissimulé dans les herbes hautes qui croissent en bordure des plans d'eau. La cane pond généralement 9 oeufs qu'elle commence à couver seule dès la ponte du dernier. L'incubation dure de 21 à 28 jours. Quelques heures après l'éclosion, les petits se rendent sur l'eau avec la mère dont ils dépendent jusqu'à l'âge de 28 à 35 jours ; leur envol survient à l'âge de 45 à 54 jours.

Eider à tête grise   p.40
King Eider   *Somateria spectabilis*

Présence et répartition : Niche dans le Nouveau-Québec et dans l'Arctique. Passe en migration dans l'estuaire, le golfe et les Maritimes. Quelques individus hivernent près de nos côtes.

Alimentation : Se nourrit principalement de mollusques et de crustacés qu'il capture en plongée jusqu'à 60 m de profondeur. Mange quelquefois des algues, de la zostère et des insectes aquatiques.

Habitat de nidification : Niche en bordure des étangs dans la toundra arctique.

Nidification : Le couple choisit l'emplacement du nid mais le mâle déserte les lieux au début de l'incubation. Le nid est habituellement placé au sol, bien au sec ; c'est une simple dépression bien garnie de duvet provenant de la poitrine de la femelle. La couvée compte généralement 5 oeufs. La cane couve seule dès la ponte du dernier oeuf et durant 22 à 24 jours. Les petits quittent le nid quelques heures après l'éclosion et demeurent ensuite une dizaine de jours en eau douce avant de se rendre en mer. Ils dépendent de la mère jusqu'à l'envol, à l'âge de 30 à 50 jours.

Eider à duvet
Common Eider

p.40
Somateria mollissima

Présence et répartition : Niche dans l'estuaire, où il est très abondant, dans le golfe du Saint-Laurent, sur la côte sud du Nouveau-Brunswick et sur la côte atlantique de la Nouvelle-Écosse. Hiverne dans le golfe Saint-Laurent et sur la côte des Maritimes.

Alimentation : Se nourrit presque exclusivement de mollusques, plus particulièrement de moules bleues ; mange aussi des crustacés et un peu de poisson.

Habitat de nidification : Niche en milieu marin sur des îles pourvues de végétation.

Nidification : Dans les îles boisées, le nid est habituellement placé dans le sous-bois. C'est une simple dépression au sol garnie de duvet que la femelle prélève sur sa poitrine. La couvée compte généralement 3 à 5 oeufs ; la cane couve seule dès la ponte du troisième oeuf et durant 26 jours environ. Moins de 24 heures après l'éclosion, les petits suivent la mère jusqu'à la rive de l'île avant de traverser vers la côte, périple particulièrement dangereux. On assiste alors à la formation de crèches, regroupements de nichées sous la supervision d'une ou de plusieurs mères. Les canetons demeurent dépendants des femelles pendant 40 à 60 jours, presque jusqu'à l'âge de l'envol (60 à 75 jours).

Arlequin plongeur (Canard arlequin)
Harlequin Duck

p.38
Histrionicus histrionicus

Présence et répartition : Niche en Gaspésie, dans le nord du Québec et dans le comté de Restigouche au Nouveau-Brunswick. La population laurentienne est considérée « en danger ». Migrateur, il hiverne localement sur la côte atlantique de la Nouvelle-Écosse et dans la baie de Fundy. Dès le début de l'incubation, le mâle quitte la femelle et rejoint les mâles immatures sur les côtes ; les femelles et les jeunes descendent les rivières vers la mer à la fin de l'été.

Alimentation : En période de nidification, s'alimente de larves de mouches noires et d'autres insectes présents sur le fond rocheux des rapides et des torrents. Hors de la période de reproduction, mange des crustacés et des mollusques sur les côtes rocheuses battues par les vagues.

Habitat de nidification : Niche le long des torrents qui coulent dans les forêts en montagne.

Nidification : Le nid est habituellement aménagé au sol, bien camouflé dans la végétation, ou, quelquefois, dans une cavité sous un escarpement rocheux. La couvée compte généralement 6 oeufs et l'incubation, assurée uniquement par la femelle, débute avec la ponte du dernier oeuf et dure de 27 à 29 jours. Les canetons quittent le nid quelques heures après l'éclosion et s'alimentent en compagnie de la mère, dont ils demeurent dépendants jusqu'à l'envol, è l'âge de 60 à 70 jours.

Macreuse à front blanc
Surf Scoter

p.38

Melanitta perspicillata

Présence et répartition : Niche dans la taïga du Nouveau-Québec ; une petite population niche aussi au lac Malbaie, dans la réserve faunique des Laurentides. Passe en migration dans toutes nos régions ; hiverne près des côtes des Maritimes.

Alimentation : Se nourrit essentiellement de mollusques (notamment de moules), de crustacés et parfois de balanes.

Habitat de nidification : Niche près des lacs et des rivières en forêt.

Nidification : Le nid est une dépression au sol garnie de brindilles, d'écorce, de mousse, d'aiguilles de conifères et de duvet. Construit sur une île ou relativement loin de l'eau, il est particulièrement bien dissimulé dans la végétation, souvent à l'abri d'un tronc d'arbre tombé ou sous un arbuste. La couvée compte généralement 6 à 8 oeufs et l'incubation, assurée par la cane, durerait 28 jours environ. Les petits quittent le nid quelques heures après l'éclosion et se rendent à l'eau en compagnie de la mère dont ils dépendent jusqu'à l'envol, qui se produit vers l'âge de 60 jours.

Macreuse brune (Macreuse à ailes blanches)
White-winged Scoter

p.38

Melanitta fusca

Présence et répartition : Niche en Radissonie, près de la baie James et du sud de la baie d'Hudson. Passe en migration dans toutes nos régions. Hiverne dans le golfe et sur les côtes des provinces maritimes.

Alimentation : Tant en été qu'en hiver, se nourrit principalement de mollusques, qu'elle capture en plongeant.

Habitat de nidification : Niche près des lacs ou des rivières dans le Nord.

Nidification : Situé près de l'eau, le nid est une simple dépression au sol garnie de brindilles et de feuilles ; il est habituellement bien dissimulé par un fourré ou dans la végétation herbacée. La femelle y pond généralement 9 oeufs et couve seule de 25 à 30 jours. Quelques heures après l'éclosion, les canetons se rendent à l'eau en compagnie de la mère dont ils dépendent durant deux semaines seulement. Ils sont souvent élevés en crèches multifamiliales et sont aptes à voler à l'âge de 63 à 77 jours.

Macreuse noire (Macreuse à bec jaune)   p.38
Black Scoter   *Melanitta nigra*

Présence et répartition : Niche au Nouveau-Québec. Passe dans toutes les régions du sud du Québec et des Maritimes. Quelques individus hivernent dans la baie de Fundy et sur la côte atlantique de la Nouvelle-Écosse.

Alimentation : Le régime alimentaire se compose principalement de crustacés et de mollusques, dont la moule, les escargots et les balanes. Dans les lieux de nidification, les femelles et les jeunes se nourrissent surtout d'insectes, de mollusques et d'un peu de végétaux.

Habitat de nidification : Niche près des lacs et des rivières de la toundra.

Nidification : Le nid est une dépression au sol garnie d'herbe et de duvet, habituellement bien dissimulé sous des arbustes denses, près de l'eau. La femelle pond généralement 7 ou 8 oeufs qu'elle commence à couver une fois la ponte terminée. Elle assure seule l'incubation durant 27 à 33 jours. Les canetons séjournent au nid moins de 48 heures et sont conduits à l'eau par la mère dont ils dépendent jusqu'à l'envol, vers l'âge de 45 à 50 jours.

Harelde kakawi (Canard kakawi)   p.40
Oldsquaw   *Clangula hyemalis*

Présence et répartition : Niche au Nouveau-Québec et dans l'Arctique. Passe dans nos régions, particulièrement dans les Maritimes, dans le golfe et le long de l'estuaire du Saint-Laurent. Hiverne près des côtes du Québec et des Maritimes.

Alimentation : Le régime alimentaire se compose essentiellement de crustacés et de mollusques, en particulier des moules. Plonge parfois à de grandes profondeurs pour se nourrir. En période de nidification, se nourrit de plantes aquatiques.

Habitat de nidification : Niche sur le littoral, ainsi qu'au bord des étangs et des lacs de la toundra.

Nidification : Le nid est une dépression dans le sol et il est situé tout près de l'eau. Puisqu'elle niche à découvert, la femelle s'installe dans un site où son plumage se marie avec l'environnement. La couvée compte généralement 7 oeufs. L'incubation, assurée par la cane, commence à la fin de la ponte et dure en moyenne 26 jours. Moins de 24 heures après l'éclosion, les petits sont conduits à l'eau par la mère. Aptes à voler à l'âge de 35 ou 40 jours, les jeunes deviennent alors autonomes.

Petit Garrot
Bufflehead

p.46

Bucephala albeola

Présence et répartition: Niche en Abitibi-Témiscamingue et au-delà, en Radissonie. Migre par toutes nos régions. Quelques individus hivernent sur les deux rives de la baie de Fundy et sur la côte atlantique de la Nouvelle-Écosse.

Alimentation: En été, l'adulte se nourrit d'insectes et de mollusques et, à l'occasion, de petits poissons et d'oeufs de poissons. En hiver, se nourrit surtout de crustacés et de mollusques capturés en eaux calmes et peu profondes.

Habitat de nidification: Niche près des petits étangs ou des lacs peu profonds en forêt, là où la végétation aquatique est peu abondante.

Nidification: Niche dans des trous d'arbres, y compris d'anciens nids de pics. La femelle pond généralement 6 à 11 oeufs et couve seule, une fois le dernier oeuf pondu, pendant 30 jours environ. Un peu plus de 24 heures après l'éclosion, les canetons se laissent choir au sol puis suivent la mère vers un plan d'eau pour s'y alimenter. Les jeunes sont aptes à voler vers l'âge de 50-55 jours et dépendent de leur mère jusqu'à l'âge de 35-42 jours.

Garrot à oeil d'or
Common Goldeneye

p.46

Bucephala clangula

Présence et répartition: Niche dans l'ensemble du Québec, mais très peu dans les régions fortement peuplées du sud. Dans les Maritimes, niche au Nouveau-Brunswick et à l'île du Cap-Breton. Hiverne au Québec le long du Saint-Laurent et sur les rivières libres de glaces; hiverne sur les côtes des Maritimes.

Alimentation: Le régime varie selon les saisons mais se compose essentiellement de mollusques, de crustacés et de larves d'insectes aquatiques capturés en plongée. Consomme aussi de petits poissons à l'occasion.

Habitat de nidification: Niche au bord des marais, des lacs et de cours d'eau aux rives boisées.

Nidification: Le nid est habituellement aménagé dans un trou d'arbre, y compris dans un ancien nid de Grand Pic; niche à l'occasion dans des nichoirs. La couvée compte généralement 8 à 10 oeufs que la femelle recouvre de duvet. L'incubation, qu'elle assure seule, débute avec la ponte du dernier oeuf et dure 30 jours en moyenne. Un peu plus de 24 heures après l'éclosion, les petits quittent le nid en sautant au sol et suivent la mère jusqu'à un plan d'eau. Ils dépendent d'elle jusqu'à l'âge de 50 jours, et prennent habituellement leur envol à l'âge de 56-66 jours.

Garrot d'Islande (Garrot de Barrow)   p.46
Barrow's Goldeneye   *Bucephala islandica*

Présence et répartition: Présent en migration et en hiver au Québec, il pourrait nicher sur la Côte-Nord. Dans nos régions, hiverne principalement dans les eaux côtières de l'estuaire et du golfe, et sur les côtes du Nouveau-Brunswick, de l'Île-du-Prince-Édouard et de la Nouvelle-Écosse.

Alimentation: Très territorial; au printemps, le mâle défend un territoire d'alimentation pour la femelle et celle-ci fait de même pour les canetons durant l'été.

Habitat de nidification: Niche près d'étangs ou de petits lacs aux rives boisées où il trouve des trous dans les arbres pour faire son nid.

Nidification: Niche dans des trous d'arbres ou dans des nichoirs artificiels. La cane pond généralement 8 à 11 oeufs. L'incubation, qu'elle assure seule, débute avec la ponte du dernier oeuf et dure de 28 à 30 jours. Un peu plus de 24 heures après l'éclosion, les canetons escaladent la paroi du trou, se laissent choir au sol puis suivent la mère jusqu'à un plan d'eau pour s'y alimenter. Ils dépendent d'elle jusqu'à l'âge de 42 jours et sont aptes à voler à l'âge de 56 jours.

Harle couronné (Bec-scie couronné)   p.44
Hooded Merganser   *Lophodytes cucullatus*

Présence et répartition: Niche dans l'ensemble du Québec méridional ainsi qu'au Nouveau-Brunswick et en Nouvelle-Écosse. De passage dans toutes nos régions, y compris à l'Île-du-Prince-Édouard. Quelques individus hivernent dans le sud des Maritimes.

Alimentation: Plonge pour capturer de petits poissons. Consomme aussi des insectes, des crustacés et des amphibiens.

Habitat de nidification: Niche surtout près des plans d'eau et des cours d'eau en forêt: petits lacs, étangs à castor, tourbières, rivières et ruisseaux.

Nidification: Le nid est aménagé dans un trou d'arbre, un ancien nid de pic ou même un nichoir artificiel. La couvée compte généralement 11 oeufs et l'incubation, assurée uniquement par la femelle, dure de 29 à 37 jours. Âgés d'un jour à peine, les canetons quittent le nid en sautant au sol. Ils suivent ensuite la mère jusqu'au plan d'eau le plus proche. Ils dépendent d'elle jusqu'à l'âge de 35 jours et peuvent voler vers l'âge de 71 jours.

Harle huppé (Bec-scie à poitrine rousse) p.44
Red-breasted Merganser *Mergus serrator*

Présence et répartition: Niche surtout dans le nord du Québec, dans l'estuaire, dans la baie des Chaleurs et aux îles de la Madeleine. Niche près des côtes des trois provinces maritimes. Hiverne sur la côte de l'estuaire du Saint-Laurent, en Gaspésie et dans les Maritimes.

Alimentation: Se nourrit surtout de petits poissons qu'il capture en plongeant. Mange aussi des crustacés, des mollusques, des vers, des insectes et des matières végétales.

Habitat de nidification: Fréquente les lacs, les rivières et le littoral en période de reproduction.

Nidification: Niche au sol près de l'eau. Le nid, fabriqué de végétaux et garni de duvet, est souvent dissimulé dans la végétation. La couvée compte généralement 7 à 10 oeufs que la femelle commence à couver une fois la ponte terminée et incube durant une trentaine de jours. Moins de 24 heures après l'éclosion, les canetons sont conduits sur le plan d'eau le plus proche par la femelle. Ils sont parfois regroupés en crèches de plusieurs nichées. Dépendants jusqu'à l'âge de 50 jours, les jeunes volent habituellement 60 à 70 jours après l'éclosion.

Grand Harle (Grand Bec-scie) p.44
Common Merganser *Mergus merganser*

Présence et répartition: Niche dans tout le sud du Québec jusqu'au 55e parallèle environ. Niche au Nouveau-Brunswick et en Nouvelle-Écosse. Hiverne au Québec dans les secteurs libres de glaces de certaines rivières et du fleuve, et dans les Maritimes.

Alimentation: Se nourrit essentiellement de poissons qu'il capture en plongeant. Consomme aussi des insectes, des crustacés, des mollusques et des amphibiens.

Habitat de nidification: Niche près des lacs et des rivières en forêt; partage l'habitat du Plongeon huard.

Nidification: Le nid est situé près de l'eau dans un trou d'arbre, parfois au sol. La femelle pond habituellement 8 oeufs quelle couve seule dès la fin de la ponte et durant une trentaine de jours. Les petits demeurent au nid un jour ou deux avant de se rendre au plan d'eau le plus proche pour s'alimenter. Ils sont dépendants de la mère jusqu'à l'envol qui survient vers l'âge de 60 à 70 jours.

Érismature rousse (Canard roux)   p.46
Ruddy Duck   *Oxyura jamaicensis*

Présence et répartition : Niche très localement et sporadiquement de l'Outaouais à la Côte-Sud, dans l'isthme de Chignectou et à Moncton. Passe occasionnellement dans toutes nos régions. Absent en hiver.

Alimentation : Le régime alimentaire est surtout constitué de végétaux, mais aussi de crustacés et d'insectes.

Habitat de nidification : Fréquente les marais et les étangs d'eau douce bordés de végétation émergente.

Nidification : La femelle construit, dans la végétation émergente dense, une plate-forme flottante. La couvée compte généralement 8 oeufs que la cane couve après la ponte du dernier oeuf et durant 23 à 26 jours. Moins de 24 heures après l'éclosion, les canetons suivent la mère à l'eau ; ils dépendent d'elle jusqu'à l'âge de 28 à 35 jours et prennent leur envol vers l'âge de 45 jours.

Balbuzard pêcheur (Balbuzard)   p.110
Osprey   *Pandion haliaetus*

Présence et répartition : Le nouvel oiseau emblématique de la Nouvelle-Écosse niche dans toutes nos régions. Absent en hiver.

Alimentation : Se nourrit essentiellement de poissons de toute taille qu'il prend dans ses serres en eau peu profonde. Vole habituellement sur place avant de plonger, les pieds devant, pour capturer sa proie.

Habitat de nidification : Niche habituellement près des lacs, des rivières et de la côte, mais parfois loin des lieux où il pêche.

Nidification : Le mâle construit un nid volumineux (parfois haut de 2 m et large de 1,5 m) à cause des branches qu'il accumule au fil des ans, au sommet d'un grand arbre, parfois au sol ou sur un rocher. La femelle pond généralement 3 oeufs qu'elle couve presque seule pendant une quarantaine de jours, dès la ponte du premier oeuf. Les petits séjournent au nid jusqu'à leur envol, vers l'âge de 53 jours. Ils demeurent dépendants des parents de 10 à 20 jours après la sortie du nid.

Pygargue à tête blanche
Bald Eagle

p.110

Haliaeetus leucocephalus

Présence et répartition : Le pygargue est classé comme espèce « menacée » au Québec où il niche très localement, au sud du 55ᵉ parallèle. Il niche dans les trois provinces maritimes ; c'est à l'île du Cap-Breton qu'on retrouve la plus forte densité de pygargues nicheurs dans l'est de l'Amérique du Nord. Passe en migration dans toutes les régions. Des individus hivernent au Québec, ainsi que dans le sud-ouest du Nouveau-Brunswick et de la Nouvelle-Écosse.

Alimentation : Se nourrit de poissons qu'il pêche ou qu'il trouve morts ; vole aussi les poissons capturés par les balbuzards. Mange des oiseaux et des mammifères à l'occasion.

Habitat de nidification : Niche en bordure des lacs et des grands cours d'eau, ou sur la côte.

Nidification : Les deux adultes construisent un nid immense avec des branches. Les nids sont souvent agrandis d'année en année, si bien qu'après 50 ans, un nid peut mesurer 6 m de haut et peser de 1 à 2 tonnes. La couvée compte généralement 2 oeufs que la femelle couve durant 34 à 46 jours, dès le début de la ponte. Les jeunes séjournent au nid de 70 à 88 jours ; les jeunes mâles sont capables de voler à 78 jours et les jeunes femelles, à 82 jours. Ils continuent de dépendre des adultes de 30 à 100 jours après l'envol.

Busard Saint-Martin
Northern Harrier

p.114

Circus cyaneus

Présence et répartition : Niche dans tout le Québec méridional et dans les Maritimes. Quelques individus se voient en hiver dans la vallée du Saint-Laurent, en Estrie et dans le sud des Maritimes.

Alimentation : Se nourrit notamment de mulots qu'il chasse en volant en rase-mottes. Mange d'autres petits mammifères, des grenouilles et des couleuvres.

Habitat de nidification : Niche dans les marais d'eau douce ou d'eau salée et dans les champs.

Nidification : Le nid, formé d'herbes et de brindilles, est dissimulé dans de hautes herbes. Le busard est un des rares rapaces à nicher au sol. La femelle pond généralement 4 à 6 oeufs qu'elle couve seule durant une trentaine de jours. Les petits séjournent au nid 15 jours environ et sont prêts à voler à un âge différent selon le sexe : 31-34 jours pour les mâles et 25-38 jours pour les femelles. Les jeunes dépendent des adultes jusqu'à l'âge de 56 jours.

Épervier brun
Sharp-shinned Hawk

p.114
Accipiter striatus

Présence et répartition : Niche dans toutes nos régions. S'observe aussi en hiver, notamment aux mangeoires où il capture des passereaux.

Alimentation : Les oiseaux, surtout les passereaux et les petits limicoles, comptent pour près de 95 % de son régime alimentaire ; consomme aussi de petits mammifères et des insectes. Au printemps, il est de retour avec les premières vagues de passereaux.

Habitat de nidification : Niche dans les forêts mixtes ou conifériennes denses.

Nidification : Placé généralement sur une branche de conifère, près du tronc, le nid est fait de petites branches et recouvert d'écorce à l'intérieur. C'est essentiellement la femelle qui construit le nid, bien que les deux adultes apportent des matériaux. La couvée compte généralement 3 à 5 oeufs et l'incubation débute lorsque la ponte est terminée. La femelle couve seule pendant 30 à 32 jours et le mâle la nourrit. Les jeunes séjournent au nid de 21 à 27 jours. Comme chez d'autres oiseaux de proie, l'âge à l'envol varie selon le sexe : de 21 à 30 jours pour les mâles et de 24 à 33 jours chez les femelles. Les jeunes demeurent dépendants des adultes jusqu'à un âge variant de 49 à 72 jours.

Épervier de Cooper
Cooper's Hawk

p.114
Accipiter cooperii

Présence et répartition : Niche localement de l'Outaouais à la Beauce, au Québec, où il est considéré comme « vulnérable ». Niche certaines années dans le sud-ouest du Nouveau-Brunswick. Hiverne parfois dans l'extrême-sud du Québec et arrive tôt au printemps.

Alimentation : Se nourrit essentiellement d'oiseaux : passereaux et, occasionnellement, espèces plus grosses, jusqu'à la taille d'un poulet. Mange aussi de petits mammifères, des reptiles, des amphibiens et des insectes.

Habitat de nidification : Niche dans les forêts mixtes et décidues de la zone de la forêt de feuillus.

Nidification : Le nid, formé de petites branches et posé dans une fourche d'arbre, est souvent situé près de l'eau. La femelle pond généralement 4 ou 5 oeufs et commence à couver à la ponte du troisième oeuf. Elle couve presque seule pendant une période de 32 à 36 jours ; le mâle lui apporte alors sa nourriture en la laissant tomber dans le nid. Les jeunes séjournent au nid jusqu'à ce qu'ils puissent voler : 30 jours (mâles) ou 34 jours (femelles). Ils demeurent dépendants des parents de 30 à 53 jours après l'envol.

Autour des palombes
Northern Goshawk

p.114
Accipiter gentilis

Présence et répartition: Habite en permanence toutes les régions des Maritimes et du Québec où il est plus rare à l'est du Bas-Saint-Laurent.

Alimentation: Se nourrit principalement de gélinottes et de lièvres dans le sud, de lagopèdes et de lemmings dans le nord.

Habitat de nidification: Niche principalement dans les forêts de feuillus âgés, y compris dans les peuplements de bouleaux et de peupliers en zone mixte et boréale.

Nidification: Construit surtout par la femelle, le nid est généralement installé dans la fourche d'un arbre. Il est formé de branches et recouvert d'écorce. La femelle pond 2 à 4 oeufs et couve, dès la ponte du dernier oeuf, pendant 30 à 38 jours. Les jeunes sont nourris au nid par les parents pendant 35 jours environ. Comme chez les autres éperviers, l'âge de l'envol varie selon le sexe: 35-36 jours pour le mâle, 40-42 jours pour la femelle. Les jeunes dépendent des adultes jusqu'à l'âge de 70 jours.

Buse à épaulettes
Red-shouldered Hawk

p.112
Buteo lineatus

Présence et répartition: Niche de l'Outaouais à Québec et, localement, un peu au-delà ainsi que dans le sud-ouest du Nouveau-Brunswick. Visite les autres régions.

Alimentation: Se nourrit surtout de grenouilles, de crapauds et de petits mammifères. Capture aussi à l'occasion de petits oiseaux, de petits poissons et des insectes.

Habitat de nidification: Niche dans les érablières âgées de la zone décidue, particulièrement là ou le sol est relativement humide.

Nidification: Le nid, formé de branches, recouvert d'écorce et garni de duvet, est placé généralement dans la fourche d'un grand arbre. Le mâle et la femelle réutilisent souvent le même nid d'année en année ou utilisent un vieux nid comme fondation pour la construction du leur. La couvée compte en moyenne 3 ou 4 oeufs et l'incubation débute avec la ponte de l'avant-dernier oeuf. La femelle couve pratiquement seule, de 28 à 35 jours. Après l'éclosion, les jeunes demeurent au nid de 35 à 42 jours, s'aventurant à l'extérieur quelques jours avant l'envol qui a lieu vers l'âge de 45 jours. Les jeunes demeurent dépendants des parents pendant une période de 56 à 70 jours après l'envol.

Petite Buse
Broad-winged Hawk

p.112
Buteo platypterus

Présence et répartition: Niche de l'Abitibi à Sept-Îles et dans les Maritimes, sauf à l'île du Cap-Breton et à l'Île-du-Prince-Édouard. Migratrice, elle passe en grand nombre vers la mi-mai dans le sud du Québec.

Alimentation: Le régime alimentaire de cette buse se compose principalement d'amphibiens et de petits mammifères; se nourrit aussi de petits oiseaux à l'occasion.

Habitat de nidification: Niche dans les érablières et les forêts mixtes.

Nidification: Le nid, formé de branches et de feuilles, est installé dans la fourche principale d'un arbre de bonne dimension. La femelle pond généralement 2 ou 3 oeufs. La femelle couve seule dès la ponte du premier oeuf, et pendant 28 à 31 jours. Les jeunes séjournent au nid durant une trentaine de jours et sont aptes à l'envol vers l'âge de 35 jours. Ils demeurent dépendants des parents jusqu'à l'âge de 50 à 56 jours.

Buse à queue rousse
Red-tailed Hawk

p.112
Buteo jamaicensis

Présence et répartition: Niche dans tout le Québec méridional, sauf aux îles de la Madeleine, ainsi que dans les Maritimes. C'est la seule buse qui niche chaque année à l'Île-du-Prince-Édouard. Quelques individus hivernent parfois dans l'extrême-sud du Québec et des Maritimes.

Alimentation: La diète de cette buse est constituée principalement de rongeurs et d'autres petits mammifères qu'elle chasse en milieu ouvert. Elle capture aussi à l'occasion des oiseaux, des reptiles et des amphibiens.

Habitat de nidification: Niche dans les grands arbres à proximité des champs où elle chasse.

Nidification: Le nid est construit par les deux adultes avec des branches et des brindilles; ils utilisent parfois un ancien nid comme base pour la construction de leur nouveau. La femelle pond 2 oeufs, parfois plus et l'incubation débute avec la ponte de l'avant-dernier oeuf. Le mâle couve un peu, mais c'est surtout la femelle qui assure l'incubation pendant 30 à 34 jours. Après l'éclosion, les petits demeurent au nid 45 jours et sont aptes à l'envol vers 60 jours. Les jeunes dépendent des parents jusqu'à l'âge de 85 à 105 jours.

Buse pattue
Rough-legged Hawk

p.112

Buteo lagopus

Présence et répartition : Niche au Nouveau-Québec et sur la basse Côte-Nord. Passe partout dans nos régions en migration ; quelques individus y hivernent en nombre variable selon les années.

Alimentation : Chasse en terrain découvert et vole parfois sur place afin de repérer ses proies. Dans l'Arctique, les lemmings et les mulots comptent pour 80 % à 90 % de son alimentation. En migration et en hiver, mange aussi d'autres rongeurs, des grenouilles et des petits oiseaux posés au sol.

Habitat de nidification : Niche surtout en milieu ouvert.

Nidification : Le nid se trouve généralement sur une falaise ou un escarpement. Il est composé de branches et de plantes herbacées, et son intérieur est tapissé d'herbes, de plumes et de poils. Le couple peut réutiliser le même nid durant plusieurs années. La couvée compte généralement 3 à 5 oeufs ; l'incubation, assurée par la femelle, débute dès la ponte du premier oeuf et dure une trentaine de jours. Les deux parents nourrissent les petits au nid pendant 40 jours environ. L'âge à l'envol varie selon le sexe : 34-36 jours chez le mâle et 40-45 jours chez la femelle. Les jeunes dépendent des parents de 20 à 35 jours après l'envol.

Aigle royal
Golden Eagle

p.110

Aquila chrysaetos

Présence et répartition : Niche au Nouveau-Québec et dans les Chic-Chocs en Gaspésie. Cette espèce est classée « vulnérable » au Québec. Niche peut-être dans le centre-nord du Nouveau-Brunswick et dans les hautes-terres du Cap-Breton. Peut passer en migration dans toutes nos régions et hiverne irrégulièrement dans celles situées le plus au sud.

Alimentation : Se nourrit principalement de petits mammifères et d'oiseaux qu'il chasse en milieux ouverts.

Habitat de nidification : Niche sur les corniches des falaises dans les montagnes, qu'elles soient boisées ou dénudées.

Nidification : Aménage son aire sur une corniche rocheuse, dans une falaise. Les deux adultes participent à la construction du nid qui peut être réutilisé d'année en année. La femelle pond généralement 2 oeufs et assure en grande partie l'incubation, dès la ponte du premier oeuf et pendant 43 à 45 jours. Les aiglons séjournent au nid jusqu'à l'âge de l'envol, 65 à 70 jours après l'éclosion. Ils demeurent dépendants des adultes jusqu'à 100 jours plus tard.

Crécerelle d'Amérique
American Kestrel

p.116
Falco sparverius

Présence et répartition : Niche dans toutes les régions du Québec méridional et des Maritimes ; c'est le faucon dont l'aire de nidification est la plus étendue dans l'est du Canada. Se voit quelquefois en hiver dans le sud du Québec et de la Nouvelle-Écosse.

Alimentation : Chasse en milieu ouvert, à l'affût ou en volant sur place au-dessus des champs. Le menu de ce petit faucon est fort varié : petits mammifères (souris et mulots), petits passereaux, gros insectes (sauterelles, cigales et coléoptères). Mange surtout des mammifères et des oiseaux au début de la saison de reproduction, puis des insectes. Capture parfois des oiseaux aux mangeoires en hiver.

Habitat de nidification : Niche dans les trous d'arbres, quelquefois dans les nichoirs, en bordure de milieu ouvert.

Nidification : La femelle pond généralement 4 ou 5 oeufs, directement au fond de la cavité ; les deux parents couvent durant 30 jours environ. Les petits demeurent au nid une trentaine de jours, soit jusqu'à ce qu'ils soient aptes à l'envol, puis dépendent encore des adultes pendant 14 à 28 jours.

Faucon émerillon
Merlin

p.116
Falco columbarius

Présence et répartition : Niche dans presque toutes les régions du Québec méridional et des Maritimes, mais très localisé plus au sud, des rives de l'Outaouais à la Beauce, régions où on le voit surtout en migration. Généralement absent en hiver.

Alimentation : Se nourrit surtout de petits oiseaux et, quelquefois, de petits mammifères (chauve-souris, écureuils, souris, campagnols) qu'il chasse à découvert. Profite souvent des rassemblements de limicoles en migration. Sa technique est caractéristique : il vole près du sol, puis remonte au dernier moment, faisant fuir les oiseaux qu'il rattrape en vol.

Habitat de nidification : Niche dans les arbres, en utilisant d'anciens nids, notamment ceux de la corneille ou du corbeau. Peut également nicher sur une falaise ou au sol.

Nidification : Le nid est parfois garni de brindilles ou de plumes, parfois de plantes vertes. La femelle pond généralement 4 ou 5 oeufs qu'elle couve en grande partie durant une trentaine de jours. Les petits demeurent au nid 25 jours environ et sont capables de voler vers l'âge de 29 à 34 jours. Ils demeurent dépendants des adultes de 7 à 28 jours après la sortie du nid.

Faucon pèlerin
Peregrine Falcon

p.116
Falco peregrinus

Présence et répartition : Espèce «vulnérable» dont la situation s'est particulièrement améliorée ces dernières années au Québec. Dans le nord du Québec, la sous-espèce *tundrius* semble maintenant rétablie et dans le sud, la sous-espèce *anatum* niche localement de l'Outaouais à la Côte-Nord. Dans les Maritimes, niche localement sur les deux rives de la baie de Fundy.

Alimentation : Chasse principalement des oiseaux (bécasseaux, canards, etc.) qu'il capture en vol. Dans les villes, sa principale proie est le Pigeon biset. Mange aussi des mammifères et des insectes.

Habitat de nidification : Niche sur des corniches dans les falaises ; tire profit des gratte-ciel et des ponts, dans les villes.

Nidification : L'aire se trouve généralement dans une dépression à même la corniche d'une falaise. Le nid est parfois situé sur la paroi d'un gratte-ciel ou sur la structure d'un pont. La couvée compte généralement 3 ou 4 oeufs. L'incubation, assurée principalement par la femelle durant une période variant de 28 à 35 jours, débute avec la ponte de l'avant-dernier oeuf. Les fauconneaux demeurent habituellement au nid de 35 à 42 jours après l'éclosion et sont capables de voler à 39-46 jours dans le cas des mâles et à 41-49 jours pour les femelles. Après l'envol, ils demeurent dépendants des adultes pendant au moins 30 jours.

Faucon gerfaut
Gyrfalcon

p.116
Falco rusticolus

Présence et répartition : Niche dans l'Arctique et dans l'Ungava et hiverne normalement au Nouveau-Québec. Visite occasionnellement les régions du sud du Québec et des Maritimes en hiver.

Alimentation : Repère ses proies de haut, mais peut aussi les surprendre en volant en rase-mottes. Se nourrit surtout d'oiseaux, principalement de lagopèdes, durant la saison de reproduction. Mange aussi des mammifères, des canards et des limicoles.

Habitat de nidification : Niche sur les falaises de la toundra.

Nidification : L'aire est une simple dépression, sur une corniche, dans laquelle la femelle pond 3 ou 4 oeufs. L'incubation, assurée presque exclusivement par la femelle, débute avec la ponte du troisième oeuf et dure de 34 à 36 jours. L'âge à l'envol est de 45-47 jours pour le jeune mâle et de 47-50 jours pour la femelle. Les fauconneaux dépendent encore des parents pendant 25 jours environ après le départ du nid.

Perdrix grise
Gray Partridge

p.124
Perdix perdix

Présence et répartition : Originaire d'Eurasie, elle a été introduite au Québec où elle habite maintenant en permanence, de l'Outaouais à la Beauce. Établie également à l'Île-du-Prince-Édouard et en Nouvelle-Écosse.

Alimentation : Le régime alimentaire des adultes est principalement constitué de graminées, de trèfle et de mauvaises herbes ; les jeunes se nourrissent principalement d'insectes.

Habitat de nidification : Niche dans les champs où la végétation la dépasse en hauteur.

Nidification : La femelle aménage seule, dans le sol, une dépression garnie de brindilles. La couvée compte généralement 10 à 20 oeufs. Avant de couver, elle les recouvre d'herbe afin de les dissimuler aux prédateurs, auxquels ils sont très vulnérables. Après la ponte du dernier oeuf, la femelle couve de 23 à 25 jours. Les poussins quittent le nid quelques heures après l'éclosion et commencent à suivre les parents. Capables de voler dès l'âge de 13 à 16 jours, les perdreaux demeurent dépendants des parents jusqu'à l'hiver.

Faisan de Colchide (Faisan de chasse)
Ring-necked Pheasant

p.124
Phasianus colchicus

Présence et répartition : Quelques mentions de nidification ont déjà été enregistrées dans les régions de Montréal, de l'Outaouais et de l'Estrie. Acclimaté dans le sud-ouest de la Nouvelle-Écosse, dans l'isthme de Chignectou et dans l'ouest du Nouveau-Brunswick.

Alimentation : Essentiellement végétarien, il se nourrit de graines, de céréales, de glands et de petits fruits ; il mange aussi des souris à l'occasion.

Habitat de nidification : Niche dans les pâturages et les champs de céréales.

Nidification : La femelle garnit de feuilles et d'herbes une simple dépression dans le sol. Elle pond généralement 8 à 15 oeufs qu'elle couve seule, dès la ponte terminée, pendant 23-25 jours. Les poussins quittent le nid peu après l'éclosion et commencent à se nourrir en compagnie de la mère. Capables de voler dès l'âge de 12 jours, ils demeurent dépendants d'elle jusqu'à l'âge de 70 à 80 jours.

Gélinotte huppée
Ruffed Grouse

p.126
Bonasa umbellus

Présence et répartition : Sédentaire en forêt dans tout le Québec méridional jusqu'à la taïga et dans toutes les régions des Maritimes.

Alimentation : Menu variable selon les saisons : bourgeons de peuplier et de bouleau, graines et fruits en hiver ; bourgeons de peuplier faux-tremble au printemps ; fruits et champignons en été.

Habitat de nidification : Niche dans les forêts de feuillus ou mixtes, jusqu'en zone boréale.

Nidification : Le nid est une simple dépression du sol, habituellement à la base d'un arbre, d'une souche ou d'un rocher. La femelle le garnit de feuilles et de plumes. Elle pond généralement de 10 à 14 oeufs qu'elle couve, la ponte terminée, pendant 21 à 24 jours. Les poussins quittent le nid peu de temps après l'éclosion et partent avec la mère s'alimenter dans la forêt. Dès l'âge de 10 à 12 jours, ils peuvent voler sur de courtes distances ; ils dépendent de la mère jusqu'à l'âge de 84 à 105 jours.

Tétras du Canada
Spruce Grouse

p.126
Falcipennis canadensis

Présence et répartition : Nicheur sédentaire de la forêt boréale du Québec et de la forêt acadienne des Maritimes ; absent des forêts mixtes ou feuillues.

Alimentation : L'alimentation varie selon les saisons. En été, se nourrit de fruits, de champignons, d'insectes et de plantes vertes ; en hiver, consomme des aiguilles et des bourgeons terminaux de conifères.

Habitat de nidification : Niche dans les pessières et les sapinières où la végétation arbustive est relativement dense.

Nidification : La femelle garnit d'herbes fines, d'aiguilles de conifères et de lichens une dépression au sol, dissimulée sous une grosse branche de conifère, sous un tronc ou dans un amoncellement de branches mortes. Elle pond généralement 6 à 8 oeufs. L'incubation débute avec la ponte du dernier oeuf et dure de 21 à 24 jours. Les poussins quittent le nid peu après l'éclosion et suivent la mère dans la forêt ; ils peuvent voler sur de courtes distances dès l'âge de 10 jours mais demeurent dépendants de la mère jusqu'à l'âge de 70 à 100 jours.

Lagopède des saules p.126
Willow Ptarmigan *Lagopus lagopus*

Présence et répartition: Niche au Nouveau-Québec et sur la basse Côte-Nord. Se déplace irrégulièrement l'hiver, descendant parfois jusqu'en Abitibi, au Saguenay-Lac-Saint-Jean et sur la Côte-Nord.

Alimentation: Le régime alimentaire du lagopède varie selon les saisons: tiges et bourgeons de saules en hiver; tiges de l'airelle et bleuets secs au printemps; feuilles et plantes herbacées en été.

Habitat de nidification: Niche dans la toundra arctique.

Nidification: Le nid est une simple dépression au sol garnie de débris végétaux et de plumes, et souvent abrité par des arbustes. La femelle pond généralement 7 à 10 oeufs. L'incubation débute avec la ponte de l'avant-dernier ou du dernier oeuf et dure de 19 à 26 jours. La femelle couve tandis que le mâle se tient à proximité afin de défendre le territoire. Les poussins quittent le nid quelques heures à peine après l'éclosion et suivent les adultes pour s'alimenter dans la taïga. Capables de voler sur de courtes distances dès l'âge de 12-13 jours, ils demeurent dépendants des parents jusqu'à l'âge 42 à 70 jours.

Tétras à queue fine (Gélinotte à queue fine) p.126
Sharp-tailed Grouse *Tympanuchus phasianellus*

Présence et répartition: Nicheur sédentaire en Abitibi et plus au nord, dans la plaine de la Radissonie.

Alimentation: Le régime alimentaire des adultes est composé à 90 % de végétaux (fruits, bourgeons, graines) et à 10 % d'insectes (sauterelles, criquets) et d'araignées. Les poussins consomment beaucoup d'insectes.

Habitat de nidification: Niche dans les tourbières dégagées, les brûlés et les anciennes coupes forestières en regain.

Nidification: Le nid est une simple dépression au sol que la femelle garnit de brindilles, d'herbes et de plumes; il est abrité par une touffe d'herbe, un buisson ou une souche. La femelle pond généralement 12 ou 13 oeufs et couve seule, dès la ponte du dernier oeuf, pendant 23 à 24 jours. Les poussins quittent le nid quelques heures après l'éclosion et commencent à suivre la mère qui les guide vers un endroit où abondent les insectes. Capables de voler sur de courtes distances dès l'âge de 10 jours, ils demeurent dépendants de la mère jusqu'à l'âge de 42 à 56 jours.

Dindon sauvage
Wild Turkey

p.124

Meleagris gallopavo

Présence et répartition : Sédentaire dans l'extrême sud-ouest de la Montérégie ; considéré comme « vulnérable » au Québec. Ces dindons, qui nichent près de la frontière, proviennent de populations relâchées dans le nord de l'État de New-York.

Alimentation : Se nourrit principalement de graines, de fruits et de feuilles ; consomme aussi des insectes (criquets), des invertébrés et des amphibiens.

Habitat de nidification : Niche dans les forêts de feuillus âgées.

Nidification : Au sol près d'un arbre renversé ou sous un buisson, la femelle garnit une simple dépression de feuilles mortes. La couvée compte généralement 10 à 12 oeufs que la femelle couve, la ponte terminée, pendant 28 jours environ. Les petits quittent le nid moins de 24 heures après l'éclosion et suivent la mère pour s'alimenter dans la forêt. Capables d'aller se percher dans les arbres pour y passer la nuit avec la mère dès l'âge de 9 à 14 jours, les dindonneaux demeurent avec elle jusqu'à la fin de l'automne ou le début de l'hiver.

Râle jaune
Yellow Rail

p.62

Coturnicops noveboracensis

Présence et répartition : Cette espèce « vulnérable » au Québec niche le long du Saint-Laurent, au Saguenay et à la baie James. Niche rarement au Nouveau-Brunswick et en Nouvelle-Écosse. Absent en hiver.

Alimentation : Se nourrit essentiellement d'invertébrés, notamment d'insectes. Consomme aussi des escargots et des graines.

Habitat de nidification : Niche dans la partie supérieure des marais saumâtres, dans les marais d'eau douce ainsi que dans les prairies humides.

Nidification : Le mâle et la femelle construisent ensemble le nid avec de la végétation morte ; de la forme d'une coupe, il est dissimulé sous les tiges séchées de l'année précédente. La couvée compte généralement 7 à 10 oeufs que la femelle couve seule, une fois la ponte terminée, pendant 17-18 jours. Les petits quittent le nid environ 48 heures après l'éclosion et suivent la mère dans la végétation environnante. Ils dépendent d'elle jusqu'à l'âge de 21 jours environ et sont capables de voler à l'âge de 35 jours. Il semble que le mâle participe à l'élevage des petits une fois ceux-ci hors du nid.

Râle de Virginie
p.62

Virginia Rail
Rallus limicola

Présence et répartition: Niche de l'Outaouais au Saguenay et en Abitibi. Niche dans l'ensemble des Maritimes. Absent en hiver.

Alimentation: Le régime alimentaire de ce râle est composé essentiellement d'insectes, d'escargots et de vers qu'il trouve en fouillant l'eau et la vase de son bec. Il consomme aussi des plantes et des graines.

Habitat de nidification: Niche principalement dans les marais d'eau douce où abondent les plantes émergentes. On le retrouve aussi quelquefois dans les marais d'eau salée.

Nidification: La femelle construit une coupe suspendue à la végétation environnante ou aménagée au sol dans les parties sèches des marais. Elle pond généralement 7 à 12 oeufs; l'incubation, assurée par les deux adultes, débute avec la ponte de l'avant-dernier oeuf et dure 18 à 20 jours. Bien qu'ils puissent courir et nager dès le premier jour, les petits séjournent au nid 3 ou 4 jours. Aptes à voler à l'âge de 25 ou 28 jours, Ils dépendent des adultes jusqu'à l'âge de 15 à 42 jours.

Marouette de Caroline (Râle de Caroline)
p.62

Sora
Porzana carolina

Présence et répartition: Nicheur migrateur dans tout le Québec méridional et dans les trois provinces maritimes. Absente en hiver.

Alimentation: Se nourrit essentiellement de végétaux (graines de renouées, de lentilles d'eau et de riz sauvage); mange aussi des insectes et des mollusques.

Habitat de nidification: Niche dans les marais d'eau douce où la végétation émergente est abondante. On la trouve aussi dans les marais salés.

Nidification: Le nid, construit par la femelle, est fait de plantes et fixé habituellement à la végétation. La couvée compte généralement 10 à 12 oeufs. L'incubation est assurée par les deux adultes, habituellement dès la ponte du deuxième oeuf, et prend fin 16 à 20 jours après la ponte du dernier oeuf. L'éclosion s'étale donc sur plusieurs jours et il arrive que le mâle construise un deuxième nid, près du premier, pour s'occuper des petits tant que les derniers oeufs ne sont pas éclos. Les jeunes peuvent marcher dès le premier jour mais ne quittent pas le nid avant l'âge de 3 ou 4 jours. Capables de voler à 21-28 jours, ils demeurent dépendants des parents pour une période supplémentaire de 16 à 32 jours.

Gallinule poule-d'eau (Poule-d'eau) p.62
Common Moorhen *Gallinula chloropus*

Présence et répartition : Niche de l'Outaouais à Trois-Rivières, plus localement à l'Est, et dans l'isthme de Chignectou dans les Maritimes. Absente en hiver.

Alimentation : Marche sur les plantes flottantes à la recherche de sa nourriture, composée principalement de plantes mais aussi d'insectes et d'escargots.

Habitat de nidification : Niche dans les marais d'eau douce où pousse une abondante végétation émergente, composée notamment de quenouilles. Fréquente aussi les rivières calmes.

Nidification : Le nid, construit par le mâle et la femelle, est une plate-forme de plantes aquatiques placée au-dessus de l'eau. La femelle pond généralement 5 à 9 oeufs que couvent les deux membres du couple, dès la ponte terminée, pendant 19 à 22 jours. Les petits quittent le nid au cours de la première ou de la deuxième journée suivant l'éclosion. Aptes à voler à l'âge de 60 à 65 jours, ils demeurent dépendants des parents jusqu'à l'âge de 72 jours.

Foulque d'Amérique p.62
American Coot *Fulica americana*

Présence et répartition : Niche de l'Outaouais à Trois-Rivières et en Abitibi. Dans les Maritimes, niche principalement dans l'isthme de Chignectou. Se voit à l'occasion dans les autres régions. Absente en hiver.

Alimentation : La foulque se nourrit de plantes, d'insectes et d'invertébrés qu'elle trouve à la surface de l'eau ou capture en plongeant.

Habitat de nidification : Niche sur les plans d'eau douce bordés de marais.

Nidification : Le nid, construit par le mâle et la femelle, est une plate-forme de plantes suspendue à la végétation environnante. Il est souvent situé près de l'eau libre, dans le marais. La couvée compte généralement 8 à 12 oeufs ; les deux parents couvent durant 23 jours en moyenne, une fois la ponte terminée. Les petits quittent le nid moins de 24 heures après l'éclosion et suivent la mère sur l'eau. Aptes à l'envol à l'âge de 75 jours, les jeunes demeurent cependant près des parents jusqu'à l'âge de 80 jours.

Grue du Canada
Sandhill Crane

p.64

Grus canadensis

Présence et répartition : Niche à la baie James et près de la baie d'Hudson. Passe régulièrement en Abitibi, rarement dans les autres régions.

Alimentation : Le menu varie en fonction des saisons et des habitats fréquentés. En saison de reproduction, la grue mange des petits fruits, des insectes, de petits poissons, des grenouilles, des larves et des araignées ; en hiver, elle se nourrit principalement de grains demeurés au sol après la récolte, dans les champs cultivés.

Habitat de nidification : Niche dans de grands marais où l'eau est peu profonde. Au Québec, fréquente en été les tourbières, les étangs, les ruisseaux et les marais côtiers.

Nidification : La composition du nid varie selon le milieu et les matériaux disponibles. La femelle pond généralement 2 oeufs ; les deux parents commencent à couver dès la ponte du premier. L'incubation dure environ 30 jours. Les petits, habiles coureurs, quittent le nid moins de 24 heures après leur naissance et vont s'alimenter avec leurs parents. Aptes à voler à l'âge de 65 à 90 jours, ils dépendent des parents pendant 9 à 10 mois.

Pluvier argenté
Black-bellied Plover

p.72

Pluvialis squatarola

Présence et répartition : De passage dans toutes les régions du Québec et des Maritimes ; plus abondant en automne qu'au printemps.

Alimentation : En migration, se nourrit d'insectes, de vers, de petits mollusques et de crustacés sur les rivages ; s'alimente aussi d'insectes dans les champs et les prés humides. Mange surtout des insectes en période de reproduction.

Habitat de nidification : Niche dans la toundra arctique.

Nidification : Le nid est une simple dépression dans le sol, garnie de lichens et de mousse. La couvée compte généralement 4 oeufs que les deux adultes couvent durant une période d'environ 27 jours. Les petits quittent le nid quelques heures après l'éclosion et se nourrissent en compagnie des parents dont ils dépendent jusqu'à l'envol, qui survient vers l'âge de 23 jours.

Pluvier bronzé (Pluvier doré d'Amérique) p.72
American Golden-Plover *Pluvialis dominica*

Présence et répartition : Passe en migration dans toutes les régions du Québec et des Maritimes ; beaucoup plus rare au printemps qu'en automne.

Alimentation : En migration, se nourrit fréquemment d'insectes dans les champs labourés et les prés ; consomme aussi de petits mollusques et des crustacés dans les marais côtiers.

Habitat de nidification : Niche en milieu sec dans la toundra arctique.

Nidification : Le nid est une simple dépression du sol, garnie de morceaux de lichen. La couvée compte généralement 4 oeufs que les deux adultes couvent durant 26 jours. Les petits quittent le nid quelques heures seulement après l'éclosion et s'aventurent à proximité pour s'alimenter en compagnie des parents dont ils dépendent jusqu'à l'envol, vers l'âge de 22 ou 24 jours.

Pluvier semipalmé p.72
Semipalmated Plover *Charadrius semipalmatus*

Présence et répartition : Niche au Nouveau-Québec, à Anticosti, sur la basse Côte-Nord et aux îles de la Madeleine. Nicheur très localisé dans les trois provinces maritimes. Passe dans toutes nos régions ; assez commun au début de l'automne. Absent en hiver.

Alimentation : Se nourrit principalement de mollusques, de crustacés, de vers et d'insectes qu'il capture sur les plages et dans les vasières.

Habitat de nidification : Niche sur les plages et à l'intérieur des terres ; dans le nord du Québec, fait même son nid dans le gravier le long des routes et sur les pistes d'atterrissage abandonnées.

Nidification : Le nid est une simple dépression garnie de quelques débris végétaux, que le mâle creuse dans le sable ou le gravier. La couvée compte généralement 4 oeufs que les deux adultes couvent de 23 à 25 jours. Les petits quittent le nid quelques heures à peine après l'éclosion pour aller se nourrir en compagnie des parents. Ils exécutent leur premier vol à l'âge de 22 à 31 jours.

Pluvier siffleur
Piping Plover

p.72

Charadrius melodus

Présence et répartition : Niche aux îles de la Madeleine ; nichait autrefois en Gaspésie et sur la basse Côte-Nord. L'espèce est considérée « en danger » au Québec et dans les Maritimes, où elle niche localement sur les côtes des trois provinces. Absent en hiver.

Alimentation : Se nourrit de mollusques, de crustacés, de vers marins et d'insectes sur le haut des plages. Marche rapidement et s'arrête brusquement pour capturer une proie.

Habitat de nidification : Niche au sec sur les plages de sable parsemées de cailloux et de débris de coquillages.

Nidification : Le nid, rudimentaire, est une simple dépression dans le sable, garnie quelquefois de petits morceaux de coquillages. La femelle pond généralement 4 oeufs que les deux adultes couvent durant 28 jours environ. Les petits quittent le nid quelques heures seulement après l'éclosion pour courir s'alimenter sur la plage. Ils demeurent dépendants des parents de 21 à 25 jours et parfois jusqu'à l'automne ; ils sont aptes à voler 21 à 35 jours après l'éclosion.

Pluvier kildir
Killdeer

p.72

Charadrius vociferus

Présence et répartition : Commun. Niche dans toutes les régions habitées du Québec méridional et des Maritimes ; très localisé à l'île du Cap-Breton. Arrive très tôt au printemps.

Alimentation : Se nourrit essentiellement d'insectes : sauterelles, criquets, coléoptères, chenilles, tiques. Il consomme aussi à l'occasion des grenouilles et d'autres petits vertébrés.

Habitat de nidification : Niche en milieux ouverts, là où la végétation est rare, rase ou absente ; on trouve des nids dans les labours et les pâturages, en bordure des routes et même sur le toit des édifices.

Nidification : Le nid, plutôt rudimentaire, est une simple dépression que le mâle creuse dans le sol et dans laquelle la femelle pond généralement 4 oeufs. L'incubation, assurée par les deux parents dès la ponte du dernier oeuf, dure de 24 à 29 jours. Les petits quittent le nid quelques heures à peine après l'éclosion et courent s'alimenter eux-mêmes en compagnie des parents dont ils dépendent pendant une quarantaine de jours. Ils savent voler 25 à 40 jours après l'éclosion.

Grand Chevalier
Greater Yellowlegs

p.76
Tringa melanoleuca

Présence et répartition: Niche au Nouveau-Québec, dans le nord de l'Abitibi, sur la Côte-Nord et à l'île d'Anticosti. Dans les Maritimes, niche dans l'est de la Nouvelle-Écosse, notamment dans les hautes-terres du Cap-Breton. Passe en migration dans toutes les régions; absent en hiver.

Alimentation: Se nourrit dans la boue ou dans l'eau peu profonde, immergeant parfois complètement ses pattes. Mange des crustacés, de petits poissons, des vers et des insectes.

Habitat de nidification: Niche près des lacs et dans les tourbières de la forêt boréale et de la taïga.

Nidification: Le nid est en une simple dépression dans le sol, garnie de mousse, de brindilles et de feuilles. La couvée compte généralement 4 oeufs qui sont vraisemblablement incubés par les deux adultes durant environ 23 jours. Les petits quittent le nid peu après l'éclosion pour s'alimenter en compagnie des parents. Les jeunes peuvent voler vers l'âge de 18 à 20 jours.

Petit Chevalier
Lesser Yellowlegs

p.76
Tringa flavipes

Présence et répartition: Niche à la baie James. Passe en migration dans toutes nos régions; absent en hiver.

Alimentation: Capture ses proies à la surface de l'eau ou dans la vase. Peut aller dans l'eau jusqu'à ce qu'il en ait à l'abdomen. Consomme principalement des insectes terrestres et aquatiques, des crustacés, des vers, de petits poissons et des gastéropodes.

Habitat de nidification: Niche en forêt boréale dans les tourbières et les clairières.

Nidification: Le nid est une simple dépression dans le sol, garnie de feuilles et d'herbe. La femelle pond généralement 4 oeufs et les deux parents couvent pendant 22-23 jours, une fois la ponte terminée. Les petits quittent le nid quelques heures après l'éclosion et peuvent voler vers l'âge de 23 à 25 jours.

Chevalier solitaire
Solitary Sandpiper

p.76

Tringa solitaria

Présence et répartition : Niche du Témiscamingue à la Côte-Nord et au-delà jusqu'au nord de la taïga ; niche très localement au sud du Saint-Laurent, au Nouveau-Brunswick et à l'île du Cap-Breton. De passage dans toutes les régions et absent en hiver.

Alimentation : Se nourrit en eau peu profonde d'insectes aquatiques, de larves d'insectes, de petits crustacés et de petites grenouilles.

Habitat de nidification : Niche en terrain ouvert et humide, en forêt boréale : marais boisés, petits lacs, étangs de castors.

Nidification : Utilise des nids abandonnés de passereaux de la taille du Merle d'Amérique, du Quiscale rouilleux ou du Mésangeai du Canada, qui sont placés dans les arbres. La femelle y pond généralement 4 oeufs qu'elle couve vraisemblablement seule durant 23-24 jours. Les petits quittent le nid peu de temps après l'éclosion ; on ne connaît pas l'âge de l'envol.

Chevalier semipalmé
Willet

p.74

Catoptrophorus semipalmatus

Présence et répartition : Visite rarement le Québec. Dans les Maritimes, niche principalement sur la côte du sud-est du Nouveau-Brunswick, ainsi que sur les côtes de la Nouvelle-Écosse et de l'Île-du-Prince-Édouard.

Alimentation : Se nourrit de crabes, de petits poissons, de petits mollusques, de vers marins et d'insectes aquatiques.

Habitat de nidification : Niche dans les marais littoraux ou sur le rivage de la côte atlantique.

Nidification : Le nid, simple dépression creusée dans le sol et garnie d'herbe, est soit dissimulé dans la végétation, soit placé à découvert sur le sable. La femelle pond généralement 4 oeufs et l'incubation, assurée par les deux adultes, débute après la ponte du dernier oeuf et dure 21 à 29 jours. Les petits quittent le nid quelques heures après l'éclosion et vont s'alimenter en compagnie des parents dont ils dépendent presque jusqu'à l'envol, qui survient à l'âge de 28-29 jours.

Chevalier grivelé (Chevalier branlequeue)   p.76
Spotted Sandpiper   *Actitis macularia*

Présence et répartition : Niche dans toutes les régions du Québec, sauf dans l'Ungava. Niche aussi dans l'ensemble des Maritimes. Absent en hiver.

Alimentation : Se nourrit d'insectes, de petits crustacés, de vers, d'escargots et, parfois, de petits poissons.

Habitat de nidification : Niche dans des milieux variés : rives des lacs, des ruisseaux et des rivières, bord des marais.

Nidification : Le nid, plutôt rudimentaire, est une simple dépression creusée à même le sol, qui est habituellement bien dissimulée dans la végétation ou parmi des bouts de bois ou des racines. La femelle pond généralement 4 oeufs que le mâle commence à couver après la ponte du dernier. L'incubation est souvent assurée uniquement par le mâle pendant 20 à 24 jours ; durant ce temps, la femelle va s'accoupler avec d'autres mâles. Les petits quittent le nid quelques heures après l'éclosion et suivent le père pour s'alimenter ; ils en dépendent jusqu'à l'envol, vers l'âge de 18 à 21 jours.

Maubèche des champs   p.78
Upland Sandpiper   *Bartramia longicauda*

Présence et répartition : Niche de l'Outaouais à la Beauce et, localement, dans le Bas-Saint-Laurent et dans les Maritimes, notamment au Nouveau-Brunswick et très localement à l'Île-du-Prince-Édouard.

Alimentation : Se nourrit principalement de sauterelles, de criquets et de charançons ; consomme aussi d'autres insectes, des escargots, des vers et un peu de graines.

Habitat de nidification : Niche dans les champs de foin, les pâturages et des lieux où l'herbe est courte comme les aéroports et le talus des autoroutes.

Nidification : Le nid est une dépression au sol, garnie d'herbe et dissimulée dans la végétation. La femelle pond généralement 4 oeufs que les deux parents couvent environ 24 jours. Nidifuges, les petits commencent à s'alimenter seuls peu de temps après l'éclosion. Ils sont dépendants des parents jusqu'à l'âge de l'envol, qui se produit vers 30 à 34 jours.

Courlis corlieu
Whimbrel

p.74

Numenius phaeopus

Présence et répartition: Migrateur de passage dans le Québec méridional, surtout en automne; s'observe particulièrement dans l'Est et aux îles de la Madeleine. Dans les Maritimes, passe sur le littoral des trois provinces, surtout en automne.

Alimentation: S'alimente au sol d'insectes et d'invertébrés aquatiques, notamment de crustacés. Consomme aussi des vers, des mollusques et un peu de graines. Vers la fin de l'été et au cours de l'automne, les fruits occupent une place de plus en plus grande dans son alimentation, comme en témoigne sa présence dans les landes à camarine.

Habitat de nidification: Niche dans des habitats variés de la toundra sèche ou humide où le paysage est ponctué de monticules, de touffes d'herbes, d'éricacées et de mousses.

Nidification: Le nid est plutôt rudimentaire; c'est une dépression peu profonde creusée au sol ou dans une touffe d'herbes. Il est garni à l'intérieur de lichens, de brins de carex ou de toute matière végétale recueillie à proximité. La couvée compte généralement 4 oeufs que le mâle et la femelle couvent 27 ou 28 jours. Quelques heures après l'éclosion, les petits commencent à s'alimenter dans les environs. Les parents se partagent les petits après le départ du nid et demeurent avec eux jusqu'à l'envol, qui survient vers 35 à 42 jours.

Barge hudsonienne
Hudsonian Godwit

p.74

Limosa haemastica

Présence et répartition: De passage dans le Québec méridional, surtout en automne, et principalement à l'est de Québec. Passe sur les côtes des trois provinces maritimes en migration d'automne.

Alimentation: Se nourrit d'insectes, de crustacés, de mollusques et de vers marins qu'elle capture sur les plages, dans les vasières ou en eau peu profonde.

Habitat de nidification: Dans la toundra humide, niche près de l'eau dans les herbes ou le carex; dans la taïga, niche dans les tourbières et les marais à la lisière des forêts.

Nidification: Le nid est une simple dépression au sol dans la toundra humide, aménagée au sec sur un monticule ou dans une touffe d'herbes, que le mâle et la femelle garnissent d'un peu de végétaux secs. La couvée compte généralement 4 oeufs, parfois 3, que les deux adultes incubent de 22 à 23 jours. Les petits sont nidifuges; quelques heures après l'éclosion, ils vont s'alimenter dans la végétation environnante en compagnie des parents qui peuvent se partager la nichée. On ignore l'âge des jeunes à l'envol.

Barge marbrée
Marbled Godwit

p.74

Limosa fedoa

Présence et répartition : Niche probablement à la baie James. Passe en migration dans le sud du Québec et, plus rarement, dans les trois provinces maritimes. Absente en hiver.

Alimentation : Se nourrit en eau peu profonde où elle capture des insectes, des mollusques et des invertébrés aquatiques du bout de son bec. Dans la Prairie de l'Ouest où elle niche, consomme aussi des criquets et d'autres insectes.

Habitat de nidification : Niche en milieu ouvert, particulièrement dans les grandes plaines alluviales qui demeurent toujours humides et sont couvertes d'une végétation courte et drue.

Nidification : Le nid, plutôt rudimentaire, est une dépression que le mâle creuse au sol et garnit d'herbes séchées. La couvée compte généralement 4 oeufs que les deux parents couvent de 21 à 23 jours. Quelques heures après l'éclosion, les petits, nidifuges, commencent à s'alimenter dans les environs en compagnie des parents dont ils dépendent peut-être jusqu'à l'envol, une vingtaine de jours plus tard.

Tournepierre à collier
Ruddy Turnstone

p.82

Arenaria interpres

Présence et répartition : Migrateur de passage dans tout le sud du Québec et dans les Maritimes, surtout près des côtes. Plus abondant et fréquent en automne qu'au printemps.

Alimentation : S'alimente sur les rivages en retournant les pierres, les coquillages et les algues à l'aide de son bec. Consomme des insectes, des mollusques et des crustacés ; dévore parfois les oeufs d'autres oiseaux sur les terrains de nidification.

Habitat de nidification : Niche dans la toundra, sur les plateaux aux pentes rocailleuses et sur les îles basses ; fréquente les zones arbustives ou dénudées, sèches ou humides.

Nidification : Le nid n'est qu'une faible dépression creusée au sol et garnie de feuilles ou de plantes. La couvée compte généralement 4 oeufs. À la ponte de l'avant-dernier oeuf, la femelle commence à couver seule, mais elle reçoit de plus en plus d'aide du mâle à mesure que progresse l'incubation, qui dure de 21 à 23 jours. Quelques heures après l'éclosion, les petits commencent à s'alimenter dans les environs en compagnie des parents. Ils prennent leur envol à l'âge de 24 à 26 jours ; le père demeure peut-être une quinzaine de jours avec eux par la suite.

Bécasseau maubèche
Red Knot

p.78
Calidris canutus

Présence et répartition : Migrateur de passage dans tout le Québec méridional, surtout au bord du Saint-Laurent, et sur les côtes des trois provinces maritimes. Nettement plus fréquent et abondant en automne.

Alimentation : En période de nidification, dans l'Arctique, se nourrit d'insectes, d'araignées et de graines qu'il trouve là où la végétation est abondante. En migration, s'alimente sur les vasières et les plages où il capture mollusques, vers marins, escargots, petits poissons et oeufs de crabe.

Habitat de nidification : Niche dans la toundra humide où la végétation est abondante, parfois en terrain rocailleux, notamment sur les collines.

Nidification : Le nid, simple dépression creusée au sol, est généreusement garni de lichens, de mousse, de ramilles de saules, de feuilles sèches et d'herbe. Il contient généralement 4 oeufs que le mâle et la femelle couvent vraisemblablement de 20 à 25 jours. À peine nés, les petits vont s'alimenter dans la toundra en compagnie des parents. C'est surtout le mâle qui veille sur les jeunes, qui prennent leur envol vers l'âge de 17 jours et acquièrent leur indépendance probablement environ 20 jours après l'éclosion.

Bécasseau sanderling
Sanderling

p.82
Calidris alba

Présence et répartition : Migrateur de passage dans l'ensemble du Québec méridional, surtout sur les rives du Saint-Laurent, et dans les Maritimes, sur les côtes des trois provinces. Plus fréquent et abondant en automne.

Alimentation : Court s'alimenter dans la zone de retrait des vagues. Consomme crustacés, mollusques, vers marins et insectes.

Habitat de nidification : Niche près des côtes de l'Arctique, dans la toundra rocailleuse et relativement sèche où la végétation est rare ; niche aussi dans les déserts de pierre de l'Arctique.

Nidification : Le nid est une simple dépression creusée au sol, généralement dans une touffe de plantes et garnie de feuilles de saule sèches ou d'autres matières végétales. La couvée compte généralement 4 oeufs, que le mâle et la femelle couvent 23-24 jours. Quelques heures à peine après l'éclosion, les petits commencent à s'alimenter dans la toundra en compagnie des parents. Les jeunes prennent leur envol à l'âge de 17 jours et deviennent indépendants des adultes environ 7 jours plus tard. La femelle produit parfois deux couvées au cours de la même saison ; le mâle s'occupe alors d'une nichée et la femelle de l'autre.

Bécasseau semipalmé
Semipalmated Sandpiper

p.84
Calidris pusilla

Présence et répartition : Niche sur la côte du Nouveau-Québec. Passe en grand nombre dans toutes les régions du Québec méridional et dans les Maritimes ; il est particulièrement abondant, au début du mois d'août, au fond de la baie de Fundy.

Alimentation : Se nourrit en picorant la boue afin d'y trouver des insectes, des mollusques, des vers et des crustacés.

Habitat de nidification : Niche en milieu ouvert, dans la toundra humide ou dans les zones sablonneuses de l'Arctique.

Nidification : Le nid est une légère dépression dans le sol, dissimulée dans l'herbe courte. La femelle pond généralement 4 oeufs qui sont couvés par les deux adultes pendant une vingtaine de jours. Les petits sont nidifuges : quelques heures après l'éclosion, ils s'alimentent dans le milieu environnant en compagnie des parents dont ils dépendent jusqu'à l'âge de 14 jours, soit peu de temps avant l'envol, qui se produit à l'âge de 16 à 19 jours.

Bécasseau d'Alaska
Western Sandpiper

p.84
Calidris mauri

Présence et répartition : Migrateur d'automne très inusité dans nos régions, qui se voit principalement sur les rives du Saint-Laurent, et dans les trois provinces maritimes.

Alimentation : En période de nidification, se nourrit presque exclusivement d'insectes. Lors des migrations, s'alimente de mollusques, de crustacés, de vers marins et d'insectes aquatiques sur les rivages boueux.

Habitat de nidification : Niche sur des îles et près des côtes, dans la toundra humide où poussent des carex et des éricacées, près de petits étangs et de marais.

Nidification : Le nid est une simple dépression peu profonde creusée au sol et bien dissimulée sous une touffe d'herbes ou à côté. L'intérieur est garni de lichens, de morceaux de feuilles et d'autres matières végétales. La couvée compte générale-ment 4 oeufs, que le mâle et la femelle couvent durant 21 jours. Quelques heures après l'éclosion, les petits partent s'alimenter dans la toundra. Les jeunes prennent leur envol et deviennent indépendants des adultes vers l'âge de 17 à 18 jours. La femelle quitte parfois la nichée plus tôt.

Bécasseau minuscule
Least Sandpiper

p.84

Calidris minutilla

Présence et répartition : Niche au Nouveau-Québec, sur la basse Côte-Nord, à Anticosti, aux îles de la Madeleine, sur la côte sud de la Nouvelle-Écosse et à l'île de Sable ; passe en migration dans toutes nos régions.

Alimentation : Se nourrit surtout d'insectes, de vers, de petits mollusques et de crustacés qu'il capture en picorant la vase.

Habitat de nidification : Niche en milieu ouvert et humide dans la toundra, dans les marais salés et dans les tourbières boréales.

Nidification : Dissimulé dans la végétation herbacée, le nid est une petite dépression garnie de feuilles sèches, d'herbe ou de mousse. La femelle y pond généralement 4 oeufs que les deux parents couvent de 19 à 23 jours. Quelques heures après l'éclosion, les petits commencent à s'alimenter en compagnie des parents dont ils dépendent jusqu'à l'âge de 14 à 27 jours, même si l'envol survient habituellement 14 à 16 jours après l'éclosion.

Bécasseau à croupion blanc
White-rumped Sandpiper

p.84

Calidris fuscicollis

Présence et répartition : Passe en migration dans tout le Québec méridional, surtout sur les rives du Saint-Laurent, et dans les trois provinces maritimes. Plus fréquent et abondant en automne.

Alimentation : Se nourrit principalement d'insectes et d'autres invertébrés comme des vers marins et des petits escargots qu'il capture dans la vase ou dans l'eau peu profonde.

Habitat de nidification : Niche dans la toundra herbeuse humide.

Nidification : Aménagé dans une touffe d'herbe ou sur un monticule en milieu humide, le nid est une dépression peu profonde garnie d'herbes sèches, de feuilles mortes et d'autres matières végétales. La couvée compte généralement 4 oeufs. La femelle couve à peu près seule, dès la ponte du dernier oeuf et pendant 22 jours. Les petits, nidifuges, vont s'alimenter en compagnie de la mère quelques heures après l'éclosion. Ils prennent leur envol et acquièrent leur indépendance à l'âge de 17 ou 18 jours.

Bécasseau de Baird
Baird's Sandpiper

p.84
Calidris bairdii

Présence et répartition: Passe en petit nombre dans toutes les régions du Québec méridional, surtout près du Saint-Laurent, et plus fréquemment en automne qu'au printemps. Migrateur d'automne dans les trois provinces maritimes.

Alimentation: Se nourrit principalement d'insectes et d'un peu d'araignées qu'il capture au sol ou en eau peu profonde; s'alimente en terrain plus sec que les autres bécasseaux, tant en période de nidification qu'en migration.

Habitat de nidification: Niche dans l'Arctique, habituellement dans les endroits secs, autant dans les terres que sur la côte: collines, pentes rocailleuses et terrains plats où la végétation clairsemée compte quelques petits arbustes.

Nidification: Plutôt rudimentaire, le nid est une dépression peu profonde, creusée au sol à découvert ou parfois abritée par une touffe d'herbes ou un rocher. Le mâle et la femelle le tapissent avec des herbes, des feuilles mortes, souvent de saule, et du lichen. La couvée compte généralement 4 oeufs que les deux parents couvent durant 21 jours. Quelques heures après l'éclosion, les petits commencent à se nourrir dans les environs. Ils demeurent dépendants des adultes jusqu'au moment de l'envol, 16 à 20 jours après l'éclosion.

Bécasseau à poitrine cendrée
Pectoral Sandpiper

p.78
Calidris melanotos

Présence et répartition: Passe en migration dans toutes les régions du Québec et des Maritimes. Observé plus fréquemment en automne.

Alimentation: S'alimente au sec sur les rivages; mange principalement des insectes terrestres, d'autres invertébrés et des graines. En migration, recherche sa nourriture dans les marais herbeux, aux abords des étangs où la végétation herbacée est abondante et dans les champs inondés.

Habitat de nidification: Niche dans la toundra: dans les prés herbeux et buisson-neux et dans les marais où des touffes d'herbe poussent sur de petits monticules.

Nidification: La femelle construit dans un herbier un nid assez volumineux, qui est une faible dépression garnie d'herbes et de feuilles. Elle y pond généralement 4 oeufs qu'elle couve seule de 21 à 23 jours. Quelques heures à peine après l'éclosion, les petits commencent à s'alimenter dans les environs en compagnie de la mère. Ils prennent leur envol vers l'âge de 21 jours.

Bécasseau violet
Purple Sandpiper

p.82

Calidris maritima

Présence et répartition : Migrateur qui passe tard à l'automne, surtout dans les régions maritimes du Québec et dans les provinces maritimes ; on le signale assez rarement au printemps. En hiver, il est particulièrement présent sur les côtes rocheuses de la baie de Fundy et de l'Atlantique, et en plus petit nombre en Gaspésie et ailleurs dans l'est du Québec.

Alimentation : Se nourrit d'insectes, d'araignées, de mollusques, de crustacés, de petits poissons, parfois de graines et de plantes aquatiques, sur les grèves rocheuses et aussi, en migration et en hiver, sur les jetées, les brise-lames et les récifs.

Habitat de nidification : Niche dans l'Arctique, dans la toundra basse et humide, près des côtes, sur les grèves accidentées des rivières et sur le sommet des collines, parfois assez loin à l'intérieur.

Nidification : Aménagé en milieu ouvert, le nid, plutôt rudimentaire, est une simple dépression du sol bien garnie de feuilles de plantes basses. La couvée compte généralement 4 oeufs, parfois 3, que la femelle et surtout le mâle couvent 21 ou 22 jours. Peu après l'éclosion, les petits, nidifuges, partent s'alimenter en compagnie du père, dont ils dépendent de 21 à 28 jours, jusqu'au moment de l'envol.

Bécasseau variable
Dunlin

p.82

Calidris alpina

Présence et répartition : De passage dans la plupart des régions du Québec méridional et dans les trois provinces Maritimes ; plus abondant en automne qu'au printemps, et assez tardif à l'automne.

Alimentation : En période de nidification, se nourrit principalement d'insectes, d'araignées, de vers et de mollusques ; ajoute à son menu quelques graines au printemps. En automne et en hiver, s'alimente de mollusques, de crustacés et de vers marins sur les rivages boueux, dans les vasières et dans les champs inondées.

Habitat de nidification : Niche dans la toundra herbeuse ou humide, où des monticules lui permettent d'aménager son nid, et dans les marais d'eau salée.

Nidification : Le nid rudimentaire est une petite dépression dans un monticule recouvert d'herbe ; il est garni de feuilles et d'herbes. La couvée compte généralement 4 oeufs que le mâle et la femelle incubent 21-22 jours. Quelques heures après l'éclosion, les petits partent s'alimenter dans les environs. Les deux parents s'occupent d'eux ; d'abord la mère surtout, puis, vers la fin, le père seul, semble-t-il. Les jeunes deviennent indépendants à l'âge de 25 jours et prennent leur envol à 28 jours.

Bécasseau à échasses
Stilt Sandpiper

p.76
Calidris himantopus

Présence et répartition : De passage dans le sud du Québec, surtout près du Saint-Laurent, et dans les trois provinces maritimes, où il est plutôt rare. Se voit presque exclusivement à l'automne.

Alimentation : Se nourrit d'invertébrés aquatiques ainsi que de vers, de larves, d'insectes, de mollusques, de graines et de plantes aquatiques. En migration et en hiver, s'alimente souvent en compagnie des bécassins.

Habitat de nidification : Niche près des marais et des étangs peu profonds qui ponctuent la toundra arctique.

Nidification : Plutôt rudimentaire, le nid est une dépression peu profonde dans le sol ou la mousse de la toundra ; il est parfois garni de quelques feuilles mortes et d'herbes. La couvée compte généralement 4 oeufs que les parents couvent une vingtaine de jours : le mâle, le jour, et la femelle, la nuit. Peu après l'éclosion, les petits partent s'alimenter dans la toundra, en compagnie des deux adultes d'abord, puis du père uniquement. Les jeunes sont laissés seuls à l'âge de 14 jours et prennent leur envol à l'âge de 17 ou 18 jours.

Bécasseau roussâtre
Buff-breasted Sandpiper

p.78
Tryngites subruficollis

Présence et répartition : Migrateur d'automne rare dans le sud du Québec, visible surtout sur les rives de l'estuaire et du golfe, et rare dans les Maritimes.

Alimentation : Se nourrit principalement d'insectes, mais aussi d'araignées et d'un peu de graines de plantes aquatiques. En migration, s'alimente dans les prés à herbe rase, les champs, les chaumes et les lieux relativement secs.

Habitat de nidification : Niche dans la toundra sèche où poussent des mousses et des herbes, et dans la toundra humide et marécageuse.

Nidification : Le nid, plutôt rudimentaire, est une dépression peu profonde dans le sol sec, garnie d'herbes sèches, de feuilles mortes et de mousse. La couvée compte généralement 4 oeufs que la femelle incube en grande partie seule pendant une période inconnue. Peu après l'éclosion, les petits partent s'alimenter dans les environs ; on ignore combien de temps ils demeurent dépendants des adultes et quel âge ils ont à l'envol.

Combattant varié (Bécasseau combattant)   p.78
Ruff   *Philomachus pugnax*

Présence et répartition : Visiteur rare qui se voit en migration surtout de l'Outaouais au lac Saint-Pierre. Visiteur rare dans les trois provinces maritimes.

Alimentation : Se nourrit essentiellement d'insectes durant la saison de nidification. En migration et en hiver, consomme des insectes aquatiques, des mollusques et des crustacés.

Habitat de nidification : Niche en Europe, dans les marais à carex dans le nord et dans les prés salés plus au sud.

Nidification : Le nid, plutôt rudimentaire, est une simple dépression que la femelle aménage au sol et garnit de tiges d'herbes et de feuilles. La couvée compte généralement 4 oeufs, parfois 3, que la femelle couve seule de 21 à 23 jours. Quelques heures après l'éclosion, les petits partent s'alimenter dans les environs avec la mère. Il semble que les jeunes prennent leur envol à l'âge de 25 à 27 jours.

Bécassin roux (Bécasseau roux)   p.80
Short-billed Dowitcher   *Limnodromus griseus*

Présence et répartition : Niche au Nouveau-Québec ; passe en migration dans tout le Québec méridional et partout dans les Maritimes.

Alimentation : Se nourrit d'insectes aquatiques à divers stades, de mollusques, de crustacés, de graines de plantes aquatiques et de racines de la zostère marine. Sonde la vase d'un mouvement de va-et-vient qui rappelle l'aiguille d'une machine à coudre.

Habitat de nidification : Niche dans les prés humides où la végétation est rase et dans les tourbières de la taïga.

Nidification : Le nid est une dépression, garnie de brindilles, d'herbes et de feuilles, bien dissimulée au sol dans la végétation. La couvée compte généralement 4 oeufs que les deux parents couvent pendant 21 jours. Quelques heures après l'éclosion, les petits s'aventurent dans les environs en quête de nourriture, en compagnie du père surtout. Ils sont autonomes 21 jours après l'éclosion et volent dès l'âge de 21 à 28 jours.

Bécassin à long bec (Bécasseau à long bec)　p.80
Long-billed Dowitcher　　　*Limnodromus scolopaceus*

Présence et répartition : Passe rarement dans le sud du Québec et dans les Maritimes. Se voit surtout à l'automne.

Alimentation : Sonde la vase dans un mouvement de va-et-vient, à la recherche d'invertébrés, d'insectes, de mollusques, de crustacés, de vers marins, d'araignées et de graines.

Habitat de nidification : Niche dans les marais et les prés humides près de l'eau, ainsi qu'à l'orée des bois et dans la forêt-parc, dans l'Ouest.

Nidification : Le nid, plutôt rudimentaire, est une dépression peu profonde aménagée au sol et garnie modestement d'herbes et de petites feuilles. La couvée compte généralement 4 oeufs. L'incubation, qui dure 20 jours, est assurée par les deux adultes au début puis par le mâle uniquement. Quelques heures après l'éclosion, les petits partent s'alimenter dans les environs en compagnie du père. On ignore la période de dépendance des jeunes et l'âge à l'envol.

Bécassine des marais　　　　p.80
Common Snipe　　　　*Gallinago gallinago*

Présence et répartition : Niche dans toutes les régions du Québec, sauf l'Ungava, et partout dans les Maritimes. Absente en hiver.

Alimentation : Se nourrit principalement d'insectes, de vers de terre et de petits crustacés qu'elle capture en enfonçant profondément son long bec dans le sol humide.

Habitat de nidification : Niche en milieu ouvert, près des tourbières et des marais, dans les champs et les prés humides.

Nidification : Le nid est une dépression que la femelle creuse au sol et garnit d'herbes fines et de mousse. Bien dissimulé dans la végétation, il est souvent recouvert d'herbes sèches. La couvée compte généralement 4 oeufs que la femelle couve seule 17 à 20 jours. Les petits quittent le nid moins de 24 heures après l'éclosion. Les adultes les nourrissent les premiers jours et s'en occupent pendant 17 à 20 jours, soit jusqu'à ce qu'ils puissent voler.

Bécasse d'Amérique
American Woodcock

p.80
Scolopax minor

Présence et répartition : Niche dans tout le sud du Québec et dans l'ensemble des Maritimes sauf à l'île d'Anticosti et aux îles de la Madeleine. Arrive tôt au printemps, souvent lorsqu'il y a encore un peu de neige au sol.

Alimentation : Capture des vers de terre en enfonçant son long bec dans le sol. Consomme aussi des insectes qu'elle prend dans le sol ou qu'elle capture en vol.

Habitat de nidification : Niche dans les jeunes bois, les zones en régénération et les fourrés d'aulnes.

Nidification : Le nid, construit par la femelle, est une dépression au sol placée à la base d'un arbre ou d'un arbuste et garnie de feuilles et de brins d'herbe. La femelle y pond généralement 4 oeufs qu'elle couve seule dès la ponte terminée, pendant 19 à 21 jours. Moins de 24 heures après l'éclosion, les petits accompagnent la mère pour s'alimenter ; ils en dépendent jusqu'à l'âge de 42 à 64 jours et peuvent voler à l'âge de 14 ou 15 jours.

Phalarope de Wilson
Wilson's Phalarope

p.86
Phalaropus tricolor

Présence et répartition : Niche dans le sud du Québec, principalement le long du fleuve et de l'estuaire. Dans les Maritimes, niche dans le sud du Nouveau-Brunswick et dans l'isthme de Chignectou, en Nouvelle-Écosse. Absent en hiver.

Alimentation : En nageant et en tournant sur l'eau, cet oiseau crée un tourbillon qui fait remonter les larves d'insectes, les vers et les crevettes d'eau douce à la surface, où il peut les saisir facilement. Capture aussi ses proies en arpentant les rives.

Habitat de nidification : Niche dans les marais d'eau douce et les prés humides.

Nidification : Le nid, construit par le mâle, est une dépression au sol garnie d'herbes sèches. La femelle y pond généralement 4 oeufs que le mâle couve seul de 16 à 27 jours. Moins de 24 heures après l'éclosion, les petits suivent le père dans le marais et s'alimentent en sa compagnie jusqu'à l'envol, qui survient à un âge inconnu.

Phalarope à bec étroit (Phal. hyperboréen)   p.86
Red-necked Phalarope   *Phalaropus lobatus*

Présence et répartition : Niche au Nouveau-Québec ; de passage dans les autres régions, plus particulièrement le long du Saint-Laurent et à l'entrée de la baie de Fundy où des milliers d'individus convergent à l'automne.

Alimentation : En tournoyant à la surface de l'eau, fait remonter les insectes aquatiques, les larves d'insectes, les crustacés, les mollusques et les petits poissons dont il s'alimente.

Habitat de nidification : Niche au bord des étangs d'eau douce dans la toundra arctique.

Nidification : Le nid, construit par le mâle, est une dépression creusée au sol, tapissée d'herbe et de feuilles et habituellement dissimulée dans la végétation non loin de l'eau. La femelle pond généralement 4 oeufs que le mâle incube seul 18 ou 19 jours. Quelques heures après l'éclosion, les petits vont nager avec le père sur les petits étangs. Ils dépendent de lui jusqu'à l'âge de 14 à 17 jours et prennent leur envol vers l'âge de 20 jours.

Phalarope à bec large (Phalarope roux)   p.86
Red Phalarope   *Phalaropus fulicaria*

Présence et répartition : Niche probablement au Québec sur la baie et le détroit d'Hudson. Passe dans l'estuaire et le golfe du Saint-Laurent et dans les Maritimes ; des milliers de ces phalaropes convergent vers l'entrée de la baie de Fundy en automne.

Alimentation : Se nourrit d'insectes, de mollusques, de crustacés et de petits poissons qui remontent à la surface de l'eau, à la faveur du tourbillon créé par les tournoiements qu'il effectue en nageant.

Habitat de nidification : Niche au sol près des étangs d'eau douce peu profonds qu'on retrouve dans la toundra herbeuse et humide de l'Arctique.

Nidification : Le nid, construit par le mâle, est une simple dépression quelquefois garnie de brins d'herbes et parfois attachée à la végétation aquatique au-dessus de l'eau. La couvée compte généralement 4 oeufs que le mâle incube seul de 18 à 20 jours environ. Les petits quittent le nid moins de 24 heures après l'éclosion et vont s'alimenter en compagnie du père sur les étangs d'eau douce. Ils en dépendent jusqu'à l'envol, qui survient habituellement à l'âge de 16 à 18 jours.

Labbe pomarin
Pomarine Jaeger

p.94

Stercorarius pomarinus

Présence et répartition : Niche au Nouveau-Québec, plus particulièrement sur la côte du nord de la baie d'Hudson. Passe en migration dans l'estuaire et le golfe du Saint-Laurent et dans les Maritimes, où il est cependant rare à l'Île-du-Prince-Édouard. Absent en hiver.

Alimentation : Se nourrit de lemmings en période de nidification ; le reste de l'année, vit essentiellement en mer et mange principalement des poissons. Suit les bateaux de pêche afin de profiter des abats et des déchets de poisson rejetés à la mer.

Habitat de nidification : Niche dans la toundra, habituellement près des côtes.

Nidification : Le nid est une simple dépression dans la mousse, dans laquelle la femelle pond généralement 2 oeufs. Les deux adultes couvent dès la ponte du premier oeuf et durant 24 à 28 jours. Les petits quittent le nid 2 à 4 jours après l'éclosion mais demeurent à proximité. Ils volent vers l'âge de 31-37 jours, mais demeurent dépendants des adultes pendant encore 14 jours.

Labbe parasite
Parasitic Jaeger

p.94

Stercorarius parasiticus

Présence et répartition : Niche sur le détroit et la baie d'Hudson. De passage dans l'estuaire et le golfe du Saint-Laurent, au Nouveau-Brunswick et en Nouvelle-Écosse, rarement à l'Île-du-Prince-Édouard et sur le haut Saint-Laurent. Absent en hiver.

Alimentation : Harcèle goélands, mouettes et sternes afin de leur dérober de la nourriture. Capture lui-même diverses proies : lemmings, souris, poissons, invertébrés, petits fruits, oeufs, oisillons et oiseaux (limicoles, passereaux).

Habitat de nidification : Niche dans la toundra côtière.

Nidification : Le nid, au sol, est une simple dépression dans laquelle la femelle pond généralement 2 oeufs. Les deux parents couvent dès la ponte du premier oeuf et pendant 23 à 28 jours. Les adultes défendent leur nid en fonçant sur les intrus qui s'approchent de trop près. Les jeunes quittent le nid quelques jours après l'éclosion et se dispersent dans la toundra environnante où ils demeurent cachés quelque temps. Ils dépendent des adultes pendant plus de 15 à 20 jours après le premier vol, qui survient à l'âge de 25 à 33 jours

Labbe à longue queue
Long-tailed Jaeger

p.94

Stercorarius longicaudus

Présence et répartition : Niche sur la côte dans l'extrême nord-ouest du Nouveau-Québec. Passe en migration surtout dans l'estuaire et le golfe du Saint-Laurent et en Nouvelle-Écosse. Rare au Nouveau-Brunswick, à l'Île-du-Prince-Édouard et sur le haut-Saint-Laurent. Absent en hiver.

Alimentation : En période de nidification, se nourrit surtout de lemmings, de souris et d'autres petits mammifères ; s'alimente aussi d'oiseaux, d'oeufs, d'invertébrés et de déchets lorsque ses proies se font plus rares. En d'autres temps, en mer, mange surtout des poissons et des déchets.

Habitat de nidification : Niche dans la toundra à des endroits plus secs et plus éloignés de la côte que les autres labbes.

Nidification : Le nid est une simple dépression dans le sol, quelquefois garnie de débris végétaux. La couvée compte généralement 2 oeufs, couvés surtout par la femelle durant 23 à 25 jours. Les jeunes quittent le nid environ 2 jours après l'éclosion et demeurent dans les environs jusqu'à l'envol, qui survient habituellement vers l'âge de 21 à 27 jours. Une fois capables de voler, ils demeurent dépendants des adultes pendant 10 à 21 jours.

Mouette atricille (Mouette à tête noire)
Laughing Gull

p.98

Larus atricilla

Présence et répartition : Visiteur rare au Québec et dans les Maritimes : se voit surtout sur les rives du Saint-Laurent et sur la côte. A déjà niché sur la côte sud de la Nouvelle-Écosse et dans l'île Machias Seal au Nouveau-Brunswick.

Alimentation : Se nourrit de poissons qu'elle pêche elle-même ou qu'elle subtilise à d'autres oiseaux. Consomme aussi crabes, crevettes, insectes volants et déchets.

Habitat de nidification : Niche en colonies dans les marais d'eau salée.

Nidification : Les deux parents participent à la construction du nid qui est habituellement creusé au sol dans la végétation et consiste en une accumulation d'herbes et de tiges entrelacées. La femelle pond généralement 3 oeufs qu'elle et le mâle couvent de 20 à 23 jours. Quelques jours après l'éclosion, les petits quittent le nid pour s'aventurer dans la végétation environnante, où ils sont nourris par les deux adultes jusqu'à quelques jours après le premier vol, vers l'âge de 35 à 40 jours.

Mouette de Franklin
Franklin's Gull

p.98

Larus pipixcan

Présence et répartition : Visiteur rare au Québec, de passage dans toutes les régions au sud du Saint-Laurent, et plutôt exceptionnel dans les Maritimes.

Alimentation : Oiseau de l'intérieur du continent, cette mouette se nourrit au printemps de vers gris et de larves dans les champs ; elle suit souvent les tracteurs. En été, mange aussi des sauterelles et des insectes volants.

Habitat de nidification : Niche en colonies près des lacs et dans les marais de la Prairie de l'Ouest.

Nidification : Le nid, construit par le mâle et la femelle, est un amas de plantes aquatiques flottantes amarrées à la végétation émergente. La couvée compte généralement 3 oeufs que les deux parents incubent de 21 à 28 jours. Les petits quittent le nid 2 jours après l'éclosion et nagent dès l'âge de 3 jours. Les parents les nourrissent pendant 10 jours, après quoi ils s'alimentent de plus en plus seuls jusqu'à l'envol, qui survient à l'âge de 28 à 30 jours.

Mouette pygmée
Little Gull

p.96

Larus minutus

Présence et répartition : Oiseau rare qui a déjà niché dans les rapides de Lachine près de Montréal et se voit à l'occasion le long du Saint-Laurent et exceptionnellement dans les Maritimes.

Alimentation : Se nourrit principalement d'insectes, de larves, d'invertébrés et de petits poissons en période de nidification.

Habitat de nidification : Niche en eau douce près de grands lacs et de cours d'eau importants où la végétation aquatique est abondante.

Nidification : Construit par les deux parents, le nid est aménagé au sol dans la végétation des rives ou encore à fleur d'eau dans la végétation émergente. La couvée compte généralement 2 ou 3 oeufs. Les deux adultes couvent dès la ponte du premier oeuf et pendant 21 à 25 jours. Les petits séjournent au nid environ 7 jours. Capables de voler vers 21 à 24 jours, ils demeurent dépendants des adultes quelque temps après leur premier vol.

Mouette rieuse
Black-headed Gull

p.98
Larus ridibundus

Présence et répartition : Au Québec, ne niche qu'aux îles de la Madeleine de façon régulière. Visite les rives du Saint-Laurent et les côtes des trois provinces maritimes. Hiverne en Nouvelle-Écosse.

Alimentation : Régime varié : insectes, vers, petits poissons, végétaux, petits fruits, déchets divers.

Habitat de nidification : Niche en colonies, souvent en compagnie d'autres laridés, dans des endroits où la végétation est dense ; manifeste une préférence pour les îlots.

Nidification : Le mâle amorce la construction du nid, qui consiste en une plate-forme constituée de plantes. La couvée compte généralement 2 ou 3 oeufs que les deux adultes incubent de 20 à 26 jours. Les petits demeurent au nid une dizaine de jours avant de quitter le secteur en compagnie des adultes dont ils dépendent encore quelques jours après l'envol, qui se produit habituellement à l'âge de 35 à 42 jours.

Mouette de Bonaparte
Bonaparte's Gull

p.98
Larus philadelphia

Présence et répartition : Niche de l'Abitibi à la Radissonie. Passe en migration dans tout le Québec méridional et dans toutes les provinces maritimes, particulièrement dans le sud-ouest du Nouveau-Brunswick, à l'entrée de la baie de Fundy, où ces mouettes se rassemblent en grand nombre en automne.

Alimentation : En période de reproduction, se nourrit surtout d'insectes et de petits poissons. Sur la côte en migration, consomme mollusques, vers marins, poissons et déchets.

Habitat de nidification : Niche au bord des tourbières, des lacs et des étangs, en forêt boréale.

Nidification : Fait rare chez les laridés, le nid est habituellement placé dans un arbre, à une hauteur variant de 1,2 à 7 m. Les deux adultes le construisent de brindilles, d'herbes et de mousse. La couvée compte généralement 3 oeufs que les deux adultes couvent durant 24 jours. Les petits demeurent au nid environ 7 jours après l'éclosion et dépendent des parents jusqu'à l'âge de 30 jours.

Goéland à bec cerclé
Ring-billed Gull

p.100, 102

Larus delawarensis

Présence et répartition : De loin le laridé le plus abondant l'été, dans le sud et l'ouest du Québec. Niche dans les zones habitées du Québec méridional, et jusqu'au sud de la baie James ; niche localement au Nouveau-Brunswick et à l'Île-du-Prince-Édouard. Passe en migration dans toutes les régions. Hiverne irrégulièrement, en petit nombre, dans l'extrême-sud du Québec, dans le sud de la Nouvelle-Écosse et au fond de la baie de Fundy.

Alimentation : Son régime omnivore est fort varié : petits poissons, insectes, vers, petits fruits ; nettoie les berges des cadavres d'animaux, cherche sa nourriture dans les dépotoirs et mange des restes d'aliments les plus divers. Suit les tracteurs dans les labours.

Habitat de nidification : Niche en colonies sur des îles ou des presqu'îles herbeuses ou partiellement nues, naturelles ou artificielles. Niche parfois sur le toit des édifices.

Nidification : Le nid, placé au sol, est fabriqué de matériaux divers, incluant des débris végétaux. La femelle y pond généralement 3 oeufs. Les deux adultes couvent dès la ponte terminée et durant 26 ou 27 jours. Les petits demeurent au nid 2 ou 3 jours puis sont nourris à proximité par les adultes dont ils dépendent jusqu'à l'envol, qui survient vers l'âge de 35 à 40 jours.

Goéland argenté
Herring Gull

p.100, 102

Larus argentatus

Présence et répartition : Niche dans l'ensemble du territoire québécois et dans les trois provinces maritimes. Se voit toute l'année dans nos régions, puisqu'il hiverne sur la côte des Maritimes, dans l'estuaire et le golfe et, en moins grand nombre, sur le Saint-Laurent.

Alimentation : Régime alimentaire varié et diversifié : nettoie les plages des cadavres de petits animaux ; se nourrit aussi de petits poissons, mollusques, gros insectes, petits mammifères, petits fruits, oeufs et oisillons. Laisse souvent tomber des mollusques et des oursins du haut des airs afin de les briser pour s'en nourrir ; fait la même chose avec des canetons qu'il avale ensuite tout rond.

Habitat de nidification : Niche en colonies, souvent installées sur des îles.

Nidification : Le nid, simple dépression au sol, est fabriqué de plumes et d'objets divers. La couvée compte généralement 3 oeufs. Les deux adultes couvent dès la ponte terminée, pendant 28 à 30 jours. Les petits quittent le nid 2 ou 3 jours après l'éclosion et s'abritent dans les environs où les adultes les nourrissent. Ils prennent leur envol vers l'âge de 35 à 40 jours et dépendent des parents encore quelque temps après.

Goéland arctique
Iceland Gull

p.104
Larus glaucoides

Présence et répartition : Niche dans l'extrême-nord du Nouveau-Québec. Passe en migration surtout sur les côtes et dans l'estuaire mais aussi plus à l'ouest, le long du fleuve. Hiverne sur le littoral du Québec et des Maritimes.

Alimentation : En période de reproduction, se nourrit surtout d'oeufs de guillemots et d'autres alcidés. Consomme aussi poissons, mollusques et petits organismes qu'il trouve à la surface de l'eau. En hiver, recherche souvent sa nourriture près des quais et dans les dépotoirs ; pêche aussi des poissons et des crustacés.

Habitat de nidification : Niche en colonies dans des falaises, souvent loin de la côte.

Nidification : Le nid, fabriqué de mousse, d'herbe et d'algues, est installé sur une corniche, généralement de 100 à 200 m d'altitude. La femelle y pond habituellement 2 ou 3 oeufs qui sont incubés 24-25 jours. On ignore la durée du séjour des petits au nid, combien de temps les parents s'en occupent, et le moment de leur envol.

Goéland brun
Lesser Black-backed Gull

p.100
Larus fuscus

Présence et répartition : Espèce européenne observée annuellement au Québec depuis 1975, plus particulièrement dans la vallée du Saint-Laurent et dans l'estuaire. Visite rarement les Maritimes.

Alimentation : Se nourrit de petits poissons, de crustacés, de mollusques et de vers qu'il capture en mer ou sur les plages. S'alimente parfois en compagnie des Goélands à bec cerclé dans les champs.

Habitat de nidification : Niche en colonies sur les côtes et parfois en eau douce, en Europe.

Nidification : Le nid, habituellement aménagé au sol sur un îlot herbeux, une dune ou une falaise, est un petit monticule d'herbe, de mousse, d'algues et d'autres matières végétales dans lequel la femelle pond généralement 3 oeufs. L'incubation est assurée par les deux adultes durant 26 à 28 jours. Les petits séjournent au nid quelques jours avant de s'aventurer à l'extérieur où ils continuent d'être nourris par les parents dont ils dépendent jusqu'à l'âge de 30 à 40 jours.

Goéland bourgmestre
Glaucous Gull

p.104

Larus hyperboreus

Présence et répartition : Niche sur les côtes du nord du Nouveau-Québec. Passe en migration dans le sud du Québec, surtout le long du Saint-Laurent, et dans les Maritimes. Hiverne dans l'estuaire et le golfe, sur le littoral atlantique et dans la baie de Fundy.

Alimentation : Régime alimentaire fort diversifié : oeufs et oisillons d'alcidés, oiseaux adultes, invertébrés, poissons, insectes, petits fruits. Mange également des charognes qu'il trouve en écumant les plages, ainsi que des fèces et des placentas de phoques.

Habitat de nidification : Niche en colonies sur des falaises des côtes de l'Arctique ou en couples sur des îlots situés près de la côte ou au bord des lacs à l'intérieur des terres.

Nidification : Le nid, au sol, est un amoncellement d'herbes, d'algues, de mousse et d'autres matériaux accumulés au fil des ans. La couvée compte généralement 3 oeufs. Les deux adultes couvent durant 27 à 30 jours dès la ponte du premier oeuf. Les petits séjournent au nid durant quelques jours après l'éclosion. Capables de voler à l'âge de 45 à 50 jours, ils dépendent des adultes jusqu'à ce moment ou jusqu'à 15 jours de plus.

Goéland marin (Goéland à manteau noir)
Great Black-backed Gull

p.102

Larus marinus

Présence et répartition : Au Québec, niche surtout sur les côtes de l'estuaire et du golfe, et très localement dans le nord du Québec. Dans les Maritimes, niche sur les côtes des trois provinces. Hiverne dans l'estuaire et le golfe et sur la côte des trois provinces maritimes.

Alimentation : Omnivore, il a un menu fort diversifié : poissons, mollusques, petits mammifères, invertébrés, oeufs et oisillons. C'est un important prédateur des oeufs et des canetons de l'Eider à duvet dans l'estuaire. Il consomme aussi des cadavres d'animaux qu'il trouve sur les plages ainsi que des déchets des usines de transformation de poisson.

Habitat de nidification : Niche en colonies, souvent en compagnie du Goéland argenté. Fait son nid sur des sites élevés des îles et des îlots d'où il peut surveiller les environs.

Nidification : Le nid est une simple dépression au sol, garnie de mousse, d'herbe et de brindilles. La couvée compte généralement 3 oeufs. Les deux parents couvent dès la ponte terminée et durant 27 ou 28 jours. Un ou deux jours après l'éclosion, les petits s'aventurent dans les environs. Ils dépendent des adultes jusqu'à leur premier vol, vers l'âge de 60 jours.

Mouette tridactyle
Black-legged Kittiwake

p.96
Rissa tridactyla

Présence et répartition: Niche dans l'estuaire du Saint-Laurent, sur la Côte-Nord, à l'île d'Anticosti, en Gaspésie, aux îles de la Madeleine, sur la côte est de l'île du Cap-Breton et dans la baie de Fundy au Nouveau-Brunswick. Passe en automne le long du fleuve et dans les Maritimes. Hiverne à l'entrée de la baie de Fundy et sur la côte atlantique de la Nouvelle-Écosse.

Alimentation: Cette mouette se nourrit essentiellement de petits poissons comme le capelan et les lançons.

Habitat de nidification: Fréquente le littoral en période de reproduction; niche en colonies sur des falaises ou des îlots rocheux.

Nidification: Le nid est aménagé sur une étroite corniche par les deux adultes; c'est un amoncellement de végétaux et de débris d'algues. La femelle pond généralement 2 oeufs; l'incubation débute avec la ponte du dernier oeuf et dure environ 27 jours. Les petits sont nourris par les adultes durant leur séjour au nid qui dure jusqu'à l'envol, vers l'âge de 43 jours.

Mouette de Sabine
Sabine's Gull

p.96
Xema sabini

Présence et répartition: De passage le long du Saint-Laurent, dans l'estuaire et le golfe ainsi qu'au large des trois provinces maritimes.

Alimentation: Se nourrit de petits poissons et d'insectes variés. Consomme aussi mollusques, vers marins, crustacés et parfois oeufs et oisillons.

Habitat de nidification: Niche dans la toundra basse et humide, sur les lacs, sur la côte et dans les îles. Niche en petites colonies ou encore par couples, parfois mêlée aux Sternes arctiques.

Nidification: Le nid est habituellement installé sur un monticule, au bord d'un lac ou dans une île. Cette dépression rudimentaire est quelquefois garnie de brindilles de saule et d'un peu d'herbe. La femelle pond généralement 2 oeufs que les deux parents couvent de 23 à 26 jours. Les petits sont nourris par le mâle et la femelle mais on ignore la durée du séjour au nid et l'âge de l'envol.

Mouette blanche
Ivory Gull

p.104

Pagophila eburnea

Présence et répartition : Visiteur d'hiver au Québec, rare dans les Maritimes. Hiverne vraisemblablement sur la basse Côte-Nord.

Alimentation : Mange des poissons et des invertébrés aquatiques qu'elle capture en voletant au-dessus de l'eau ; se nourrit aussi occasionnellement dans les cadavres de baleines, de morses et de phoques. S'alimente souvent en compagnie des Mouettes de Sabine et tridactyles.

Habitat de nidification : Niche dans le Haut-Arctique sur les côtes englacées en permanence.

Nidification : Le nid est construit par le mâle et la femelle en terrain plat ou sur la corniche d'une falaise. C'est une simple dépression parfois nue, parfois garnie de débris végétaux et de plantes aquatiques. La couvée compte généralement 2 oeufs que les deux parents couvent de 24 à 26 jours. Les jeunes quittent le nid quelques jours après l'éclosion et sont nourris par le mâle et la femelle jusqu'à l'envol, à un âge variant de 38 à 48 jours.

Sterne caspienne
Caspian Tern

p.106

Sterna caspia

Présence et répartition : Au Québec, cette espèce « en danger » ne niche que sur la basse Côte-Nord. Visite les rives du Saint-Laurent tard en été et migre par les Maritimes.

Alimentation : Se nourrit essentiellement de petits poissons qu'elle capture en plongeant sous la surface, mais peut s'alimenter à la nage comme les goélands.

Habitat de nidification : Niche sur de petites îles, en petites colonies pures ou encore au sein des colonies de Sternes pierregarins et de Goélands à bec cerclé.

Nidification : Le nid est une simple dépression au sol garnie de végétaux et de petits cailloux. La couvée compte généralement 1 à 3 oeufs. Les deux adultes couvent durant 20 à 22 jours, une fois la ponte terminée. Les petits demeurent au nid entre 1 et 7 jours et sont aptes à voler vers l'âge de 30 à 35 jours. Ils dépendent des parents très longtemps : 6 à 9 mois après l'envol.

Sterne de Dougall
Roseate Tern

p.106
Sterna dougallii

Présence et répartition : Au Québec, cette espèce « menacée » niche uniquement aux îles de la Madeleine. Dans les Maritimes, elle niche sur la côte sud de la Nouvelle-Écosse, à l'île de Sable, et à l'entrée de la baie de Fundy.

Alimentation : Essentiellement piscivore, elle plonge du haut de airs pour capturer de petits poissons.

Nidification : Niche sur des îlots côtiers, souvent au sein des colonies de Sternes pierregarins et de Sternes arctiques.

Nidification : Le nid, dissimulé au sol dans la végétation, est une simple dépression garnie d'herbes sèches et de plumes. La couvée compte 1 ou 2 oeufs en général. Les deux parents couvent dès la ponte du premier oeuf, et durant 23 jours environ. Moins de 72 heures après l'éclosion, les petits désertent le nid et s'aventurent dans les environs où les parents les nourrissent et s'occupent d'eux jusqu'à l'âge de 64 jours, et peut-être jusqu'à l'hiver. Ils volent vers l'âge de 23 ou 24 jours.

Sterne pierregarin
Common Tern

p.106
Sterna hirundo

Présence et répartition : Niche dans tout le Québec méridional jusqu'à la baie James, sauf en Estrie et dans le Bas-Saint-Laurent. Niche le long des côtes des Maritimes, sur le fleuve Saint-Jean et au parc national de Kejimkujik.

Alimentation : Plonge tête première pour capturer des petits poissons, près de la surface de l'eau. Consomme aussi des insectes aquatiques et de petits crustacés qu'elle trouve à la surface.

Habitat de nidification : Niche en colonies à proximité de plans d'eau douce ou salée, souvent sur des îles partiellement couvertes de végétation ou sur des cordons littoraux.

Nidification : Le nid est une simple dépression au sol que le couple garnit de brindilles, de cailloux et de débris divers. La femelle pond généralement 2 ou 3 oeufs. L'incubation, assurée par les deux adultes, débute dès la ponte du premier oeuf et dure de 21 à 27 jours. Les petits demeurent au nid 3 ou 4 jours avant de s'aventurer à l'extérieur. Ils sont nourris par les adultes jusqu'à l'âge de 60 à 90 jours, mais volent dès l'âge de 25 ou 26 jours.

Sterne arctique
Arctic Tern

p.106

Sterna paradisaea

Présence et répartition : Niche au Nouveau-Québec, sur la basse Côte-Nord et aux îles de la Madeleine. Dans les Maritimes, niche principalement à l'entrée de la baie de Fundy, sur la côte atlantique de la Nouvelle-Écosse et à l'île du Cap-Breton, ainsi que sur la côte nord de l'Île-du-Prince-Édouard et du Nouveau-Brunswick. De passage dans les Maritimes, dans le golfe et l'estuaire ; rare sur le fleuve en amont.

Alimentation : Se nourrit surtout de petits poissons (capelan et lançons) qu'elle capture près de la surface en plongeant tête première. Consomme aussi de petits crustacés qu'elle trouve à la surface de l'eau.

Habitat de nidification : Niche sur les côtes et dans les terres, en bordure des lacs et des tourbières de la forêt boréale. Plus au nord, niche sur des îlots et des pointes de sable.

Nidification : Le nid est une simple dépression au sol ou dans le roc, parfois garnie d'herbes. La couvée compte généralement 2 oeufs que les deux adultes couvent de 20 à 24 jours. Les petits demeurent au nid 1 à 3 jours. Aptes à l'envol à l'âge de 21 à 24 jours, les jeunes demeurent dépendants des parents au moins 30 à 60 jours encore.

Guifette noire
Black Tern

p.106

Chlidonias niger

Présence et répartition : Niche de l'Outaouais à Trois-Rivières, ainsi qu'en Abitibi et au Saguenay-Lac-Saint-Jean. Dans les Maritimes, niche sur le cours inférieur du fleuve Saint-Jean et dans l'isthme de Chignectou.

Alimentation : Se nourrit principalement d'insectes et de larves ; consomme aussi mollusques, écrevisses et petits poissons. Contrairement aux sternes, elle ne plonge pas pour s'alimenter, mais saisit ses proies en vol ou à la surface de l'eau.

Habitat de nidification : Niche en colonies, surtout en eau douce, dans les marais, les étangs bordés de végétation émergente et aux bords des lacs et des rivières.

Nidification : Le nid, construit par le couple, est un amoncellement de plantes aquatiques formant une structure flottante. La couvée compte généralement 3 oeufs. Les deux adultes couvent dès la ponte du premier oeuf et durant 20 à 22 jours. Les petits quittent le nid 2 à 3 jours après l'éclosion. Ils volent à l'âge de 19 à 28 jours, mais demeurent dépendants des adultes au moins 13 jours par la suite.

Mergule nain
Dovekie

p.34
Alle alle

Présence et répartition: Passe en migration dans l'estuaire et le golfe du Saint-Laurent. Hiverne sur la Côte-Nord, en Gaspésie, aux îles de la Madeleine et au large de l'Île-du-Prince-Édouard, du Nouveau-Brunswick et de la Nouvelle-Écosse.

Alimentation: Se déplace sous l'eau à l'aide de ses ailes, où il capture presque exclusivement de minuscules crustacés; consomme aussi de petits poissons dans les étangs d'eau douce.

Habitat de nidification: Niche en colonies sur des escarpements rocheux ou dans les talus d'éboulis au pied des falaises, au bord de la mer.

Nidification: La femelle ne pond qu'un seul oeuf dans le fond d'une crevasse sur un lit de petites pierres, garni quelquefois de débris végétaux. Les deux adultes couvent l'oeuf en le tenant sous une aile, appuyé contre le corps. L'incubation dure en moyenne 24 jours. Environ 15 jours après l'éclosion, les jeunes commencent à s'aventurer à l'entrée de la crevasse où les adultes les nourrissent. Vers l'âge de 28 jours, ils s'envolent et quittent la colonie en compagnie des deux parents.

Guillemot marmette (Marmette de Troïl)
Common Murre

p.32
Uria aalge

Présence et répartition: Niche sur la Côte-Nord, à l'île d'Anticosti, sur la côte est de la Gaspésie, aux îles de la Madeleine et à Grand-Manan, au Nouveau-Brunswick. Hiverne dans l'Atlantique au large de Terre-Neuve et de la Nouvelle-Écosse et ainsi qu'en petit nombre à l'entrée de la baie de Fundy.

Alimentation: Capture des poissons en les poursuivant sous l'eau. Le capelan est sa proie principale en période de nidification; mange aussi des harengs, des éperlans et des lançons à l'occasion.

Habitat de nidification: Niche dans les falaises, en colonies comptant souvent plusieurs milliers d'individus.

Nidification: Ne construit pas de nid; la femelle pond un oeuf directement sur le roc d'une corniche de falaise surplombant la mer. L'oeuf est pyriforme et tourne sur un arc au lieu de rouler au bas de la corniche. Les deux adultes se relaient pour couver durant 33 jours. Le petit séjourne dans la colonie jusqu'à l'âge de 18 à 29 jours; il quitte habituellement la colonie la nuit, en compagnie du mâle, afin d'échapper aux prédateurs, mais demeure dépendant des parents encore quelques semaines. Le jeune est capable de voler vers l'âge de 50 à 60 jours.

Guillemot de Brünnich (Marmette de Brünnich)　p.32
Thick-billed Murre　　　　　　　　　　　　*Uria lomvia*

Présence et répartition : Niche sur le détroit d'Hudson et aux îles de la Madeleine. Passe en migration dans le golfe et hiverne au large de Terre-Neuve et plus au sud dans l'Atlantique. Visiteur d'hiver au large de l'Île-du-Prince-Édouard, du Nouveau-Brunswick et de la Nouvelle-Écosse.

Alimentation : Se nourrit essentiellement de poissons qu'il poursuit sous la surface. En hiver, consomme surtout des capelans et des invertébrés.

Habitat de nidification : Niche en colonies de dizaines de milliers d'individus, dans des falaises abruptes surplombant la mer.

Nidification : Le couple ne construit pas de nid et la femelle pond son unique oeuf directement sur le roc d'une étroite corniche dans une falaise. Les deux adultes couvent durant 32 jours. Le petit séjourne dans la colonie durant une période moyenne de 21 jours puis va en mer où il dépend des adultes durant plusieurs semaines encore. On ignore l'âge du premier vol.

Petit Pingouin　　　　　　　　　　　　　　p.32
Razorbill　　　　　　　　　　　　　　　　*Alca torda*

Présence et répartition : Niche dans l'estuaire, à Anticosti, sur la Côte-Nord, en Gaspésie, aux îles de la Madeleine, à l'entrée de la baie de Fundy et au Cap-Breton. Hiverne dans l'Atlantique, notamment au large de Terre-Neuve et de la Nouvelle-Écosse, et à l'entrée de la baie de Fundy.

Alimentation : Capture des poissons qu'il poursuit sous l'eau en se propulsant à l'aide de ses ailes. Il consomme principalement des capelans et des lançons.

Habitat de nidification : Niche en colonies dans les falaises et les éboulis de rochers au bord de la mer.

Nidification : Le nid est plutôt rudimentaire. Aménagé au fond d'une crevasse, dans les rochers, ou parfois directement sur le roc d'une falaise, il est fabriqué avec des débris de végétaux et de petits cailloux. La femelle y pond un seul oeuf que les deux parents couvent de 33 à 39 jours. Le petit séjourne au nid environ 18 jours puis quitte la colonie pour se rendre en mer en compagnie du mâle, à la tombée de la nuit afin d'échapper aux goélands. Il est alors incapable de voler et dépend du père pendant plusieurs semaines encore. On ignore l'âge du premier vol.

Guillemot à miroir
Black Guillemot

p.34
Cepphus grylle

Présence et répartition : Niche dans le Bas-Saint-Laurent, sur la Côte-Nord, à Anticosti, en Gaspésie, aux îles de la Madeleine et sur les côtes du Nouveau-Québec. Niche dans les Maritimes, principalement dans le sud-ouest du Nouveau-Brunswick et de la Nouvelle-Écosse, à l'île du Cap-Breton et à l'Île-du-Prince-Édouard. Hiverne au large des lieux de nidification.

Alimentation : Les jeunes sont nourris exclusivement de poissons, mais les adultes consomment aussi des invertébrés. En hiver, ce guillemot pêche sous la surface de la glace où il capture des petits crustacés et des poissons.

Habitat de nidification : Niche en petites colonies dans les cavités rocheuses des falaises et dans les talus d'éboulis, au bord de la mer.

Nidification : Le nid est un simple lit de cailloux aménagé au fond d'un trou. La femelle pond généralement 2 oeufs et les deux adultes couvent durant 23 à 29 jours une fois la ponte terminée. Les petits séjournent au nid jusqu'à l'âge de l'envol, vers 34 à 39 jours. Ils quittent généralement le nid au crépuscule afin d'échapper aux prédateurs. Ils se rendent à l'eau seuls et commencent alors leur vie autonome.

Macareux moine
Atlantic Puffin

p.34
Fratercula arctica

Présence et répartition : Niche sur la moyenne et la basse Côte-Nord, à Anticosti, en Gaspésie et aux îles de la Madeleine. On compte trois colonies dans les Maritimes : à l'île Machias Seal au Nouveau-Brunswick, et aux îles Pearl et Hertford-Ciboux en Nouvelle-Écosse. Hiverne en mer dans l'Atlantique, notamment au large de Terre-Neuve. On le trouve aussi plus au sud.

Alimentation : Se nourrit de poissons qu'il capture sous la surface ; les lançons et le capelan sont ses proies principales.

Habitat de nidification : Niche en colonies dans des îles ou des falaises de la côte.

Nidification : Aménage son nid au fond d'un terrier qu'il creuse lui-même ou encore à l'abri dans un éboulis de roches. La femelle pond un seul oeuf que les deux parents couvent de 39 à 49 jours. Après l'éclosion, le petit séjourne au nid de 38 à 41 jours au cours desquels le mâle et la femelle le nourrissent. Ensuite, il s'envole et gagne la mer, devenu complètement autonome.

Pigeon biset
Rock Dove

p.128

Columbia livia

Présence et répartition : Sédentaire dans toutes les régions habitées du Québec mais plus abondant dans les villes du sud. Dans les Maritimes, habite en permanence toutes les régions habitées.

Alimentation : Essentiellement granivore ; mange des céréales et des graines de mauvaises herbes. Dans les villes, consomme aussi du pain et d'autres aliments qu'on lui offre ou qu'il trouve au sol. Les jeunes sont nourris de « lait de pigeon », substance laiteuse produite par les adultes. Les pigeons s'abreuvent en aspirant l'eau comme avec une paille.

Habitat de nidification : Niche en groupes sur les corniches et les toits, à l'intérieur des édifices, sous les ponts et les viaducs et quelquefois dans les falaises.

Nidification : Le nid est un petit amas de brindilles et de petites branches que le mâle apporte à la femelle. La couvée compte généralement 2 oeufs. Les deux parents couvent dès que la ponte est terminée et durant 18 jours en moyenne. Le séjour des petits au nid varie selon la saison de nidification : de 25 à 32 jours en été et jusqu'à 45 jours en hiver. Les jeunes volent vers l'âge de 30 ou 32 jours et dépendent des parents jusqu'à l'âge de 30 à 35 jours.

Tourterelle triste
Mourning Dove

p.128

Zenaida macroura

Présence et répartition : Niche dans toutes les régions habitées du Québec et des Maritimes. Hiverne au Saguenay-Lac-Saint-Jean, dans les vallées du Saint-Laurent et de l'Outaouais et dans les Maritimes.

Alimentation : Se nourrit de céréales et de graines de mauvaises herbes. Fréquente aussi les postes d'alimentation. Les jeunes sont nourris de « lait de pigeon » (substance laiteuse produite par les adultes) lorsqu'ils sont au nid. Les tourterelles boivent l'eau en l'aspirant comme avec une paille.

Habitat de nidification : Niche dans les bois clairs, les champs et les villes.

Nidification : Les deux adultes construisent habituellement le nid dans une fourche ou sur une branche horizontale haute de 1 à 10 m. Le nid peut se trouver également dans une structure artificielle. Le mâle apporte les matériaux (brindilles, herbes, aiguilles de pin) que la femelle assemble en un amoncellement lâche. La couvée compte généralement 2 oeufs que le mâle couve le jour et la femelle, le soir et la nuit. L'incubation débute dès la ponte du premier oeuf et dure 13 à 15 jours. Les petits demeurent au nid de 10 à 15 jours, jusqu'au moment de l'envol. Ils dépendent encore des parents pendant 7 jours environ.

Coulicou à bec noir
Black-billed Cuckoo

p.128

Coccyzus erythropthalmus

Présence et répartition : Niche dans l'extrême-sud du Québec, jusqu'en Abitibi dans le nord-ouest et localement jusque dans le Bas-Saint-Laurent, au Nouveau-Brunswick, dans le nord-ouest de l'Île-du-Prince-Édouard et localement dans le nord de la Nouvelle-Écosse. Visite exceptionnellement les autres régions et absent en hiver.

Alimentation : Se spécialise dans la consommation de chenilles dont l'abondance influe sur ses effectifs. Capture également des criquets et d'autres insectes dans le feuillage et mange à l'occasion des fruits.

Habitat de nidification : Niche en bordure des jeunes bois clairs, aux bords des cours d'eau et des marais et dans les friches.

Nidification : Le nid est habituellement bien dissimulé dans un buisson ou sur une branche d'arbre, à une hauteur de 1,2 à 1,8 m. Les deux parents construisent cet assemblage lâche et fragile de brindilles. La couvée compte généralement 2 ou 3 oeufs. Les deux parents couvent dès la ponte du premier oeuf et durant 10 à 14 jours ; l'éclosion peut s'étaler sur plusieurs jours. Les petits commencent à s'aventurer sur les branches à l'extérieur du nid vers l'âge de 7 jours et volent de 21 à 24 jours après l'éclosion.

Coulicou à bec jaune
Yellow-billed Cuckoo

p.128

Coccyzus americanus

Présence et répartition : Niche exceptionnellement de l'Outaouais aux Bois-Francs. Visite parfois les autres régions du Québec et les Maritimes, surtout en automne lors de la dispersion post-nuptiale. Absent en hiver.

Alimentation : Mange des cigales et diverses chenilles (spongieuse, chenille à tente estivale, livrée des forêts, livrée d'Amérique). Se nourrit aussi de fruits et de petits animaux.

Habitat de nidification : Niche dans les bois clairs et les vergers, ainsi que le long des routes et des cours d'eau. On le trouve aussi dans les friches envahies de buissons.

Nidification : Le nid, construit par les deux adultes, est un assemblage très lâche de brindilles, bien dissimulé dans un arbre ou un arbuste à une hauteur de 1 à 2 m. La couvée compte habituellement 4 oeufs que les deux adultes couvent dès la ponte du premier oeuf et durant 9 à 14 jours. L'éclosion peut s'étaler sur plusieurs jours. Les petits s'aventurent hors du nid 7 à 9 jours après l'éclosion et volent vers l'âge de 21 jours.

Petit-duc maculé
Eastern Screech-Owl

p.120

Otus asio

Présence et répartition : Sédentaire dans le sud-ouest du Québec ; pourrait nicher dans le sud du Nouveau-Brunswick.

Alimentation : Chasse durant la nuit des proies très diverses : petits rongeurs, oiseaux, salamandres, grenouilles, crapauds, gros insectes. Mange aussi des poissons à l'occasion.

Habitat de nidification : Niche dans les forêts claires de feuillus âgés, les érablières aménagées, les vergers et les parcs.

Nidification : La femelle choisit un trou qui peut être une cavité naturelle, un ancien trou de pic ou un nichoir artificiel ; elle pond généralement 4 ou 5 oeufs et couve presque seule dès la ponte du deuxième oeuf et durant 26 jours en moyenne. Les petits quittent le nid à un âge variant de 28 à 35 jours. Capables de voler quelques jours après la sortie du nid, ils demeurent encore dépendants des parents 35 à 64 jours, période durant laquelle ils ne s'éloigneront pas trop du nid.

Grand-duc d'Amérique
Great Horned Owl

p.118

Bubo virginianus

Présence et répartition : Sédentaire dans toutes les régions du Québec et des Maritimes, sauf en Ungava et aux îles de la Madeleine.

Alimentation : Le menu de ce chasseur nocturne est très varié : mammifères très divers, de la musaraigne à la mouffette, passereaux, gélinottes, canards et oies.

Habitat de nidification : Niche dans des habitats très divers : forêt, bord des marais, orée des bois d'où il part chasser dans les champs à la tombée de la nuit.

Nidification : Niche tôt dans l'année, parfois dès février. Utilise habituellement un vieux nid de Buse à queue rousse, de corneille, de corbeau, d'écureuil gris, de Grand Héron ou de balbuzard. La femelle pond généralement 2 ou 3 oeufs qu'elle commence à couver seule dès la ponte du premier oeuf et pendant 26 à 30 jours. Les petits séjournent au nid de 28 à 35 jours puis s'aventurent à proximité. Ils sont dépendants des adultes jusque vers l'âge de l'envol, entre 63 et 70 jours.

Harfang des neiges
Snowy Owl

p.118
Nyctea scandiaca

Présence et répartition : Niche dans l'Ungava. Oiseau emblématique du Québec, qui hiverne en nombre variable selon les années dans la vallée du Saint-Laurent et au Lac-Saint-Jean. Visiteur d'hiver dans les Maritimes.

Alimentation : Ce chasseur diurne se nourrit principalement de lemmings en été. Il consomme d'autres espèces de petits mammifères et d'oiseaux, autant dans l'Arctique que dans les lieux d'hivernage.

Habitat de nidification : Niche dans la toundra arctique, particulièrement là où le paysage est ponctué de monticules, souvent dans les vallées ou dans les plaines humides près de la côte.

Nidification : Le nid est souvent situé près de l'eau ; c'est une dépression que creuse la femelle dans la terre, habituellement au sommet d'un monticule, ou une dépression naturelle au sommet d'un gros rocher. La couvée, qui varie selon l'abondance de la nourriture disponible, compte de 3 à 14 oeufs selon les années. La femelle couve dès la ponte du premier oeuf et durant 32 jours après la ponte du dernier. Les petits quittent le nid à l'âge de 14 à 26 jours et commencent à s'aventurer dans la toundra où le mâle les nourrit. Capables de voler vers l'âge de 50 jours, les jeunes demeurent dépendants des adultes de 35 à 49 jours après la sortie du nid.

Chouette épervière
Northern Hawk-Owl

p. 120
Surnia ulula

Présence et répartition : Niche en zone boréale au nord du Saint-Laurent, en Gaspésie et exceptionnellement au Nouveau-Brunswick. Visite en hiver toutes les régions habitées du Québec et rarement les trois provinces maritimes.

Alimentation : Chasse le jour et se nourrit essentiellement de petits rongeurs et de musaraignes. Son menu change si ses proies de prédilection sont rares : elle mange alors des écureuils, des grenouilles et des poissons, parfois des oiseaux.

Habitat de nidification : Niche en forêt boréale, en bordure des tourbières, des brûlés ou d'autres milieux ouverts.

Nidification : Construit par la femelle à l'aide de branches et de mousse et garni de plumes à l'intérieur, le nid est habituellement installé au sommet d'un chicot ou dans la fourche d'un arbre sec, jusqu'à 18 m du sol. La couvée compte généralement 5 à 7 oeufs. L'incubation, assurée uniquement par la femelle, commence à la ponte du premier oeuf et dure de 25 à 30 jours. Les petits quittent le nid environ 20 ou 28 jours après l'éclosion. Aptes à voler vers 25 à 35 jours, ils demeurent dépendants des adultes jusqu'à l'âge de 60 à 90 jours.

Chouette rayée
Barred Owl

p. 118
Strix varia

Présence et répartition: Sédentaire dans le sud du Québec et dans les Maritimes, hors de la grande forêt de conifères.

Alimentation: Chasse la nuit; se nourrit surtout de petits rongeurs et de musaraignes. Mange aussi de petits oiseaux, des insectes et des grenouilles.

Habitat de nidification: Niche dans les vieilles forêts de feuillus ou mixtes.

Nidification: Bien qu'elle préfère les cavités naturelles, elle utilise aussi d'anciens nids d'oiseaux de proie, d'écureuils ou de corneilles. La femelle pond généralement 2 oeufs qu'elle couve seule de 28 à 33 jours; 28 à 35 jours après l'éclosion, les jeunes s'aventurent à proximité du nid. Ils volent vers 42 à 63 jours et demeurent dépendants des adultes jusqu'au début de l'automne.

Chouette lapone
Great Gray Owl

p. 118
Strix nebulosa

Présence et répartition: Niche depuis la Radissonie jusqu'à Chibougamau vers l'est. Visite parfois le sud du Québec en hiver et, exceptionnellement, les Maritimes. Espèce « vulnérable » au Québec.

Alimentation: Chasse principalement à la tombée du jour et durant la nuit. Se nourrit surtout de petits rongeurs et de musaraignes. Mange aussi des oiseaux et des amphibiens.

Habitat de nidification: Niche en forêt boréale, aux abords des tourbières et d'autres milieux ouverts.

Nidification: Plutôt que construire un nid, cette chouette réutilise un vieux nid d'autour, de buse, de corbeau ou de balbuzard installé au sommet d'un arbre jusqu'à une hauteur de 15 m. La couvée compte généralement 2 à 6 oeufs. La femelle couve seule dès la ponte du premier oeuf et durant 28 à 30 jours. Les jeunes commencent à s'aventurer hors du nid vers l'âge de 21 à 28 jours et volent dès 28 à 42 jours après l'éclosion. Les adultes les nourrissent jusqu'à la fin de l'été.

Hibou moyen-duc
Long-eared Owl

p.118
Asio otus

Présence et répartition: Niche dans le sud du Québec et peut-être partout dans les Maritimes. Demeure parfois en hiver dans la vallée du Saint-Laurent, en Estrie et dans les Maritimes.

Alimentation: Essentiellement nocturne, il se nourrit surtout de campagnols qu'il capture en milieu ouvert. Mange aussi des souris, des musaraignes et de petits oiseaux.

Habitat de nidification: Niche à l'orée des forêts mixtes ou de conifères, dans les boisés de ferme, les parcs et les vergers.

Nidification: Ne construit pas de nid, mais réutilise un vieux nid de corneille, d'écureuil ou d'oiseau de proie situé à une hauteur de 3 à 9 m. La femelle pond généralement 4 ou 5 oeufs, qu'elle couve seule dès la ponte du premier oeuf et durant 21 à 28 jours. Les jeunes quittent le nid de 21 à 24 jours après l'éclosion et peuvent voler vers 30 à 35 jours. Ils continuent d'être nourris jusqu'à l'âge de 56 à 63 jours.

Hibou des marais
Short-eared Owl

p.120
Asio flammeus

Présence et répartition: Niche un peu partout au Québec sauf dans l'extrême-nord. Niche localement près des côtes des Maritimes.

Alimentation: Chasse, surtout au crépuscule, des campagnols – qui comptent pour 95 % de ses proies –, d'autres mammifères, de petits oiseaux et de gros insectes. Dans le nord du Québec, chasse aussi des lemmings.

Habitat de nidification: Niche au sol en milieu ouvert dans les champs, les marais, les tourbières et la toundra.

Nidification: Le nid, plutôt rudimentaire, est une dépression bien dissimulée dans la végétation herbacée. La couvée compte généralement 4 à 7 oeufs que la femelle couve seule dès la ponte du premier oeuf et durant 24 à 29 jours. Les jeunes demeurent au nid de 12 à 18 jours avant de s'aventurer dans la végétation environnante où les parents les nourrissent jusqu'à quelques semaines après leur envol, vers l'âge de 24 à 27 jours.

Nyctale de Tengmalm (Nyctale boréale) p.120
Boreal Owl *Aegolius funereus*

Présence et répartition : Nicheur sédentaire en forêt boréale, aux îles de la Madeleine, dans la péninsule acadienne et à l'île du Cap-Breton. Visite parfois les autres régions en hiver.

Alimentation : Se nourrit principalement de campagnols qu'elle chasse la nuit. Mange aussi des musaraignes, des souris, des oiseaux, des grenouilles et des insectes.

Habitat de nidification : Niche en forêt boréale et en forêt mixte, là où les arbres offrent les cavités nécessaires à sa nidification.

Nidification : Le nid est aménagé dans un trou situé à un peu plus de 5 m du sol en moyenne. La couvée compte habituellement 4 à 6 oeufs. Dès la ponte du premier oeuf, la femelle couve seule durant 25 à 32 jours. Les jeunes quittent le nid 30 à 32 jours après l'éclosion, vers l'âge où ils sont capables de voler. Les parents les nourrissent encore 35 à 42 jours après l'envol.

Petite Nyctale p.120
Northern Saw-whet Owl *Aegolius acadicus*

Présence et répartition : Niche dans le sud du Québec, de l'Abitibi à Baie-Comeau, et dans l'ensemble des Maritimes. Hiverne en partie dans son aire de nidification.

Alimentation : Chasseur nocturne qui se nourrit essentiellement de petits mammifères : souris, campagnols, musaraignes. Mange aussi de petits oiseaux et des insectes.

Habitat de nidification : Niche dans les forêts denses, feuillues ou mixtes. Affectionne les terrains mal drainés parsemés de mélèzes et de thuyas et les aulnaies denses.

Nidification : Fait son nid dans les anciens trous de Pic flamboyant ou de Pic chevelu, les cavités naturelles et les nichoirs, notamment ceux destinés au Canard branchu, entre 6 à 18 m du sol. La couvée compte généralement 5 ou 6 oeufs. L'incubation, assurée uniquement par la femelle, commence avec la ponte du premier oeuf et dure de 27 à 29 jours. Les jeunes demeurent au nid jusqu'au moment de l'envol, 27 à 36 jours après l'éclosion. Les parents les nourrissent encore pendant une trentaine de jours après la sortie du nid.

Engoulevent d'Amérique
Common Nighthawk

p.134
Chordeiles minor

Présence et répartition: Niche dans tout le sud du Québec, sauf aux îles de la Madeleine, et partout dans les Maritimes.

Alimentation: Partiellement diurne, chasse en fin de journée et au crépuscule. Se nourrit essentiellement d'insectes qu'il capture en vol et s'abreuve en vol en effleurant de son bec la surface de l'eau.

Habitat de nidification: Niche en terrain ouvert sur les affleurements rocheux et les plages, dans les brûlés et les clairières. En ville, niche sur les toits plats recouverts de gravier.

Nidification: Cet engoulevent ne construit pas de nid. Les oeufs, généralement au nombre de 2, sont déposés directement sur le gravier, le sable, le roc ou le sol par la femelle, qui couve seule durant 19 à 29 jours dès la ponte du premier oeuf. Sur les toits, où la température peut atteindre 43 °C, la femelle maintient les oeufs à 15 °C. Les jeunes sont nidifuges et commencent à se déplacer sur de courtes distances le jour de l'éclosion. Ils prennent leur envol vers l'âge de 21 à 23 jours et demeurent dépendants des adultes jusqu'à l'âge de 30 jours. Une mère dérangée au nid peut déménager ses oeufs ou ses petits à un nouvel endroit.

Engoulevent bois-pourri
Whip-poor-will

p.134
Caprimulgus vociferus

Présence et répartition: Niche dans le sud du Québec, essentiellement à l'ouest de Québec et au sud de la forêt boréale, ainsi que dans le sud-ouest du Nouveau-Brunswick, le bassin de la Miramichi et le centre-sud de la Nouvelle-Écosse.

Alimentation: Chasseur nocturne qui s'alimente essentiellement d'insectes, notamment des gros papillons de nuit. Chasse en vol ou à l'affût, au sol. Fouille la litière pour trouver des insectes.

Habitat de nidification: Niche à proximité des champs bordés ou parsemés de buissons, dans les forêts sèches qui présentent des clairières, notamment les jeunes bois de pins, de chênes et de hêtres.

Nidification: Cet engoulevent ne construit pas de nid. La femelle dépose ses oeufs, généralement 2, sur une épaisse litière d'aiguilles de pins ou de feuilles mortes, sous un épais buisson ou tout près. L'incubation, assurée principalement par la femelle, débute avec la ponte du premier oeuf et dure 19 ou 20 jours. Les jeunes ne demeurent au nid que quelques jours après l'éclosion. Ils prennent leur envol à l'âge de 20 jours mais ils demeurent dépendants des parents jusqu'à l'âge de 35 à 42 jours.

Martinet ramoneur
Chimney Swift

p.134
Chaetura pelagica

Présence et répartition : Niche dans le sud du Québec jusqu'à l'Abitibi et à Baie-Comeau, ainsi que dans toutes les régions du Nouveau-Brunswick et de la Nouvelle-Écosse. Visite l'Île-du-Prince-Édouard. Absent en hiver.

Alimentation : Se nourrit d'insectes qu'il capture en vol.

Habitat de nidification : Niche en colonies dans un endroit obscur et abrité tel un arbre creux de bonne dimension, une grotte ou encore une cheminée, une grange, un silo ou un bâtiment vide.

Nidification : Le nid, construit par le couple, est formé de petites branches mortes qui sont arrachées des arbres par les oiseaux en vol. Les matériaux sont collés à la paroi avec une sécrétion buccale. La femelle pond généralement 4 ou 5 oeufs lorsque la construction du nid est à demi achevée. L'incubation, assurée par les deux adultes, débute avec la ponte du dernier oeuf et dure de 19 à 21 jours. Les jeunes quittent le nid de 14 à 19 jours après l'éclosion, volent à l'âge de 28 à 39 jours, et sont nourris encore 7 jours par la suite.

Colibri à gorge rubis
Ruby-throated Hummingbird

p.138
Archilochus colubris

Présence et répartition : Niche dans tout le sud du Québec. Dans les Maritimes, niche dans toutes les régions. Absent en hiver.

Alimentation : Se nourrit du nectar des fleurs ; attiré par les fleurs tubulaires comme celles des impatientes, des ancolies, de la lobélie et du chèvrefeuille. Mange aussi de minuscules insectes et vient aux abreuvoirs d'eau sucrée placés à son intention. Absent en hiver.

Habitat de nidification : Fréquente divers habitats ouverts : jardins, vergers, clairières, lisières des forêts de feuillus ou mixtes.

Nidification : La femelle fabrique seule le nid à l'aide d'écailles de bourgeons et de duvet végétal qu'elle recouvre, à l'extérieur, de fragments de lichen, le tout étant retenu par des fils d'araignée. Cette petite coupe extensible s'adapte à la taille des petits ; elle est habituellement fixée sur une branche, jusqu'à 15 m de haut. La femelle pond 2 oeufs qu'elle couve durant 16 jours. Les jeunes demeurent au nid jusqu'à l'envol, à un âge variant entre 14 et 28 jours. Ils sont encore nourris par la mère une journée environ après la sortie du nid.

Martin-pêcheur d'Amérique
Belted Kingfisher

p.138

Ceryle alcyon

Présence et répartition : Niche dans tout le Québec, sauf en Ungava, et partout dans les Maritimes. Normalement absent en hiver.

Alimentation : Les petits poissons comptent pour 50 à 90 % de son alimentation. Mange aussi des écrevisses, de gros insectes et des grenouilles à l'occasion.

Habitat de nidification : Niche généralement près de l'eau (lacs, rivières, ruisseaux ou lagunes littorales).

Nidification : Niche dans un terrier long de 1 à 2 m que les deux parents creusent, pas nécessairement près de l'eau, dans un escarpement de terre meuble, une sablière, un remblai routier ou une colonie d'Hirondelles de rivage. La couvée compte généralement de 6 à 10 oeufs que les deux parents couvent 23 ou 24 jours. Les adultes nourrissent les petits au nid pendant 23 à 35 jours. Les jeunes volent vers l'âge de 28 jours.

Pic à tête rouge
Red-headed Woodpecker

p.144

Melanerpes erythrocephalus

Présence et répartition : Niche dans la région de Montréal et l'Outaouais ; considéré comme une espèce « vulnérable » au Québec. Visite les autres régions du sud du Québec, parfois en hiver. Dans les Maritimes, visiteur rare en toutes saisons mais plus fréquent en automne. Normalement absent en hiver.

Alimentation : Le régime alimentaire est fort diversifié et varie selon les saisons : sauterelles, fruits, noix, glands. Capture aussi des insectes en vol, s'élançant de son perchoir comme un moucherolle. En hiver, fréquente occasionnellement les mangeoires.

Habitat de nidification : Niche dans les forêts claires de feuillus âgés, les parcs urbains, les haies d'arbres en bordure des rivières et des champs.

Nidification : Il aménage son nid dans une cavité dont l'excavation nécessite 12 à 14 jours de travail ; c'est principalement le mâle qui creuse. La couvée compte généralement 4 ou 5 oeufs que les deux parents couvent de 12 à 14 jours. Les jeunes sont nourris au nid par le mâle et la femelle pendant 27 à 31 jours. Ils quittent le nid lorsqu'ils peuvent voler.

Pic à ventre roux
Red-bellied Woodpecker

p.146

Melanerpes carolinus

Présence et répartition : Visiteur rare observé surtout en automne et en hiver dans l'extrême-sud du Québec et en automne dans les Maritimes.

Alimentation : Se nourrit en arpentant le tronc des arbres, à la recherche d'insectes et de larves qui forent le bois. Consomme aussi des glands, des faînes et de petits fruits. Visite les mangeoires.

Habitat de nidification : Niche dans les bois inondés ainsi qu'à l'orée des forêts de feuillus.

Nidification : C'est le mâle qui creuse le trou dans un arbre mort, jusqu'à 15 m du sol. La femelle pond généralement 4 ou 5 oeufs que les deux adultes couvent de 12 à 14 jours. Nourris par le mâle et la femelle, les jeunes quittent le nid lorsqu'ils sont capables de voler, vers l'âge de 24 à 27 jours. Les adultes continuent cependant de les nourrir de 42 à 75 jours après la sortie du nid.

Pic maculé
Yellow-bellied Woodpecker

p.144

Sphyrapicus varius

Présence et répartition : Niche dans toutes les régions du Québec méridional et des Maritimes. Migrateur dans toutes les régions.

Alimentation : Boit la sève qu'il prélève en creusant des petits trous alignés en rangées sur l'écorce des arbres ; consomme aussi les insectes qui y sont attirés, notamment des guêpes. Son régime change avec les saisons : au printemps, il mange beaucoup de fourmis au sol comme le Pic flamboyant ; en été, il capture en vol insectes, libellules et papillons de nuit ; en automne, il ajoute des petits fruits à son menu.

Habitat de nidification : Niche dans les vieilles forêts de feuillus ou mixtes ; c'est le pic le plus commun des érablières de la zone décidue.

Nidification : Le mâle creuse seul, jusqu'à 23 m du sol, la cavité qui servira de nid. La couvée compte généralement 5 ou 6 oeufs que les deux adultes couvent 12 ou 13 jours. Vers 25 à 29 jours après l'éclosion, les jeunes quittent le nid en s'envolant. Hors du nid, les parents les nourrissent encore de 7 à 14 jours.

Pic mineur
Downy Woodpecker

p.144
Picoides pubescens

Présence et répartition: Présent toute l'année partout dans le Québec méridional et les Maritimes, sauf aux îles de la Madeleine.

Alimentation: Se nourrit principalement d'insectes qu'il capture en perforant l'écorce des arbres. Varie toutefois son menu selon les saisons, y ajoutant des fruits en automne, et la larve de la gale de la verge d'or en hiver. Fréquente les mangeoires.

Habitat de nidification: Niche en forêt de feuillus ou mixte, dans les vergers, les parcs et les quartiers boisés des villes.

Nidification: Le mâle et la femelle creusent tous deux, durant 13 à 20 jours, le trou qui servira au nid. Celui-ci est habituellement situé dans un arbre mort, jusqu'à 18 m de haut. La couvée compte généralement 4 ou 5 oeufs; l'incubation, assurée par le mâle et la femelle, dure une douzaine de jours. Jusqu'à l'âge de 20 à 25 jours, les jeunes sont nourris par les deux adultes alors qu'ils sont encore au nid. Ils s'envolent ensuite mais demeurent dépendants des parents encore 21 jours environ.

Pic chevelu
Hairy Woodpecker

p.144
Picoides villosus

Présence et répartition: Présent toute l'année dans tout le sud du Québec et partout dans les Maritimes.

Alimentation: Se nourrit essentiellement de larves de coléoptères qui creusent des galeries sous l'écorce ou dans les troncs. Mâle et femelle s'alimentent différemment: la femelle soulève des morceaux d'écorce en donnant, de côté, des petits coups de bec réguliers tandis que le mâle frappe perpendiculairement au tronc afin de rejoindre les insectes logés plus profondément. Visite les mangeoires en hiver.

Habitat de nidification: Niche dans les forêts âgées décidues, mixtes ou conifériennes, dans les brûlés et quelquefois dans les quartiers boisés des villes.

Nidification: Le mâle creuse un nouveau trou chaque année; il consacre de 7 à 21 jours à cette tâche. La cavité est souvent aménagée dans une partie morte d'un arbre encore vivant. La femelle pond généralement 4 oeufs que les deux adultes couvent durant 11 ou 12 jours. Les deux adultes nourrissent les petits au nid jusqu'à l'envol, vers l'âge de 28 à 30 jours. À l'extérieur du nid, les jeunes demeurent dépendants des parents durant encore 14 jours.

Pic tridactyle
Three-toed Woodpecker

p.146

Picoides tridactylus

Présence et répartition : Habite à l'année la forêt boréale, atteignant au sud les Chic-Chocs et la réserve des Laurentides. Dans les Maritimes, niche dans les montagnes du nord-ouest du Nouveau-Brunswick et dans les hautes-terres du Cap-Breton ; il a rarement niché à l'Île-du-Prince-Édouard. Visite les autres régions en hiver.

Alimentation : Le régime alimentaire est composé à 75 % de larves de coléoptères et de lépidoptères qui rongent le bois des conifères morts ou mourants. Consomme aussi d'autres insectes et des araignées, de la sève et de la résine.

Habitat de nidification : Niche en forêt boréale, plus particulièrement dans les secteurs infestés de maladies, brûlés ou inondés par des barrages de castors.

Nidification : La cavité est excavée, à n'importe quelle hauteur, dans une souche, un conifère ou un peuplier. La couvée compte généralement 3 à 5 oeufs que le mâle et la femelle couvent durant 11 à 14 jours. Les jeunes quittent le nid au moment de leur premier vol, vers l'âge de 22 à 26 jours. Ils demeurent dépendants des parents 30 à 60 jours après la sortie du nid.

Pic à dos noir
Black-backed Woodpecker

p.146

Picoides arcticus

Présence et répartition : Niche au Québec au nord d'une ligne reliant le Pontiac à Montmagny et à l'est de Québec. Niche localement dans les trois provinces maritimes. Sort parfois de son aire de nidification en hiver pour visiter les autres régions.

Alimentation : Régime essentiellement insectivore, composé surtout de coléoptères qu'il trouve en pelant l'écorce des arbres ; mange aussi des chenilles et des fourmis.

Habitat de nidification : Niche dans une éclaircie, en forêt de conifères : coupe forestière, brûlé, zone inondée par les castors ou infestée par des insectes.

Nidification : Le mâle et la femelle creusent ensemble un trou situé entre 60 cm et 4,6 m de hauteur, dans le tronc d'un conifère mort ou vivant, parfois dans un feuillu ou un poteau. La femelle pond 4 oeufs en moyenne, que les deux adultes incubent de 12 à 14 jours. Les petits sont nourris au nid par les parents jusqu'à l'envol, vers 25 jours. Les jeunes demeurent dépendants des parents encore quelques semaines après la sortie du nid.

Pic flamboyant
Northern Flicker

p.146
Colaptes auratus

Présence et répartition : Niche dans tout le sud du Québec et partout dans les Maritimes. Absent en hiver ; arrive assez tôt au printemps et peut rester tard à l'automne.

Alimentation : Se nourrit surtout au sol de fourmis, qui comptent pour près de 50 % de son régime alimentaire en été. En automne, mange aussi des fruits et des graines.

Habitat de nidification : Niche dans les forêts claires, les brûlés, les lisières de coupes forestières, les jardins à la campagne et en banlieue.

Nidification : Le couple creuse une cavité dans un tronc, un piquet de clôture ou un poteau, à n'importe quelle hauteur à plus de 60 cm du sol. Les parents consacrent de 5 à 28 jours à cette tâche. La couvée compte généralement 6 à 8 oeufs que les deux parents couvent 11 ou 12 jours. Les jeunes sont nourris au nid par le mâle et la femelle jusqu'à l'envol, vers l'âge de 25 à 28 jours. Ils demeurent dépendants des adultes de 14 à 21 jours après la sortie du nid.

Grand Pic
Pileated Woodpecker

p.144
Dryocopus pileatus

Présence et répartition : Nicheur sédentaire au sud de la forêt boréale, de l'Abitibi jusqu'au-delà du Saguenay au nord, et dans l'ensemble du Nouveau-Brunswick et de la Nouvelle-Écosse ; niche peut-être dans le sud-est de l'Île-du-Prince-Édouard.

Alimentation : Se nourrit essentiellement d'insectes foreurs, au stade larvaire ou adulte. Consomme beaucoup de fourmis gâte-bois, principalement en hiver. En été, se nourrit surtout au sol ; capture les insectes à l'intérieur des bûches et des souches. En été et en automne, mange aussi de petits fruits sauvages.

Habitat de nidification : Niche dans les forêts âgées de feuillus, de conifères ou mixtes. Fréquente à l'occasion les petits bois ou les parcs.

Nidification : La femelle, et surtout le mâle, participent à l'excavation, qui dure un mois. Le trou est habituellement creusé dans un arbre mort ou dans la cime morte d'un arbre vivant, entre 4 et 25 m de hauteur. La couvée compte généralement 4 oeufs. Le mâle couve durant la nuit et la femelle, durant le jour, pendant 18 jours en moyenne. Les parents nourrissent les petits au nid jusqu'au moment de l'envol, 24 à 28 jours après l'éclosion. Les jeunes dépendent probablement des adultes jusqu'en septembre.

Moucherolle à côtés olive
Olive-sided Flycatcher

p.130

Contopus cooperi

Présence et répartition : Niche dans tout le Québec méridional, sauf du sud de l'Outaouais aux Bois-Francs, et dans toutes les régions des Maritimes. Absent en hiver.

Alimentation : Guette les insectes, notamment les abeilles et les fourmis volantes, qu'il capture en vol, après s'être élancé de son perchoir.

Habitat de nidification : Niche dans les éclaircies en forêt mixte ou boréale, souvent près de l'eau : étangs à castors, lisières de coupes forestières, clairières, tourbières et brûlés, partout où il y a des perchoirs pour faire le guet.

Nidification : Le nid, composé de brindilles, de mousses, de lichens et de radicelles, est habituellement installé loin du tronc sur une branche horizontale de conifères, entre 2 et 15 m du sol. La couvée compte généralement 3 ou 4 oeufs que la femelle couve de 14 à 17 jours. Les jeunes séjournent au nid environ 23 jours, jusqu'au moment de l'envol.

Pioui de l'Est
Eastern Wood-Pewee

p.132

Contopus virens

Présence et répartition : Niche au Québec au sud de la forêt boréale. Dans les Maritimes, niche hors des grandes forêts de conifères. Arrive assez tard au printemps.

Alimentation : Se nourrit essentiellement d'insectes capturés en vol. Le pioui se perche généralement sur de petites branches sèches, près du tronc des arbres morts. Il se spécialise dans la capture d'homéoptères, de coléoptères et de diptères.

Habitat de nidification : Niche principalement dans les forêts de feuillus ou mixtes. Fréquente aussi les grands arbres de parcs urbains.

Nidification : La femelle construit le nid à l'extrémité d'une branche horizontale, à n'importe quelle hauteur à plus de 2 m du sol. Le nid, recouvert de lichen, est maintenu sur la branche avec des toiles d'araignée ; il se confond parfaitement avec les noeuds des vieilles branches. La couvée compte habituellement 3 oeufs que la femelle couve de 12 à 13 jours. Les jeunes demeurent au nid jusqu'au moment de leur premier vol, à l'âge de 14 à 18 jours

Moucherolle à ventre jaune p.132
Yellow-bellied Flycatcher *Empidonax flaviventris*

Présence et répartition : Niche dans tout le Québec méridional au-delà de la zone décidue et dans toutes les régions des Maritimes. Absent en hiver.

Alimentation : Capture essentiellement des insectes volant près du sol : fourmis volantes, abeilles, guêpes. Mange aussi des araignées et des fruits de sorbier lorsque les insectes se raréfient à l'automne.

Habitat de nidification : Niche dans les forêts humides et les tourbières, en zone boréale et en zone de forêt mixte.

Nidification : La femelle construit seule le nid, dans la mousse ou la sphaigne près du sol. Elle s'installe souvent dans un abri formé par les racines d'un arbre, le côté d'une butte ou un rocher, parfois dans un arbre déraciné. Elle pond généralement 4 oeufs qu'elle couve seule durant 14 jours en moyenne. Les petits demeurent au nid jusqu'à l'envol, qui se produit 13 ou 14 jours après l'éclosion.

Moucherolle des aulnes p.132
Alder Flycatcher *Empidonax alnorum*

Présence et répartition : Niche dans tout le sud du Québec et partout dans les Maritimes. Absent en hiver.

Alimentation : Tout comme les autres moucherolles, se nourrit principalement d'insectes qu'il capture en vol, délaissant son perchoir pour un instant. Il lui arrive de consommer des petits fruits.

Habitat de nidification : Niche en terrain humide : fourrés en bordure des cours d'eau, des lacs, des étangs, des marais et des tourbières, friches humides.

Nidification : La femelle construit le nid dans un arbuste, entre 60 et 90 cm du sol en général. Cette coupe, d'aspect plutôt délabré, est faite d'herbes, de tiges, de duvet végétal, de petites branches, de débris végétaux divers et de fils d'araignée ; elle est garnie d'herbes fines et de duvet de quenouille. La couvée compte généralement 3 ou 4 oeufs que la femelle couve seule de 12 à 14 jours. Les jeunes demeurent au nid jusqu'à l'envol, 13 à 16 jours après l'éclosion.

Moucherolle des saules
Willow Flycatcher

p.132
Empidonax traillii

Présence et répartition: Niche localement, surtout de l'Outaouais à la Montérégie au Québec, ainsi que dans le sud du Nouveau-Brunswick, à l'Île-du-Prince-Édouard et en Nouvelle-Écosse. Espèce en expansion, absente l'hiver.

Alimentation: Se nourrit essentiellement d'insectes capturés en vol à la manière typique des moucherolles.

Habitat de nidification: Niche en milieu ouvert où poussent des massifs d'arbustes, surtout en terrain sec.

Nidification: La femelle construit seule le nid qu'elle aménage habituellement dans une fourche d'aubépine ou de saule, entre 1 à 1,5 m du sol. Le nid, en forme de coupe, est fabriqué de divers débris végétaux, de poils, de fils d'araignée et même de papier et de plastique; il est plus généreusement garni de duvet végétal, d'herbes fines, de poils, de mousses et d'aiguilles de pin que celui du Moucherolle des aulnes. La couvée compte généralement 3 ou 4 oeufs que la femelle incube seule de 12 à 15 jours. Les petits demeurent au nid jusqu'à l'envol, à un âge variant de 11 à 14 jours.

Moucherolle tchébec
Least Flycatcher

p.132
Empidonax minimus

Présence et répartition: Niche dans le sud du Québec, sauf à Anticosti et aux îles de la Madeleine, et dans les Maritimes. Absent en hiver.

Alimentation: Insectivore; plonge sur les insectes posés. Se nourrit également à la manière des autres moucherolles.

Habitat de nidification: Niche en petites colonies lâches dans les peuplements denses mixtes ou feuillus; niche aussi dans les forêts plus claires de feuillus, dans les parcs et à l'orée des forêts.

Nidification: La femelle construit seule le nid près du tronc ou dans une fourche d'un arbre à une hauteur variant de 1 à 18 m. En forme de coupe, il est fait d'écorce, de petites branches, de racines et de poils d'animaux. La femelle pond généralement 4 oeufs qu'elle incube seule de 12 à 14 jours. Après l'éclosion, les petits sont nourris au nid par les deux adultes durant 12 à 16 jours. Ils quittent le nid lorsqu'il sont capables de voler mais les adultes les nourrissent encore durant 10 à 20 jours.

Moucherolle phébi
Eastern Phoebe

p.130
Sayornis phoebe

Présence et répartition : Niche au sud du 48e parallèle au Québec, du Pontiac au Bas-Saint-Laurent. Nicheur dans le sud du Nouveau-Brunswick et la vallée du Saint-Jean ; niche localement en Nouvelle-Écosse et à l'Île-du-Prince-Édouard. Arrive tôt au printemps.

Alimentation : Se nourrit essentiellement d'insectes qu'il capture en vol, en quittant momentanément le perchoir d'où il fait le guet. Mange aussi des petits fruits, des graines et à l'occasion des poissons et des grenouilles de petite taille.

Habitat de nidification : Niche dans des habitats assez variés, depuis la forêt de feuillus jusqu'aux milieux ouverts et humanisés, notamment au bord des cours d'eau. Niche souvent à l'abri de structures comme les ponts et les vieux bâtiments.

Nidification : Le nid, construit presque exclusivement par la femelle et parfois réutilisé, est habituellement posé sur une poutre ou une corniche à une hauteur variant de 1 à 3 m. Rond, il est fait de boue, de mousse, de racines et d'herbe. La femelle y pond généralement 5 oeufs qu'elle incube seule durant 16 jours. Les petits demeurent au nid jusqu'à l'envol ; pendant cette période de 15 à 17 jours, et durant deux à trois semaines au-delà, les deux parents les nourrissent. Il y a généralement deux couvées par année.

Tyran huppé
Great Crested Flycatcher

p.130
Myiarchus crinitus

Présence et répartition : Nicheur surtout au sud du 47e parallèle au Québec, dans le sud-ouest du Nouveau- Brunswick et localement dans le sud-ouest de la Nouvelle-Écosse. Arrive au printemps avec les grandes vagues de passereaux insectivores.

Alimentation : Se nourrit d'une grande variété d'insectes et de larves : coléoptères, abeilles, guêpes, mouches, papillons, moustiques, libellules, grillons, sauterelles. Capture des insectes en vol ou en explorant le feuillage, l'écorce ou le sol.

Habitat de nidification : Niche dans les forêts âgées où les feuillus dominent, ainsi qu'en milieux assez ouverts : parcs, jardins, vergers.

Nidification : Le nid occupe habituellement une cavité naturelle, un ancien trou de pic ou, à l'occasion, un nichoir artificiel, à une hauteur très variable, de 60 cm à 23 m. Le nid est fabriqué par la femelle avec des matériaux végétaux, des plumes et des débris divers, incluant parfois du cellophane ou des peaux de couleuvres. La femelle pond généralement 5 oeufs qu'elle couve seule de 13 à 15 jours. Les jeunes demeurent au nid de 13 à 15 jours, jusqu'à l'envol. Les deux adultes les nourrissent encore trois semaines après le départ du nid.

Tyran tritri
Eastern Kingbird

p.130
Tyrannus tyrannus

Présence et répartition : Au Québec et dans les Maritimes, l'aire de nidification de l'espèce se confond avec le territoire défriché. Absent en hiver.

Alimentation : Se nourrit principalement d'insectes qu'il capture dans les airs à la manière typique des moucherolles, ou encore sur le feuillage en volant sur place. Quand les insectes se font rares à l'automne, il mange des fruits.

Habitat de nidification : Niche à l'orée des bois, dans les champs et les pâturages, surtout en zones de bocage, dans les vergers et au bord des marais, des lacs, des étangs et des cours d'eau.

Nidification : Le nid est habituellement placé dans un arbre isolé ou dans un buisson entre 2,5 à 6 m de haut. La femelle fabrique une structure volumineuse avec des brindilles et de l'herbe et la garnit de poils, de radicelles, d'herbes et de fibres végétales. La couvée compte généralement 3 ou 4 oeufs que la femelle couve seule de 14 à 17 jours. Les jeunes demeurent au nid de 15 à 19 jours, jusqu'à l'envol. Les deux adultes continuent de les nourrir encore 28 à 36 jours après la sortie du nid.

Pie-grièche grise
Northern Shrike

p.160
Lanius excubitor

Présence et répartition : Niche au Nouveau-Québec et hiverne dans les régions du sud du Québec et dans les Maritimes.

Alimentation : Se nourrit de petits rongeurs, d'oiseaux et de gros insectes qu'elle capture avec son bec puis empale sur des branches, des épines ou des barbelés. Chasse parfois près des mangeoires en hiver.

Habitat de nidification : Niche dans la taïga, notamment près des tourbières, des brûlés, des lacs et des rivières.

Nidification : Le nid, construit par le mâle et la femelle, est habituellement placé dans un arbuste ou un arbre à n'importe quelle hauteur. Cette coupe volumineuse est faite de brindilles entremêlées et garnie de radicelles, de poils, de plumes et de lichen. La couvée compte généralement 5 à 8 oeufs que la femelle incube durant 16 jours. Les jeunes demeurent au nid jusqu'à l'envol, à l'âge de 17 à 20 jours. Les deux adultes les nourrissent jusqu'à 10 à 14 jours après le départ du nid.

Pie-grièche migratrice
Loggerhead Shrike

p.160
Lanius ludovicianus

Présence et répartition : Cette espèce « en danger » au Québec est probablement l'oiseau nicheur le plus rare actuellement dans tout le sud du Québec. Rare en migration au Nouveau-Brunswick, où elle a déjà niché, et à l'Île-du-Prince-Édouard ; visite exceptionnellement la Nouvelle-Écosse. Absente en hiver.

Alimentation : Se nourrit de petits mammifères, oiseaux de petite taille et insectes qu'elle capture avec son bec puis empale habituellement sur des épines, faute de serres pour les manipuler.

Habitat de nidification : Niche dans les paysages de bocage où poussent des haies et des buissons, notamment d'aubépine.

Nidification : Le nid est habituellement placé dans un arbre isolé ou dans une haie, entre 1,5 à 6 m du sol. Le mâle et la femelle construisent ensemble cette coupe volumineuse avec des brindilles et la garnissent de radicelles, de fibres végétales, de poils, de plumes et de débris divers. La femelle pond généralement 5 ou 6 oeufs qu'elle couve seule de 16 à 18 jours. Les petits demeurent au nid jusqu'à l'envol, qui survient à l'âge de 16 à 21 jours. Les deux adultes les nourrissent encore 16 à 25 jours après le départ du nid.

Viréonidés

Viréo à tête bleue
Blue-headed Vireo

p.162
Vireo solitarius

Présence et répartition : Niche dans tout le sud du Québec mais localement de l'Outaouais à Sherbrooke et exceptionnellement aux îles de la Madeleine. Niche dans l'ensemble des Maritimes. Passe partout en migration ; absent en hiver.

Alimentation : Se nourrit d'insectes qu'il capture dans le feuillage des conifères et des feuillus.

Habitat de nidification : Niche dans les forêts mixtes ou conifériennes, au-delà du domaine de l'érablière à caryer.

Nidification : Les deux membres du couple participent à la construction du nid. Le mâle apporte les matériaux, morceaux d'écorce de bouleau et lichen, que la femelle assemble pour former un panier suspendu à une fourche de conifère, habituellement à moins de 3 m du sol. Le nid est garni d'herbes sèches à l'intérieur. Il y a généralement 4 oeufs, que la femelle et le mâle couvent de 10 à 15 jours. Les petits demeurent au nid jusqu'à l'envol, à l'âge de 14 à 17 jours. Ils sont nourris au nid par les deux parents dont ils dépendent encore quelques jours après leur départ.

Viréo à gorge jaune
Yellow-throated Vireo

p.162
Vireo flavifrons

Présence et répartition : Niche de l'Outaouais aux Bois-Francs ; visiteur rare dans les autres régions du Québec et dans les Maritimes. Absent en hiver.

Alimentation : Se nourrit essentiellement d'insectes capturés sur les branches et le tronc dans la partie centrale ou supérieure de la cime. Mange aussi parfois de petits fruits sauvages et des graines.

Habitat de nidification : Niche dans les forêts feuillues âgées des domaines de l'érablière à caryer et de l'érablière à tilleul. On le trouve aussi dans les vergers et les jardins.

Nidification : Les deux adultes participent à la construction du nid, qui est habituellement placé à plus de 10 m de haut, dans la cime d'un arbre. Suspendu à une fourche, entre le tronc et l'extrémité de la branche, il s'agit d'un petit panier de brindilles, de brins d'herbe et de morceaux d'écorce entrelacés, fixé avec des toiles d'araignée et garni d'herbes fines. La femelle pond généralement 4 oeufs que les deux parents couvent environ 14 jours. Les petits séjournent au nid durant 14 jours, jusqu'à l'envol. Le mâle et la femelle les nourrissent encore quelque temps après le départ du nid.

Viréo mélodieux
Warbling Vireo

p.162
Vireo gilvus

Présence et répartition : Niche du Pontiac à Québec, et localement plus à l'est ; dans les Maritimes, niche notamment dans la vallée du Saint-Jean ; visiteur rare en Nouvelle-Écosse. Absent en hiver.

Alimentation : Affectionne particulièrement les chenilles, qu'il capture en arpentant le feuillage. Mange aussi des petits fruits vers la fin de l'été.

Habitat de nidification : Niche dans les feuillus le long des cours d'eau et à l'orée des bois, dans les grands arbres qui poussent le long des routes, dans les parcs et dans les jardins.

Nidification : La femelle construit seule une petite coupe soignée, suspendue à une fourche ou à l'extrémité d'une branche, jusqu'à 18 m du sol, avec des brindilles, des poils, des morceaux d'écorce et du lichen, reliés par de la toile d'araignée. L'intérieur est garni d'herbes fines. La couvée compte généralement 4 oeufs que les deux parents couvent de 12 à 14 jours. Après l'éclosion, les petits séjournent au nid 12 à 16 jours jusqu'à l'envol. Le mâle et la femelle les nourrissent un peu moins d'une semaine au-delà du départ du nid.

Viréo de Philadelphie
Philadelphia Vireo

p.162
Vireo philadelphicus

Présence et répartition : Niche dans le sud du Québec, au nord des basses-terres du Saint-Laurent et à l'est des Bois-Francs ; niche également au Nouveau-Brunswick, à l'Île-du-Prince-Édouard et à l'île du Cap-Breton. Absent en hiver.

Alimentation : Se nourrit essentiellement d'insectes capturés sur les feuilles : chenilles, papillons, abeilles, guêpes, fourmis, coléoptères. Mange aussi des petits fruits.

Habitat de nidification : Niche au-delà de la zone décidue, dans les feuillus intolérants des forêts en régénération, à l'orée des bois mixtes, dans les brûlés et dans les friches envahies d'arbres.

Nidification : Le nid, construit uniquement par la femelle, est habituellement suspendu à la fourche d'une branche, à plus de 3 m du sol. L'extérieur de ce petit panier est fabriqué de morceaux d'écorce de bouleaux, de lichen et de duvet végétal et l'intérieur est garni de brins d'herbe et d'aiguilles de pin. La femelle pond généralement 4 oeufs que les deux adultes couvent de 11 à 14 jours. Après l'éclosion, les jeunes séjournent au nid 12 à 14 jours au cours desquels ils sont nourris par le mâle et la femelle, jusqu'à l'envol.

Viréo aux yeux rouges
Red-eyed Vireo

p.162
Vireo olivaceus

Présence et répartition : Niche partout dans le sud du Québec et dans les Maritimes.

Alimentation : Se nourrit essentiellement d'insectes qu'il trouve sur les feuilles. Mange aussi des larves et des petits fruits en saison.

Habitat de nidification : Niche en forêt ; plus commun en zones décidue et mixte qu'en zone boréale.

Nidification : La femelle construit seule une coupe soignée, suspendue à la fourche d'une branche horizontale d'un arbre ou d'un arbuste, à une hauteur moyenne d'un peu plus de 3 m. L'extérieur du nid est fait de morceaux d'écorce, de papier, de mousse, de lichens, de feuilles et de fibres végétales, le tout réuni par des fils d'araignée ; l'intérieur est garni de radicelles, d'aiguilles de pin, parfois de poils. La couvée compte généralement 4 oeufs que la femelle couve seule de 11 à 15 jours. Après l'éclosion, les petits demeurent au nid 10 à 12 jours jusqu'à l'envol. Les deux parents les nourrissent jusqu'à 20 jours après le départ du nid.

Mésangeai du Canada (Geai du Canada) p.138
Gray Jay
Perisoreus canadensis

Présence et répartition : Sédentaire dans la zone de la forêt boréale au Québec et partout dans les Maritimes, sauf à l'Île-du-Prince-Édouard où il est confiné à l'est.

Alimentation : Omnivore au régime fort varié. Se nourrit d'insectes, de petits fruits, de champignons, d'oeufs et d'oisillons. Se nourrit aussi dans les cadavres abandonnés par les loups. N'hésite pas à venir chercher de la nourriture dans la main de l'homme et fréquente les mangeoires dans les régions où il niche.

Habitat de nidification : Niche dans les forêts conifériennes, notamment dans les pessières.

Nidification : Le nid est placé sur une branche horizontale d'épinette ou de sapin, souvent près du tronc, à 5 m du sol en moyenne et généralement exposé au sud. Les deux membres du couple construisent un nid bien isolé car la nidification est hâtive ; l'extérieur est fait de brindilles et de cocons de chenilles alors que l'intérieur est garni d'écorce, de lichen, de poils d'animaux et de plumes de gélinotte ou de tétras. La femelle pond généralement 3 ou 4 oeufs qu'elle couve de 16 à 18 jours. Les jeunes demeurent au nid durant 22 à 24 jours, jusqu'à l'envol ; ils sont nourris par les deux adultes jusqu'à l'âge de 41 jours au moins.

Geai bleu p.138
Blue Jay
Cyanocitta cristata

Présence et répartition : Présent toute l'année au sud de la taïga, de l'Abitibi à la pointe des Monts et partout dans les Maritimes. C'est l'oiseau emblématique de l'Île-du-Prince-Édouard.

Alimentation : Possède un régime omnivore dans lequel les matières végétales occupent une grande place : glands, faînes, maïs. Mange aussi des insectes, des oeufs et des oisillons, de petits poissons, des grenouilles et des souris. Fréquente les mangeoires.

Habitat de nidification : Niche dans divers habitats : forêts mixtes ou de feuillus, notamment celles où poussent des chênes et des hêtres, jeunes forêts, parcelles boisées des banlieues et des campagnes. Affectionne les milieux humanisés.

Nidification : Le nid est construit par le couple ou par la femelle seule, souvent dans un conifère, à n'importe quelle hauteur. Volumineux, il est fait de petites branches, de mousse, de lichen, de brins d'herbe et même de papier, de laine, de plastique et de tissu. Il est garni de brins d'herbe, de radicelles, de poils et de plumes. La couvée compte généralement 4 ou 5 oeufs que la femelle incube seule de 16 à 18 jours. Les petits séjournent au nid jusqu'à l'envol, qui survient vers l'âge de 17 à 21 jours. Les deux adultes les nourrissent de 60 à 80 jours après le départ du nid.

Corneille d'Amérique
American Crow

p.140

Corvus brachyrhynchos

Présence et répartition : Niche dans tout le sud du Québec et partout dans les Maritimes. Hiverne notamment dans les régions habitées.

Alimentation : Régime omnivore parmi les plus variés : fruits, graines, insectes, oeufs et oisillons, petits mammifères, animaux morts, déchets alimentaires, crustacés, mollusques, amphibiens, poissons.

Habitat de nidification : Niche dans les bois près des milieux ouverts où elle recherche sa nourriture, ou même dans les arbres isolés des parcs.

Nidification : Le nid est habituellement installé dans une fourche d'arbre ou sur une branche près du tronc, souvent assez haut, mais parfois dans un buisson, près du sol. Le mâle et la femelle construisent une structure solide avec des branchages et la garnissent de brins d'herbe, de feuilles, d'écorce et d'autres matériaux souples. La femelle pond généralement 4 ou 5 oeufs qu'elle incube seule de 16 à 21 jours. Les petits séjournent au nid jusqu'à l'envol, qui survient après quatre ou cinq semaines. Les deux adultes les nourrissent jusqu'à deux semaines après le départ du nid.

Grand Corbeau
Common Raven

p.140

Corvus corax

Présence et répartition : Sédentaire dans l'ensemble du Québec et des Maritimes, mais très localisé dans la vallée du Saint-Laurent.

Alimentation : Son régime omnivore s'adapte à la nourriture disponible : insectes, fruits, graines, petits rongeurs, oeufs, oisillons, surtout en été ; cadavres d'animaux, surtout en hiver.

Habitat de nidification : Niche principalement dans les montagnes ; peut faire son nid dans les falaises.

Nidification : En forêt, le nid est placé dans un grand conifère, entre 14 et 30 m de hauteur. Le mâle et la femelle construisent une structure volumineuse pouvant mesurer jusqu'à 1,2 m de haut et 90 cm de diamètre. Le nid est fait de branches de conifères et garni d'écorce et de mousse. La couvée compte généralement 5 à 7 oeufs que la femelle couve seule de 18 à 22 jours. Les petits demeurent au nid durant 35 à 44 jours, jusqu'à l'envol. Ils sont nourris par le mâle et la femelle jusqu'à l'âge de 50 à 78 jours, peut-être jusqu'à six mois.

Alouette hausse-col (Alouette cornue)   p.194
Horned Lark   *Eremophila alpestris*

Présence et répartition: Niche dans les régions agricoles du Québec et du Nouveau-Brunswick; très localisé dans les deux autres provinces. Hiverne dans le sud du Québec et des Maritimes.

Alimentation: Se nourrit au sol d'une multitude de graines. Mange aussi des insectes durant la période de reproduction.

Habitat de nidification: Niche dans les champs cultivés, les prés, les pâturages, les labours et la toundra arctique. Fait son nid alors qu'il y a encore un peu de neige au sol.

Nidification: Le nid est aménagé par la femelle dans une dépression du sol. Il est fait d'herbe, de duvet végétal, de plumes et de poils. La couvée compte généralement 3 ou 4 oeufs que la femelle couve seule 11 ou 12 jours. Les parents nourrissent les petits au nid durant 8 à 12 jours. Ceux-ci volent quelques jours après avoir quitté le nid.

Hirondelle noire   p.134
Purple Martin   *Progne subis*

Présence et répartition: Niche de l'Outaouais à la Côte-Sud au Québec; dans la vallée du Saint-Jean, l'isthme de Chignectou et le nord de la Nouvelle-Écosse dans les Maritimes. Absente l'hiver.

Alimentation: Se nourrit essentiellement d'insectes capturés en vol, souvent près de la surface de l'eau.

Habitat de nidification: Niche en colonies dans des nichoirs collectifs installés à son intention près des habitations à la ville et à la campagne. Niche rarement dans les anfractuosités de rochers et les arbres creux.

Nidification: Les deux adultes participent à la construction du nid dont la base est formée de boue et de brindilles. Juste avant la ponte, le mâle apporte les feuilles vertes qui garnissent l'intérieur du nid. La couvée compte généralement 4 ou 5 oeufs que la femelle couve en bonne partie, de 15 à 18 jours. Les jeunes sont nourris au nid par les parents jusqu'à l'envol, c'est-à-dire durant 26 à 31 jours.

Hirondelle bicolore
Tree Swallow

p.136

Tachycineta bicolor

Présence et répartition: Niche dans toutes les régions du Québec, sauf en Ungava, et partout dans les Maritimes. C'est la première hirondelle à revenir au printemps.

Alimentation: Elle se nourrit essentiellement d'insectes capturés en vol et quelquefois au sol, sans dédaigner à l'occasion les petits fruits et les graines.

Habitat de nidification: Niche en couples isolés dans des habitats variés, en particulier ouverts et souvent à proximité de l'eau, autant à la ville qu'à la campagne.

Nidification: La femelle construit le nid au fond d'une cavité naturelle, d'un ancien trou de pic ou encore dans un nichoir. Le nid est fabriqué de brins d'herbe secs et garni de plumes de couleur pâle, que le mâle trouve à proximité. La couvée compte généralement de 3 à 7 oeufs que la femelle couve seule de 13 à 16 jours. Les petits séjournent au nid de 18 à 22 jours jusqu'à l'envol. Ils sont nourris par les deux adultes pendant 3 jours au moins après la sortie du nid.

Hirondelle à ailes hérissées
Northern Rough-winged S.

p.136

Stelgidopteryx serripennis

Présence et répartition: Niche de l'Outaouais à Québec et dans le sud-ouest du Nouveau-Brunswick. Absente en hiver.

Alimentation: Se nourrit essentiellement d'insectes qu'elle capture en vol, et parfois au sol.

Habitat de nidification: Niche en couples isolés ou en petits groupes sur des structures humaines, particulièrement les ponts qui enjambent de petits cours d'eau au milieu des champs. Creuse aussi des terriers dans les berges meubles, les sablières et les gravières.

Nidification: Les adultes creusent une galerie longue de 22 à 50 cm, dont l'entrée est ronde et plus grande que chez l'Hirondelle de rivage. Le nid, aménagé au fond, est un amoncellement de feuilles, de brindilles et d'autres matières végétales; il est garni de brins d'herbe à l'intérieur. La couvée compte généralement 5 à 7 oeufs que la femelle couve seule 15 ou 16 jours. Les jeunes demeurent au nid de 18 à 21 jours pendant lesquels ils sont nourris par le mâle et la femelle. Ils prennent leur envol à la sortie du nid, alors qu'ils sont âgés d'une vingtaine de jours.

Hirondelle de rivage p.136
Bank Swallow *Riparia riparia*

Présence et répartition: Niche dans tout le sud du Québec, y compris aux îles de la Madeleine, et partout dans les Maritimes. Absente en hiver.

Alimentation: Se nourrit essentiellement d'insectes qu'elle capture en vol, au-dessus de l'eau ou de la terre ferme.

Habitat de nidification: Niche en colonies souvent nombreuses dans les talus des berges ou les sablières.

Nidification: Le mâle et la femelle creusent une galerie longue de 20 à 150 cm dans un talus ou une falaise de sable, d'argile ou de gravier située non loin de l'eau. C'est au fond de cette galerie, dont l'entrée est généralement de forme ovale, que les deux membres du couple construisent un nid en amoncelant des matières végétales auxquelles ils ajoutent des plumes au moment de l'incubation. Il n'est pas rare que des hirondelles volent des matériaux dans le nid des autres couples de la même colonie. La couvée compte généralement 4 ou 5 oeufs que les deux parents couvent de 13 à 16 jours. Les jeunes séjournent au nid jusqu'à l'envol, vers 18 à 22 jours. Les adultes les nourrissent jusqu'à 7 ou 8 jours après le départ du nid.

Hirondelle rustique (Hirondelle des granges) p.136
Barn Swallow *Hirundo rustica*

Présence et répartition: Nicheur migrateur dans l'ensemble des régions habitées du Québec et des Maritimes. Hiverne en Amérique latine.

Alimentation: Se nourrit essentiellement d'insectes capturés en vol au-dessus de l'eau ou des champs.

Habitat de nidification: Niche en couples isolés dans les fermes et à proximité de l'eau. Le nid est habituellement installé bien à l'abri, dans une structure humaine: grange, pont, tunnel, etc.

Nidification: Les deux adultes construisent une coupe profonde avec de la boue et de l'herbe sèche. La femelle en garnit l'intérieur avec des plumes. La couvée compte généralement 4 ou 5 oeufs. L'incubation, assurée principalement par la femelle, dure de 11 à 19 jours. Les jeunes séjournent au nid jusqu'à l'envol durant une période de 18 à 23 jours. Ils sont nourris par les deux adultes jusqu'à quelques jours après le départ du nid.

Hirondelle à front blanc
Cliff Swallow

p.136

Petrochelidon pyrrhonota

Présence et répartition: Niche dans les régions habitées du Québec méridional, du Nouveau-Brunswick et de la Nouvelle-Écosse; niche très localement à l'Île-du-Prince-Édouard. Revient d'Amérique du Sud aux premiers jours de mai.

Alimentation: Se nourrit essentiellement d'insectes capturés en vol, au-dessus de l'eau, des champs et des marais.

Habitat de nidification: Niche en colonies de quelques couples. Dans l'est du Canada, cette espèce niche principalement sur des structures humaines comme les ponts, l'avant-toit des bâtiments ou les granges.

Nidification: Les deux membres du couple construisent un nid en forme de gourde avec des boulettes de boue qui adhèrent grâce à leur salive. De 5 à 21 jours sont consacrés à la réalisation de ce nid. La couvée compte généralement 4 ou 5 oeufs que la femelle couve seule de 12 à 14 jours en moyenne. Les jeunes sont nourris au nid par les adultes durant 21 à 24 jours, jusqu'à l'envol.

Mésange à tête noire
Black-capped Chickadee

p.150

Poecile atricapillus

Présence et répartition: Habite à l'année l'ensemble du Québec méridional et des Maritimes. Oiseau emblématique du Nouveau-Brunswick. Commun dans toutes les régions habitées, il est plus discret en été qu'en hiver.

Alimentation: Le régime alimentaire varie selon les saisons; en été, il est constitué à 80 % ou 90 % de matières animales (surtout des insectes), tandis que les matières animales et végétales comptent chacune pour la moitié de la diète en hiver. Visite les mangeoires.

Habitat de nidification: Niche dans les forêts mixtes ou feuillues de tous âges, y compris les petites parcelles boisées.

Nidification: Fait son nid au fond d'une cavité qu'elle creuse dans une branche ou le tronc d'un arbre mort, à une hauteur dépassant rarement 15 m. Niche à l'occasion dans des nichoirs artificiels. Elle dépose de la mousse, des fibres végétales, des poils, des plumes et d'autres matériaux souples au fond de la cavité. La femelle pond généralement 6 à 8 oeufs qu'elle couve 12 ou 13 jours. Les jeunes séjournent au nid environ 16 jours, jusqu'au moment de l'envol. Le mâle et la femelle les nourrissent jusqu'à 14 à 28 jours après la sortie du nid.

Mésange à tête brune
Boreal Chickadee

p.150
Poecile hudsonicus

Présence et répartition : Habite à l'année la zone boréale du Québec, jusqu'à la toundra, et l'ensemble des Maritimes.

Alimentation : Se nourrit essentiellement d'insectes qu'elle glane sur les branches des arbres. Mange aussi des graines et fréquente les mangeoires en hiver.

Habitat de nidification : Niche essentiellement dans les forêts d'épinettes et de sapins des zones boréale et mixte.

Nidification : Le couple utilise un ancien nid de pic ou de sittelle ou creuse un trou dans un arbre ou un chicot, habituellement à moins de 3 m du sol. Niche parfois dans des nichoirs artificiels. Les mésanges déposent des morceaux d'écorce, de la mousse et des poils au fond de la cavité. La couvée compte généralement 5 à 7 oeufs que la femelle incube de 12 à 13 jours. Les jeunes demeurent au nid environ 18 jours, jusqu'à l'envol. Les deux adultes les nourrissent jusqu'à trois semaines après le départ du nid.

Mésange bicolore
Tufted Titmouse

p.150
Baeolophus bicolor

Présence et répartition : Nicheur sédentaire très localisé en Estrie. Visite occasionnellement le Nouveau-Brunswick en hiver.

Alimentation : Essentiellement insectivore ; se nourrit surtout de chenilles et de guêpes. Mange aussi des glands, des faînes et des graines, et visite les mangeoires.

Habitat de nidification : Niche dans les forêts de feuillus âgés, les vergers, les parcs et les grands arbres des quartiers résidentiels des villes.

Nidification : Cette mésange niche dans un trou de pic, une cavité naturelle ou un nichoir. Elle ne creuse pas de trou elle-même et réutilise souvent le même nid d'une année à l'autre. Le nid se trouve entre 1 et 27 m du sol. Il est fait de divers matériaux souples : poils, ficelle, vieille peau de couleuvre. La couvée compte généralement 5 ou 6 oeufs que la femelle couve 13 ou 14 jours. Les jeunes demeurent au nid 15 à 18 jours, jusqu'à l'envol. Le mâle et la femelle les nourrissent au moins jusqu'à l'âge de 46 jours.

Sittelle à poitrine rousse
Red-breasted Nuthatch

p.150
Sitta canadensis

Présence et répartition : Habite à l'année dans toutes les régions du sud du Québec et des Maritimes.

Alimentation : Se nourrit de graines de conifères qu'elle extrait en ouvrant les cônes de son bec. Mange aussi des noix, des graines et des larves d'insectes présentes sur les troncs et les branches. Fréquente aussi les mangeoires.

Habitat de nidification : Niche dans les forêts mixtes ou conifériennes âgées.

Nidification : Le nid est installé dans un vieux trou de pic ou une cavité profonde d'environ 10 cm qu'elle creuse dans du bois mort à une hauteur moyenne de 4 à 5 m ; utilise parfois des nichoirs artificiels. Le pourtour de l'entrée est enduit de résine afin d'en bloquer l'accès aux insectes. Le nid est fabriqué avec de l'écorce, de la mousse, de l'herbe, des poils et des plumes. La couvée compte généralement 5 ou 6 oeufs que la femelle couve seule 12 ou 13 jours. Les parents nourrissent les petits au nid jusqu'à l'envol, à l'âge de 18 à 21 jours.

Sittelle à poitrine blanche
White-breasted Nuthatch

p.150
Sitta carolinensis

Présence et répartition : Sédentaire dans le sud du Québec, du Témiscamingue à Rivière-du-Loup. Dans les Maritimes, habite le bassin du Saint-Jean, le sud-ouest et le nord-est de la Nouvelle-Écosse jusqu'au Cap-Breton ainsi que le centre de l'Île-du-Prince-Édouard.

Alimentation : Surtout insectivore en période de nidification, elle a un régime alimentaire composé essentiellement de graines et de fruits secs durant l'hiver. Cherche sa nourriture en arpentant les troncs. Fréquente aussi les mangeoires.

Habitat de nidification : Niche dans les forêts qui comptent des feuillus âgés.

Nidification : Cette sittelle creuse rarement le trou où elle niche, préférant s'installer dans une cavité naturelle, un ancien trou de pic ou un nichoir artificiel. Elle choisit habituellement un trou situé dans un feuillu entre 2 et 9 m du sol. Le fond de la cavité est garni de copeaux de bois, de poils et de plumes apportés principalement par la femelle. La couvée compte généralement 5 à 8 oeufs que la femelle couve seule durant une douzaine de jours. Les jeunes séjournent au nid environ 14 jours jusqu'à l'envol. Ils demeurent dépendants des adultes durant 14 jours encore après la sortie du nid.

Grimpereau brun
Brown Creeper

p.152
Certhia americana

Présence et répartition : Niche dans tout le sud du Québec, surtout du Témiscamingue à la Beauce, et dans les trois provinces maritimes. Se déplace vers le sud en hiver.

Alimentation : Se nourrit de petits insectes qu'il capture en explorant minutieusement les interstices dans l'écorce des troncs, qu'il arpente en grimpant en spirale jusqu'en haut de l'arbre.

Habitat de nidification : Niche dans les forêts âgées, qu'elles soient conifériennes, feuillues, ou mixtes. En fait, il recherche les endroits où il y a de vieux arbres ou des chicots dont l'écorce se détache.

Nidification : Le nid est habituellement placé entre un morceau d'écorce soulevée et le tronc d'un arbre, entre 60 cm et 15 m du sol. C'est surtout la femelle qui tisse une sorte de hamac avec des brindilles, des aiguilles de conifères, de la mousse et de l'herbe et le garnit de morceaux d'écorce et de plumes. La couvée compte généralement 5 ou 6 oeufs, que la femelle couve seule de 14 à 17 jours. Les petits demeurent au nid 13 à 16 jours jusqu'à l'envol. Le mâle et la femelle les nourrissent au moins jusqu'à l'âge de 26 jours.

Troglodyte de Caroline
Carolina Wren

p.154
Thryothorus ludovicianus

Présence et répartition : Nicheur sédentaire et visiteur d'hiver exceptionnel dans l'extrême-sud du Québec. Visiteur d'hiver rare dans le sud de la Nouvelle-Écosse et du Nouveau-Brunswick.

Alimentation : Se nourrit au sol d'insectes, d'araignées, de fruits et de graines. Aux mangeoires en hiver, consomme du suif, du beurre d'arachide, des graines de tournesol et d'autres aliments riches en gras.

Habitat de nidification : Niche là où l'étage arbustif est particulièrement développé : lisière des forêts, bordure des cours d'eau, parcs et jardins de banlieue.

Nidification : Il installe habituellement son nid à moins de 3 m de hauteur dans divers types de cavités naturelles, dans des nichoirs ou des bâtiments. Les deux adultes y amassent une bonne quantité de feuilles, d'herbe, d'écorce et de brindilles et la femelle garnit l'intérieur de plumes, de poils et d'herbes fines. La couvée compte généralement 5 ou 6 oeufs que la femelle couve seule de 12 à 15 jours. Les jeunes demeurent au nid jusqu'à l'envol, pendant 12 à 15 jours au cours desquels ils sont nourris par les deux parents.

Troglodyte familier
House Wren

p.154

Troglodytes aedon

Présence et répartition: Niche du Pontiac à la Beauce et, localement, en Abitibi, au Saguenay-Lac-Saint-Jean et sur la Côte-Sud. Niche localement dans le sud-ouest du Nouveau-Brunswick; visiteur rare en Nouvelle-Écosse. Absent en hiver.

Alimentation: Se nourrit d'insectes qu'il trouve au sol ou dans les feuilles des arbres et des arbustes.

Habitat de nidification: Niche dans les lisières, les fourrés et les bosquets d'arbres où il trouve des cavités pour nicher; près des habitations, s'installe dans les nichoirs artificiels ou fait son nid dans les endroits les plus inusités: pots de fleurs, boîtes à lettres, etc.

Nidification: Le mâle entreprend la construction de plusieurs nids en accumulant brindilles et débris au fond de cavités. La femelle choisit un nid et en complète la construction en le garnissant de matières souples comme des plumes et des poils. La couvée compte généralement 6 à 8 oeufs que la femelle couve seule durant 13 jours. Les petits demeurent au nid jusqu'à l'envol, à l'âge de 15 jours. Le mâle et la femelle les nourrissent encore 12 ou 13 jours après le départ du nid.

Troglodyte mignon (Troglodyte des forêts)
Winter Wren

p.154

Troglodytes troglodytes

Présence et répartition: Niche dans toutes les régions du sud du Québec et des Maritimes; signalé occasionnellement en hiver dans l'extrême-sud du Québec.

Alimentation: Se nourrit d'insectes et d'araignées qu'il trouve au sol en cherchant près des arbres tombés ou dans le feuillage.

Habitat de nidification: Niche dans les forêts conifériennes denses et humides où le sol est couvert de buissons, d'arbres renversés et de mousse.

Nidification: Le nid est habituellement construit dans un abri au sol ou près du sol, souvent entre les racines d'un arbre renversé ou dans une souche pourrie. Le mâle entreprend la construction de plusieurs nids faits de brindilles, de brins d'herbe et de mousse; la femelle complète ensuite le nid choisi en le garnissant de poils et de plumes à l'intérieur. La couvée compte généralement 4 à 7 oeufs que la femelle couve seule durant 16 jours. Les petits séjournent au nid jusqu'à l'envol, durant une période de 16 jours. Ils sont nourris, surtout par la femelle, durant 25 à 42 jours au total.

Troglodyte à bec court
Sedge Wren

p.154
Cistothorus platensis

Présence et répartition: Espèce considérée comme « vulnérable » au Québec, qui niche localement de l'Outaouais à l'Estrie. Visite rarement les Maritimes et niche peut-être dans le sud-est du Nouveau-Brunswick.

Alimentation: Se nourrit d'insectes et d'araignées qu'il trouve dans le feuillage.

Habitat de nidification: Niche dans les prés humides où croissent, épars, des saules ou des aulnes. Fréquente aussi les marais d'eau douce et les tourbières.

Nidification: Comme les autres troglodytes, le mâle construit plusieurs nids de forme globulaire avec des herbes entremêlées à la végétation, à une hauteur ne dépassant habituellement pas 60 cm. La femelle en sélectionne un qu'elle garnit de matériaux fins à l'intérieur. La couvée compte généralement 6 ou 7 oeufs que la femelle couve seule de 12 à 14 jours. Les jeunes sont nourris au nid, surtout par la femelle, jusqu'à l'envol, vers 12 à 14 jours.

Troglodyte des marais
Marsh Wren

p.154
Cistothorus palustris

Présence et répartition: Niche de l'Outaouais à Québec, ainsi qu'en Estrie, dans le sud du Nouveau-Brunswick et dans le nord de la Nouvelle-Écosse, notamment dans les marais de l'isthme de Chignectou.

Alimentation: Se nourrit au sol et dans la végétation dense où il capture des insectes aquatiques. Mange aussi des oeufs d'oiseaux à l'occasion.

Habitat de nidification: Niche dans des marais d'étendue variable, où poussent des quenouilles ou d'autres plantes aquatiques de grande dimension.

Nidification: Le mâle entreprend la construction de plusieurs nids dès son arrivée sur les terrains de nidification. Situés à proximité les uns des autres, entre 30 à 100 cm au-dessus de l'eau, ces nids ovales, de la taille d'un gros pamplemousse, sont faits de feuilles entrelacées à la végétation environnante. La femelle en sélectionne un qu'elle garnit de plumes et de languettes de feuilles séchées. La couvée compte généralement 4 à 6 oeufs qu'elle couve seule de 14 à 16 jours. Les jeunes demeurent au nid environ 14 jours jusqu'à l'envol. Ils sont nourris, surtout par la femelle, pendant 26 jours environ.

Roitelet à couronne dorée
Golden-crowned Kinglet

p.152
Regulus satrapa

Présence et répartition : Niche partout dans les Maritimes et dans le sud du Québec, sauf dans le domaine de l'érablière à caryer (de l'Outaouais à la Montérégie); hiverne parfois au sud du 47e parallèle au Québec et dans le sud des Maritimes, mais quitte généralement nos régions en hiver.

Alimentation : Se nourrit essentiellement de petits insectes tels les pucerons et les larves d'arpenteuse, qu'il capture sur le feuillage des conifères.

Habitat de nidification : Niche dans les forêts où dominent les conifères ; présent dans les plantations de résineux.

Nidification : Le nid, construit par la femelle dans un conifère entre 8 et 20 m du sol, est une petite sphère habituellement suspendue à une branche non loin du tronc. Il est fait de mousse, de morceaux d'écorce et de radicelles et garni de plumes à l'intérieur ; l'ouverture est située au sommet. La couvée compte généralement 8 ou 9 œufs que la femelle couve seule 14 ou 15 jours. Les jeunes séjournent au nid jusqu'à l'envol, qui a lieu 16 à 19 jours après l'éclosion ; ils sont nourris par le mâle et la femelle jusqu'à l'âge de 32 à 36 jours.

Roitelet à couronne rubis
Ruby-crowned Kinglet

p.152
Regulus calendula

Présence et répartition : Niche dans l'ensemble du territoire québécois jusqu'à la limite des arbres, mais rare dans le domaine de l'érablière à caryer. Dans les Maritimes, niche partout.

Alimentation : Se nourrit essentiellement d'insectes qu'il capture à la cime des conifères ou des feuillus, en arpentant les branches ou en voltigeant. S'alimente parfois sur le tronc ou au sol.

Habitat de nidification : Niche dans les forêts où dominent les conifères.

Nidification : Le nid est habituellement placé dans un conifère, à n'importe quelle hauteur. La femelle fabrique une coupe profonde d'herbe, de morceaux d'écorce, de mousse, de lichens, de fibres et de duvet végétal et l'attache avec des poils et des toiles d'araignée. Elle y pond généralement 7 à 9 œufs qu'elle couve seule durant 12 jours. Les petits sont nourris au nid par le mâle et la femelle de 14 à 16 jours, jusqu'à l'envol.

Gobemoucheron gris-bleu p.152
Blue-gray Gnatcatcher *Polioptila caerula*

Présence et répartition : Niche localement et sporadiquement, de l'Outaouais à l'Estrie, et dans le sud du Nouveau-Brunswick. Se voit chaque année dans le sud du Québec, près de la baie de Fundy et en Nouvelle-Écosse. Absent en hiver.

Alimentation : S'alimente en arpentant les branches, les ailes ouvertes afin de lever ses proies, de petits insectes essentiellement. Chasse parfois comme les moucherolles.

Habitat de nidification : Dans nos régions, niche dans la forêt décidue méridionale.

Nidification : Le nid est habituellement placé dans la fourche d'un arbre, à n'importe quelle hauteur. Le couple construit une coupe profonde d'herbe, de fibres végétales et d'écorce, qu'il recouvre à l'extérieur de lichens et de toiles d'araignées. La couvée compte généralement 4 ou 5 oeufs que le mâle et la femelle couvent 13 jours en moyenne. Les jeunes séjournent au nid de 10 à 15 jours et volent dès l'âge de 14 à 19 jours. Les parents les nourrissent encore de 19 à 21 jours après le départ du nid.

Traquet motteux p.158
Northern Wheatear *Oenanthe oenanthe*

Présence et répartition : Niche dans le nord-ouest du Nouveau Québec. Hiverne en Afrique en transitant par l'Europe de l'Ouest, mais passe en petit nombre dans le sud du Québec et dans les Maritimes.

Alimentation : S'alimente d'insectes qu'il capture dans l'herbe rase de la toundra.

Habitat de nidification : Niche dans les rochers de la toundra, à proximité de la côte.

Nidification : La femelle construit seule le nid sous des rochers, dans une crevasse, un terrier ou un autre abri. Il est fabriqué avec des brins d'herbe secs et garni de poils, d'herbe et de plumes. La couvée compte généralement 5 à 7 oeufs qui sont incubés surtout par la femelle, 13 ou 14 jours. Les petits sont nourris au nid, par la femelle surtout, pendant une dizaine de jours ; ils volent vers l'âge de 15 jours. Les parents les nourrissent jusqu'à l'âge de 28 à 32 jours.

Merlebleu de l'Est (Merle-bleu de l'Est)   p.158
Eastern Bluebird   *Sialia sialis*

Présence et répartition: Niche dans les régions agricoles du sud du Québec et du Nouveau-Brunswick. Niche localement en Nouvelle-Écosse et à l'Île-du-Prince-Édouard. Migrateur qui arrive assez tôt au printemps.

Alimentation: Durant l'été, se nourrit surtout d'insectes qu'il capture au sol, notamment de criquets, de grillons et de coléoptères. Consomme aussi des fruits en hiver.

Habitat de nidification: Niche en paysage de bocage dans les pâturages, les champs en friche et les vergers. Fréquente les habitats humanisés.

Nidification: Le nid est construit entièrement par la femelle au fond d'une cavité naturelle, un ancien trou de pic ou un nichoir artificiel, à une hauteur variant entre 1 et 9 m du sol. Il est fait de brins d'herbe parmi lesquels on peut trouver des feuilles, des brindilles, des plumes et des poils. La femelle pond généralement 4 ou 5 oeufs qu'elle couve seule de 13 à 15 jours. Après l'éclosion, les petits demeurent au nid 17 ou 18 jours, jusqu'à l'envol. Ils sont nourris par les deux adultes jusqu'à 18 à 24 jours après l'envol. Il peut y avoir deux couvées durant la même saison.

Grive fauve   p.156
Veery   *Catharus fuscescens*

Présence et répartition: Niche dans tout le Québec méridional au sud des grandes pessières de la forêt boréale. Niche dans les trois provinces maritimes, mais rare dans l'est de la Nouvelle-Écosse et pratiquement absente de l'île du Cap-Breton. Absente en hiver.

Alimentation: Se nourrit d'insectes qu'elle capture au sol ou dans la végétation à moins de 2 m du sol. Mange aussi des fruits et des graines.

Habitat de nidification: Niche dans le domaine de la forêt décidue et de la forêt mixte, surtout dans les bois jeunes et les secteurs en régénération où le sol est relativement humide. Elle est fréquente en bordure de l'eau.

Nidification: La femelle construit seule le nid de brindilles, d'herbe et de feuilles sèches. Il est placé habituellement au sol ou à moins de 1 m du sol, au pied d'un arbuste, d'un arbre ou d'une souche, près de branches tombées ou dissimulé dans la végétation. La couvée compte généralement 4 oeufs que la femelle couve seule de 10 à 12 jours. Les petits demeurent au nid de 10 à 12 jours pendant lesquels ils sont nourris par les deux adultes. Ils quittent le nid quand ils savent voler.

Grive à joues grises
Gray-cheeked Thrush

p.156

Catharus minimus

Présence et répartition : Niche en forêt boréale et dans la taïga, au-delà des régions habitées et jusqu'à la limite des arbres. Passe en migration dans tout le sud du Québec et dans les trois provinces maritimes.

Alimentation : Se nourrit principalement d'insectes qu'elle capture au sol. Mange aussi des fruits, notamment lors de la migration automnale.

Habitat de nidification : S'installe parmi les conifères, là où le sol est humide et couvert de mousse, dans la forêt boréale et la taïga.

Nidification : La femelle place habituellement le nid à moins de 2 m du sol. Il est fait de mousse et brindilles entrelacées et garni de radicelles. La femelle pond généralement 4 oeufs qu'elle couve seule 13 ou 14 jours. Après l'éclosion, les petits demeurent au nid jusqu'à l'envol, durant 11 à 13 jours. Le mâle et la femelle les nourrissent encore quelques jours après le départ du nid.

Grive de Bicknell
Bicknell's Thrush

p.156

Catharus bicknelli

Présence et répartition : Niche en Gaspésie, aux îles de la Madeleine et sur les sommets de la Côte-Nord, des Laurentides et des Appalaches. Dans les Maritimes, niche dans les montagnes du nord du Nouveau-Brunswick et du Cap-Breton, et à Grand-Manan.

Alimentation : Se nourrit surtout d'insectes qu'elle capture au sol. Mange aussi des petits fruits à la fin de l'été et en automne.

Habitat de nidification : Niche dans la forêt coniférienne en montagne et, depuis quelques années, dans les secteurs en régénération situés en altitude.

Nidification : Le nid est une coupe faite de mousse et de brindilles. Il est construit par la femelle dans un conifère ou un feuillu, habituellement près du sol, à une hauteur située entre 60 cm et 4 m. La couvée compte généralement 4 oeufs que la femelle couve seule 13 ou 14 jours. Les petits demeurent au nid jusqu'à l'envol, vers 10 à 13 jours. Les deux parents les nourrissent de 20 à 23 jours au total.

Grive à dos olive
Swainson's Thrush

p.156
Catharus ustulatus

Présence et répartition : Niche dans tout le sud du Québec mais très peu dans les érablières à caryer ou à tilleul, de l'Outaouais à Québec. Niche dans toutes les régions des Maritimes. Migrateur qui passe assez tard au printemps.

Alimentation : S'alimente essentiellement d'insectes, surtout au sol, mais assez fréquemment dans les arbres et les arbustes. Mange aussi des petits fruits et des graines, en saison.

Habitat de nidification : Niche principalement dans les forêts conifériennes d'âge variable et les forêts mixtes ; fréquente aussi les lisières des bois et les boisés en regain.

Nidification : Le nid est habituellement placé près du tronc d'un conifère ou d'un feuillu, sur une branche horizontale, à une hauteur variable. La femelle construit une coupe de brindilles, d'herbes et de petites branches entrelacées. Elle pond généralement 3 ou 4 oeufs qu'elle couve seule de 10 à 14 jours. Les petits sont nourris au nid jusqu'à l'envol, durant 10 à 13 jours.

Grive solitaire
Hermit Thrush

p.156
Catharus guttatus

Présence et répartition : Niche dans tout le sud du Québec et dans l'ensemble des Maritimes. Absente en hiver mais arrive tôt au printemps et peut repartir tard à la fin de l'automne.

Alimentation : Se nourrit d'insectes ; les coléoptères comptent pour une bonne part de son régime, qu'elle complète avec des fourmis, des papillons et des petits fruits. Se nourrit surtout au sol mais s'alimente plus fréquemment que les autres grives dans les arbustes et les petits arbres.

Habitat de nidification : Niche dans des forêts très diverses, mixtes ou conifériennes, dans les tourbières boisées et dans les secteurs en régénération ayant atteint un certain âge.

Nidification : La femelle construit habituellement le nid dans une dépression au sol, souvent à l'abri des branches basses d'un petit conifère ou parfois dans un arbuste à moins de 2 m du sol. Il s'agit d'une coupe faite de brindilles, d'herbes et de mousses entrelacées, garnie d'aiguilles de conifères et de radicelles. La couvée compte généralement 3 ou 4 oeufs que la femelle couve seule de 12 ou 13 jours. Les petits demeurent au nid jusqu'à l'envol, durant une période de 12 jours au cours desquels ils sont nourris par le mâle et la femelle.

Grive des bois
Wood Thrush

p.158
Hylocichla mustelina

Présence et répartition : Dans nos régions, niche du Pontiac au Bas-Saint-Laurent, dans la vallée du Saint-Jean et le sud du Nouveau-Brunswick et localement dans l'ouest de la Nouvelle-Écosse et dans la baie des Chaleurs en Gaspésie. Absente en hiver.

Alimentation : Se nourrit d'insectes qu'elle trouve au sol. Mange aussi des fruits, qui peuvent compter pour 75 % de son alimentation en automne.

Habitat de nidification : Niche dans les forêts méridionales âgées, feuillues ou mixtes, notamment là où l'étage du taillis est développé.

Nidification : La femelle construit seule le nid, habituellement dans un feuillu, entre 1,5 à 4,5 m de haut. Placé dans une fourche ou sur une branche, il s'agit d'une coupe faite de brins d'herbe, de plantes et de débris divers ; la femelle y incorpore ensuite de la boue qu'elle recouvre de radicelles afin de garnir l'intérieur. Elle pond généralement 3 ou 4 oeufs qu'elle couve seule de 12 à 14 jours. Après l'éclosion, les petits demeurent au nid 12 à 14 jours, jusqu'à l'envol. Les deux adultes les nourrissent jusqu'à l'âge de 32 jours.

Merle d'Amérique
American Robin

p.158
Turdus migratorius

Présence et répartition : Niche dans l'ensemble du Québec et des Maritimes, jusqu'à la limite des arbres. Quelques individus hivernent au sud du Saint-Laurent et dans les Maritimes, notamment après les automnes où les sorbiers ont donné beaucoup de fruits.

Alimentation : Le régime alimentaire, diversifié, varie selon les saisons : larves, insectes et vers de terre au printemps ; de plus en plus de fruits en été et en automne.

Habitat de nidification : Niche dans divers habitats ouverts : forêts claires, brûlés, clairières, fermes, jardins et parcs. Affectionne les milieux humanisés.

Nidification : Le nid est construit par la femelle avec des brindilles et des tiges entrelacées pour former une coupe qu'elle recouvre d'herbe sèche et consolide avec de la boue. La hauteur est très variable, de même que l'endroit : branche d'arbre, haie, poteau, corniche, bord de fenêtre. La couvée compte généralement 3 ou 4 oeufs que la femelle couve seule de 11 à 14 jours. Les petits demeurent au nid de 14 à 16 jours, jusqu'à l'envol. Les deux adultes les nourrissent jusqu'à 15 jours après l'envol. Il n'est pas rare que la femelle entreprenne une deuxième couvée.

Moqueur chat
Gray Catbird

p.160
Dumetella carolinensis

Présence et répartition : Au Québec, niche surtout du Pontiac à la Côte-Sud et localement au-delà ; dans les Maritimes, niche hors des grandes forêts et très peu à l'Île-du-Prince-Édouard. Absent en hiver.

Alimentation : Se nourrit essentiellement d'insectes, notamment des chenilles et des sauterelles, au début de la saison de nidification ; progressivement plus frugivore par la suite.

Habitat de nidification : Niche dans les fourrés, à la lisière des bois, au bord des routes et dans les terrains en friche. Fréquente parfois les parcs et les jardins.

Nidification : Le mâle et surtout la femelle construisent le nid, habituellement dans un arbuste ou sur une branche d'arbre, jusqu'à 3 m de haut. Il s'agit d'une coupe assez volumineuse faite de branches, d'écorce, de feuilles, d'herbe et même de papier ; elle est garnie de radicelles à l'intérieur. La femelle pond généralement 4 oeufs qu'elle couve seule de 12 à 15 jours. Après l'éclosion, les petits demeurent au nid de 9 à 15 jours avant de pouvoir voler. Les deux adultes les nourrissent pendant 23 à 29 jours.

Moqueur polyglotte
Northern Mockingbird

p.160
Mimus polyglottos

Présence et répartition : Niche très sporadiquement dans les régions habitées du sud du Québec et des Maritimes ; quelques individus hivernent à l'occasion dans le sud de nos régions.

Alimentation : Se nourrit d'insectes et d'araignées capturés au sol ou dans le feuillage des arbres. Mange des petits fruits de la fin de l'été au début du printemps. Fréquente les mangeoires.

Habitat de nidification : Niche surtout en milieu humanisé, notamment dans les parcs et les jardins plantés de haies, de grands arbres et de massifs d'arbustes.

Nidification : Le nid est habituellement placé dans un conifère ou un arbuste feuillu, à une hauteur de 1 à 3 m, parfois plus haut. Le couple fabrique une coupe avec des petites branches, des morceaux d'écorce, des feuilles et des débris divers et la garnit de radicelles à l'intérieur. La couvée compte généralement de 3 à 5 oeufs que la femelle couve seule 12 ou 13 jours. Après l'éclosion, les jeunes demeurent au nid environ 12 jours. Ils volent vers l'âge de 20 jours et demeurent dépendants des parents jusqu'à l'âge de 33 jours.

Moqueur roux
Brown Thrasher

p.160
Toxostoma rufum

Présence et répartition: Niche de l'Outaouais à la région de Québec, et localement au-delà, au sud du Saint-Laurent. Niche localement dans l'ouest du Nouveau-Brunswick. Visite rarement les autres régions des Maritimes et le Québec au nord du 46ᵉ parallèle. Absent en hiver.

Alimentation: Régime alimentaire diversifié qui varie au fil des saisons: insectes, fruits et graines trouvés surtout au sol, dans les feuilles mortes qu'il fouille à l'aide de son bec.

Habitat de nidification: Niche à l'orée des bois, dans les fourrés, les champs en friche et les vergers, dans la zone de la forêt décidue.

Nidification: Le nid est habituellement placé au sol, dans les buissons ou parfois dans un arbre jusqu'à une hauteur de 3 m. Le mâle et la femelle construisent une coupe avec des feuilles mortes, des brindilles et des tiges de plantes entrelacées et la garnissent de radicelles à l'intérieur. La femelle pond généralement 4 ou 5 oeufs qu'elle couve seule de 11 à 14 jours. Après l'éclosion, les jeunes demeurent en moyenne 11 jours au nid, à peu près jusqu'à l'envol (9 à 13 jours). Ils demeurent dépendants des parents encore quelques jours après le départ du nid.

Étourneau sansonnet
European Starling

p.142
Sturnus vulgaris

Présence et répartition: Niche dans toutes les régions habitées du sud du Québec et des Maritimes. Hiverne dans les villes et les villages du Québec et des Maritimes.

Alimentation: Se nourrit d'insectes, d'araignées, de larves et de vers de terre qu'il capture au sol. Mange aussi des graines, des fruits et des détritus et visite les mangeoires.

Habitat de nidification: Niche dans des habitats divers, autant à la ville qu'à la campagne, où il peut compter sur des cavités pour y installer son nid.

Nidification: Il utilise des cavités naturelles, des trous de pics, des nichoirs ou encore des ouvertures dans les édifices les plus divers. Dans les arbres, les cavités utilisées sont habituellement situées à une hauteur de 2 à 9 m. Le mâle et la femelle construisent le nid de paille, d'herbes, de brindilles, d'aiguilles de conifères ou d'autres matériaux et le garnissent de végétation fraîche à l'intérieur. La couvée compte généralement de 4 à 6 oeufs que les deux adultes couvent 11 ou 12 jours. Les jeunes demeurent au nid pendant 14 à 23 jours, à peu près jusqu'à l'envol. Ils demeurent dépendants des parents de 4 à 12 jours après le départ du nid.

Pipit d'Amérique
American Pipit

p.194
Anthus rubescens

Présence et répartition : Niche dans le nord du Québec, sur la basse Côte-Nord ainsi que sur les sommets de la Gaspésie. Passe en migration dans les régions situées plus au sud et dans l'ensemble des Maritimes. Absent en hiver.

Alimentation : Se nourrit au sol, essentiellement d'insectes et de graines. Consomme aussi parfois de petits crustacés et des mollusques dans les vasières.

Habitat de nidification : Niche en milieu ouvert, dans la toundra alpine et dans l'Arctique.

Nidification : La femelle fait le nid au sol dans les étendues rocailleuses où poussent des mousses, des lichens et des arbustes nains. Le nid est une simple dépression creusée au sol dans la mousse et garnie de brins d'herbe et de brindilles, ou encore aménagé dans une cavité sous un amoncellement de roches. La couvée compte généralement 4 à 6 oeufs que la femelle couve seule de 12 à 14 jours. Après l'éclosion, les petits séjournent au nid de 12 à 15 jours au cours desquels ils sont nourris par le père et la mère. Ils prennent leur envol vers l'âge de 14-15 jours et demeurent dépendants des adultes encore 14 jours.

Jaseur boréal
Bohemian Waxwing

p.198
Bombycilla garrulus

Présence et répartition : Niche probablement au nord de l'Abitibi. Visite toutes les régions du Québec et des Maritimes en hiver.

Alimentation : Se nourrit de toute une variété de fruits sauvages au cours de l'année. Au printemps et au début de l'été, mange des insectes qu'il capture en vol.

Habitat de nidification : Niche en forêt boréale, souvent à proximité d'un plan d'eau ou d'une rivière.

Nidification : Le nid en forme de coupe est construit par le mâle et la femelle, habituellement sur une branche horizontale de conifère loin du tronc, entre 1 et 6 m du sol. Il est fait de brindilles, d'herbe, de lichen et de mousse, et garni d'aiguilles de conifères et de fibres végétales. La femelle pond généralement 5 ou 6 oeufs qu'elle couve seule durant 14 jours. Les petits demeurent au nid, où les deux parents les nourrissent, jusqu'à l'envol, à 14 ou 15 jours. Les jeunes peuvent demeurer avec leurs parents jusqu'en janvier.

Jaseur d'Amérique (Jaseur des cèdres) p.198
Cedar Waxwing *Bombycilla cedrorum*

Présence et répartition: Niche dans tout le sud du Québec, sauf à Anticosti, et partout dans les Maritimes. Hiverne en petit nombre dans nos régions, particulièrement les années où les sorbes sont abondantes.

Alimentation: Se nourrit essentiellement d'une grande variété de fruits sauvages. Capture aussi des insectes en vol à la manière des moucherolles.

Habitat de nidification: Niche dans divers habitats: bois clairs, vergers, jardins et parcs, bordure des plans d'eau et des rivières.

Nidification: Le nid est habituellement placé dans un conifère ou un feuillu, à n'importe quelle hauteur, sur une branche horizontale, souvent loin du tronc. Le mâle et la femelle construisent cette coupe volumineuse de brindilles, de morceaux d'écorce, de radicelles, de lichen, de mousse, de papier et de ficelle. Elle est garnie de matériaux fins à l'intérieur. La couvée compte généralement 4 ou 5 oeufs que la femelle couve seule durant 12 jours. Les petits demeurent au nid jusqu'à l'envol, durant 16 jours au cours desquels les deux adultes les nourrissent. Les jeunes demeurent dépendants des parents quelques semaines après le départ du nid.

Parulidés

Paruline à ailes bleues p.168
Blue-winged Warbler *Vermivora pinus*

Présence et répartition: Visiteur rare en Montérégie et en Estrie, où elle pourrait nicher; visiteur rare dans les Maritimes. Absente en hiver.

Alimentation: Se nourrit essentiellement d'insectes et d'araignées.

Habitat de nidification: Niche dans les bois en régénération, à l'orée des forêts, dans les bosquets d'aulnes et dans les champs en friche.

Nidification: Le nid est construit par la femelle au sol ou près du sol, sur un lit de feuilles mortes. Attaché à la végétation environnante, il est fabriqué d'herbes sèches, de feuilles et de morceaux d'écorce; l'intérieur est garni d'herbes fines, de petits morceaux d'écorce et de poils. La femelle pond généralement 5 ou 6 oeufs qu'elle couve seule durant 10 à 12 jours. Après l'éclosion, les petits demeurent au nid de 8 à 10 jours jusqu'à l'envol; le mâle et la femelle les nourrissent.

Paruline à ailes dorées
Golden-winged Warbler

p.166
Vermivora chrysoptera

Présence et répartition: Niche de l'Outaouais à l'Estrie au Québec; visiteur rare ailleurs. Absente en hiver.

Alimentation: Mange des insectes et des araignées qu'elle trouve notamment dans les feuilles mortes.

Habitat de nidification: Niche dans les buissons à l'orée des bois, dans les champs en friche envahis d'arbustes et en bordure des cours d'eau.

Nidification: Le nid est construit par la femelle sur un lit de feuilles mortes au sol ou très près du sol, bien camouflé dans des fougères ou une touffe de plantes. Il est fait de morceaux d'écorce, de feuilles et d'herbes sèches et garni à l'intérieur de petits morceaux d'écorce et d'herbe fine. La femelle pond généralement de 4 à 6 oeufs qu'elle couve seule 10 ou 11 jours en moyenne. Après l'éclosion, les jeunes séjournent au nid 8 à 10 jours jusqu'à l'envol. Le mâle et la femelle les nourrissent encore jusqu'à 31 jours après le départ du nid.

Paruline obscure
Tennessee Warbler

p.178, 180
Vermivora peregrina

Présence et répartition: Niche dans les Maritimes et au Québec hors de la zone décidue et jusqu'au Nouveau-Québec. Passe partout dans nos régions en migration, tard au printemps. Absente en hiver.

Alimentation: S'alimente d'invertébrés capturés dans le feuillage des arbres, habituellement à moins de 12 m de hauteur: mouches, pucerons, charançons, chenilles, vers, sauterelles, scarabées, araignées. Mange aussi des fruits et des graines en automne.

Habitat de nidification: Niche principalement en zone boréale, dans les pessières et les sapinières; niche également en forêt mixte et fréquente les peuplements de feuillus intolérants et les friches.

Nidification: Le nid est habituellement placé au sol, camouflé sous un arbuste dans la sphaigne humide, la mousse ou les feuilles, ou parfois installé à flanc de montagne en terrain plus sec. La femelle le construit presque exclusivement d'herbes sèches entrelacées et le garnit d'herbes fines et de poils à l'intérieur. La couvée compte générale-ment 6 oeufs que la femelle incube seule 11 ou 12 jours. Les petits sont nourris par les deux adultes durant leur séjour au nid, dont on ignore la durée.

Paruline verdâtre
Orange-crowned Warbler

p.178, 180
Vermivora celata

Présence et répartition : Niche au Nouveau-Québec ; de passage dans le sud du Québec et dans les Maritimes. Absente en hiver.

Alimentation : Se nourrit essentiellement d'insectes. Consomme aussi des fruits et parfois du nectar et de la sève.

Habitat de nidification : Niche en forêt boréale dans les peuplements clairs de feuillus intolérants, les clairières et les secteurs en régénération après un feu de forêt. Fréquente aussi les abords des tourbières.

Nidification : Le nid est construit au sol, parfois dans la partie basse d'un buisson. Il s'agit d'une coupe faite d'herbes, de morceaux d'écorce, de feuilles mortes et de mousses, et garnie à l'intérieur d'herbes fines, de poils et de plumes. La femelle y pond généralement 4 ou 5 oeufs qu'elle couve durant 12 à 14 jours. Les jeunes sont probablement nourris par les deux parents durant les 8 à 10 jours de leur séjour au nid, jusqu'à l'envol.

Paruline à joues grises
Nashville Warbler

p.170, 180
Vermivora ruficapilla

Présence et répartition : Niche dans toutes les régions du sud du Québec et des Maritimes.

Alimentation : Se nourrit essentiellement d'insectes capturés sur le tronc, les branches et les feuilles des arbres et des arbustes qu'elle explore habituellement de la base à la cime. Attrape parfois des insectes au vol à la manière des moucherolles.

Habitat de nidification : Niche là où poussent bouleaux et peupliers, à l'orée des forêts mixtes ou conifériennes, le long des routes et dans les zones en régénération. Généralement en terrain sec.

Nidification : Le nid est au sol, dans l'herbe ou les feuilles, souvent caché sous un buisson, parmi des branches ou dans les fougères. Il s'agit d'une petite coupe que la femelle construit d'herbes sèches, de mousse et de fibres végétales et garnit d'herbes fines et de poils. La femelle pond généralement 4 ou 5 oeufs qu'elle couve seule de 10 à 12 jours. Après l'éclosion, les jeunes sont nourris au nid par les deux adultes jusqu'à l'envol, 11 ou 12 jours plus tard.

Paruline à collier
Northern Parula

p.166
Parula americana

Présence et répartition : Niche du Témiscamingue à la Gaspésie et dans toutes les régions des Maritimes, mais absente l'été de l'Outaouais à la Montérégie, sur la basse Côte-Nord et à Anticosti. Absente en hiver.

Alimentation : Se nourrit surtout d'insectes et d'araignées, à mi-hauteur et à la cime des arbres, jusqu'à l'extrémité des branches.

Habitat de nidification : Niche dans les forêts âgées et humides, notamment dans les vieux peuplements d'épinettes, de sapins et de pruches, en zone de forêt mixte et également dans les îlots de conifères en zone décidue.

Nidification : Le nid, construit par la femelle, est habituellement installé dans du lichen du genre *Usnea* qui pend à l'extrémité d'une branche, entre 1 m et le sommet de l'arbre. L'intérieur du nid est quelquefois garni de quelques brins d'herbe et de matières végétales. Là où le lichen épiplyte est rare, elle niche dans les branches pendantes des pruches et des épinettes. La femelle pond généralement 4 ou 5 oeufs qu'elle couve de 12 à 14 jours. Après l'éclosion, les petits demeurent au nid jusqu'à l'envol, soit durant une période de 11 jours au cours de laquelle les deux adultes les nourrissent.

Paruline jaune
Yellow Warbler

p.168, 180
Dendroica petechia

Présence et répartition : Niche dans toutes les régions du Québec, sauf en Ungava, et partout dans les Maritimes. Absente en hiver.

Alimentation : Se nourrit essentiellement d'insectes que la femelle capture surtout à proximité du nid tandis que le mâle trouve plutôt ses proies près du sommet des arbres et des arbustes.

Habitat de nidification : Niche dans les arbustes ou les jeunes arbres dans des habitats très divers : bords de routes, de cours d'eau et de marais, terrains vagues près des villes, orée des bois.

Nidification : La femelle installe habituellement le nid dans la fourche d'un arbuste, à n'importe quelle hauteur. Il s'agit d'une petite coupe faite de brindilles, d'herbes et de fibres végétales entrelacées et garnie de plumes, de poils et d'herbes fines. La couvée compte généralement 4 ou 5 oeufs que la femelle couve seule de 10 à 12 jours. Après l'éclosion, les petits sont nourris au nid par le mâle et la femelle durant 9 à 12 jours, soit jusqu'au moment de l'envol. Les jeunes dépendent des adultes jusqu'à 14 jours après la sortie du nid.

Paruline à flancs marron
Chestnut-sided Warbler

p.174, 182
Dendroica pensylvanica

Présence et répartition : Niche dans l'ensemble des Maritimes et dans le sud du Québec, de l'Abitibi à Baie-Comeau ; absente des sommets des Laurentides, des Chics-Chocs et du Cap-Breton. Absente en hiver.

Alimentation : Se nourrit essentiellement d'insectes qu'elle capture sous les feuilles ou en vol, habituellement à moins de 10 m du sol. Mange des petits fruits en saison.

Habitat de nidification : Niche dans les bosquets de feuillus intolérants, dans les lisières des forêts de feuillus et des forêts mixtes, notamment dans les peupliers.

Nidification : La femelle dissimule le nid sous un couvert dense, dans une plante grimpante, un buisson, un arbuste ou sur les branches basses d'un petit arbre à moins de 1 m du sol. Il s'agit d'une petite coupe faite de morceaux d'écorce, d'herbes, de fines tiges de plantes et d'un peu de duvet végétal et garnie d'herbes fines, de radicelles et de poils. La couvée compte généralement 4 oeufs que la femelle incube seule 12 ou 13 jours. Après l'éclosion, les jeunes séjournent au nid 10 à 12 jours jusqu'à l'envol. Les deux adultes s'en occupent jusqu'à 28 jours après le départ du nid.

Paruline à tête cendrée
Magnolia Warbler

p.172, 182
Dendroica magnolia

Présence et répartition : Niche dans toutes les régions des Maritimes et du sud du Québec, hors de la plaine de Montréal où elle passe toutefois en migration. Absente en hiver.

Alimentation : Se nourrit d'insectes : charançons, fourmis, lépidoptères, homoptères. Durant la saison de reproduction, le mâle se nourrit surtout dans le haut des arbres tandis que la femelle s'alimente dans la partie basse.

Habitat de nidification : Niche principalement dans les peuplements de sapins et d'épinettes qu'on trouve en forêt boréale et mixte, mais aussi en zone de forêt décidue.

Nidification : Le nid est habituellement placé près du tronc d'un petit conifère sur une branche horizontale à moins de 3 m du sol. Il est plutôt rudimentaire et fragile. Le mâle et la femelle le construisent d'herbes et de brindilles et le garnissent de radicelles et de poils. La femelle pond généralement 4 oeufs qu'elle couve seule de 11 à 13 jours. Les petits demeurent au nid jusqu'à l'envol, durant 8 à 10 jours au cours desquels les deux parents les nourrissent.

Paruline tigrée
Cape May Warbler

p.172, 182
Dendroica tigrina

Présence et répartition : Niche partout dans les Maritimes et dans tout le Québec méridional, sauf de l'Outaouais aux Bois-Francs, zone où elle passe quand même en migration. Absente en hiver.

Alimentation : Se nourrit essentiellement d'insectes qu'elle capture haut dans les arbres, principalement la tordeuse des bourgeons de l'épinette ; elle est d'ailleurs abondante dans les zones d'infestation. En migration et en hiver, se nourrit près du sol et mange également des fruits.

Habitat de nidification : Niche surtout en zones mixte et coniférienne, dans les sapinières et les peuplements d'épinettes blanches âgées.

Nidification : La femelle construit seule le nid qu'elle place habituellement près du tronc, dans la cime d'un conifère, entre 9 et 20 m de hauteur. Il est fait d'herbes, de mousse et de petites brindilles, et garni d'herbes fines, de poils et de plumes. La couvée compte généralement 6 ou 7 oeufs que la femelle couve seule, durant une période indéterminée. Après l'éclosion, les petits sont probablement nourris par les deux parents.

Paruline bleue (Paruline bleue à gorge noire)
Black-throated Blue Warbler

p.166
Dendroica caerulescens

Présence et répartition : Niche au sud du 49e parallèle au Québec, de l'Abitibi à Baie-Comeau. Niche au Nouveau-Brunswick, à l'Île-du-Prince-Édouard et en Nouvelle-Écosse, surtout dans l'ouest de cette province. Absente en hiver.

Alimentation : Se nourrit essentiellement d'insectes qu'elle capture sur le feuillage. Les mâles s'alimentent habituellement entre 2 à 10 m du sol tandis que les femelles se nourrissent dans la strate basse de la forêt.

Habitat de nidification : Niche dans les forêts de feuillus ou mixtes où le taillis est particulièrement développé.

Nidification : Le nid est placé sur une branche d'un arbuste, à moins de 1 m du sol. La femelle construit une coupe soignée avec des brindilles, des morceaux d'écorce, des feuilles et du bois pourri. Elle la garnit de radicelles, d'herbes fines et de poils et y pond généralement 4 oeufs qu'elle couve seule de 12 à 13 jours. Les petits demeurent au nid jusqu'à l'envol, vers l'âge de 10 jours. Le père et la mère nourrissent encore les jeunes 5 à 10 jours après leur départ du nid.

Paruline à croupion jaune
Yellow-rumped Warbler

p.172, 182
Dendroica coronata

Présence et répartition : Niche dans tout le Québec sauf en Ungava et partout dans les Maritimes. Migrateur hâtif au printemps et tardif à l'automne. Hiverne en petit nombre sur la côte du sud-est du Nouveau-Brunswick et la côte sud-ouest de la Nouvelle-Écosse, là où elle trouve suffisamment de baies du myrique de Pennsylvanie pour se nourrir.

Alimentation : Insectivore qui consomme beaucoup de tordeuses. Recherche souvent sa nourriture dans les strates basses de la forêt. Mange aussi des petits fruits à partir de la fin de l'été. S'abreuve également de sève.

Habitat de nidification : Niche dans les forêts conifériennes et mixtes.

Nidification : La femelle construit habituellement le nid dans un conifère, à une hauteur moyenne de 2 à 6 m. Placé sur une branche horizontale, non loin du tronc, il s'agit d'une coupe volumineuse et profonde faite de brindilles, de morceaux d'écorce, de mousse, de lichen et d'autres matières végétales ; il est garni d'herbes fines et de plumes dont l'extrémité est recourbée au-dessus des oeufs. La couvée compte généralement 3 ou 4 oeufs que la femelle incube presque seule durant 11 à 13 jours. Les petits demeurent au nid durant 12 à 14 jours au cours desquels ils sont nourris par le mâle et la femelle. Les jeunes prennent leur envol à l'âge de 14 à 17 jours.

Paruline à gorge noire (P. verte à gorge noire) p.178, 182
Black-throated Green Warbler
Dendroica virens

Présence et répartition : Niche dans toutes les régions du Québec méridional et des Maritimes. Absente en hiver.

Alimentation : S'alimente surtout d'insectes qu'elle capture à la surface des feuilles ou des aiguilles, dans la strate médiane des arbres de la forêt, surtout dans le pourtour extérieur densément feuillu des arbres.

Habitat de nidification : Niche dans les sapinières en zones boréale et mixte, ainsi que dans les prucheraies, pinèdes et cédrières dispersées dans les érablières de la zone décidue.

Nidification : Le couple entreprend la construction du nid que la femelle termine seule. Généralement placée dans un conifère, près du tronc, entre 6 à 10 m du sol, cette coupe profonde est faite de petits morceaux d'écorce, de brindilles, d'herbes, de mousse, de lichens, de radicelles et de fils d'araignée et garnie de poils, de plumes, d'herbes fines et de radicelles à l'intérieur. La femelle pond généralement 4 ou 5 oeufs qu'elle incube seule durant 12 jours. Les petits demeurent au nid jusqu'à l'envol, pendant 8 à 10 jours au cours desquels ils sont nourris par le mâle et la femelle.

Paruline à gorge orangée
Blackburnian Warbler

p.174, 182
Dendroica fusca

Présence et répartition : Niche dans l'ensemble des Maritimes et au sud du 49e parallèle, de l'Abitibi à la Pointe des Monts, au Québec. Absente en hiver.

Alimentation : Se nourrit d'insectes qu'elle recherche à la cime et dans la partie supérieure des conifères, plus haut que la Paruline à gorge noire. Mange entre autres des tordeuses des bourgeons de l'épinette, mais les infestations de cet insecte ne feraient pas fluctuer ses effectifs.

Habitat de nidification : Niche principalement dans les sapinières boréales et dans les massifs de grands conifères au sein des forêts mixtes et décidues.

Nidification : Le nid est construit uniquement par la femelle, près de la cime d'un grand conifère, à l'écart du tronc sur une branche horizontale, à n'importe quelle hauteur. La femelle pond généralement 4 oeufs qu'elle couve seule durant 12 ou 13 jours. Après l'éclosion, les petits sont vraisemblablement nourris par les deux parents comme chez les autres parulines ; on ignore la durée de leur séjour au nid et l'âge à l'envol.

Paruline des pins
Pine Warbler

p.178, 182
Dendroica pinus

Présence et répartition : Niche au sud d'une ligne reliant le Témiscamingue à Québec et dans le sud-ouest du Nouveau-Brunswick. Visite les autres régions ; absente en hiver.

Alimentation : Insectivore durant la saison estivale ; consomme aussi des graines variées, dont des pignons et des petits fruits, en hiver. S'arrête parfois aux mangeoires.

Habitat de nidification : Niche exclusivement dans les pinèdes et dans les forêts qui contiennent de grands pins.

Nidification : La femelle construit seule le nid à n'importe quelle hauteur dans un pin, sur une branche horizontale ou dans un grappe d'aiguilles au bout d'une ramille. Il s'agit d'une coupe faite d'aiguilles de pins, de tiges de plantes herbacées et de morceaux d'écorce, et garnie d'aiguilles, de poils et de plumes. La couvée compte généralement 4 oeufs que la femelle couve seule de 10 à 13 jours. Les deux adultes nourrissent les petits au nid. Vers l'âge de 10 jours, ces derniers peuvent voler et quittent probablement le nid.

Paruline à couronne rousse

p.172, 182

Palm Warbler

Dendroica palmarum

Présence et répartition : Niche au Nouveau-Québec et très localement dans le sud du Québec et dans les trois provinces maritimes. De passage dans toutes nos régions, elle arrive tôt au printemps.

Alimentation : Se nourrit essentiellement d'insectes qu'elle recherche au sol ou dans les petits conifères et les buissons, notamment dans les lieux les plus dégagés de son territoire de nidification. Mange des petits fruits à l'occasion.

Habitat de nidification : Niche dans les tourbières ouvertes bordées de conifères et d'éricacées et parsemées de mélèzes et d'épinettes.

Nidification : La femelle dissimule le nid au pied d'un arbuste ou dans les branches basses d'un petit conifère. Elle le construit de brindilles et de tiges d'herbes entrelacées et le garnit d'herbes fines et de plumes. La couvée compte 4 ou 5 oeufs que la femelle couve seule 11 ou 12 jours. Après l'éclosion, les deux adultes nourrissent les petits au nid. Les jeunes demeurent au nid de 10 à 12 jours, puis prennent leur envol.

Paruline à poitrine baie

p.174, 182

Bay-breasted Warbler

Dendroica castanea

Présence et répartition : Niche dans toutes les régions du Québec méridional, sauf de l'Outaouais aux Bois-Francs, zone où elle passe néanmoins en migration. Niche dans les trois provinces maritimes. Absente en hiver, elle passe assez tard au printemps.

Alimentation : Se nourrit essentiellement de tordeuses et d'autres insectes qu'elle capture habituellement en se déplaçant lentement dans le feuillage, à mi-hauteur dans les arbres, souvent plus près du tronc que les autres parulines avec lesquelles elle cohabite.

Habitat de nidification : Espèce typique de la zone boréale et des forêts conifériennes âgées ; on la trouve aussi dans les forêts mixtes et dans les bois en régénération envahis de conifères.

Nidification : Le mâle accompagne la femelle au moment de la construction du nid, qui est habituellement placé dans un conifère, sur une branche horizontale, entre 2 et 7 m du sol. Le nid en forme de coupe est fait de brins d'herbes, de morceaux d'écorce et de toiles d'araignée ; il est garni de radicelles et de poils. La femelle y pond généralement 4 ou 5 oeufs qu'elle incube seule 12 ou 13 jours. Les petits sont nourris par les deux parents au cours de leur séjour au nid qui dure 11 ou 12 jours, jusqu'à l'âge de l'envol. Les adultes continuent de nourrir les jeunes au moins 8 jours après le départ du nid.

Paruline rayée
Blackpoll Warbler

p.176, 182
Dendroica striata

Présence et répartition : Niche essentiellement à l'est du méridien de Québec, dans le nord et sur la côte sud-ouest du Nouveau-Brunswick, dans le nord-est du Cap-Breton et localement sur les côtes de la Nouvelle-Écosse. Passe en migration dans toutes les autres régions.

Alimentation : Se nourrit d'insectes le long des branches de conifères, à mi-hauteur ; capture parfois ses proies au vol. Mange aussi des graines et des petits fruits à l'occasion.

Habitat de nidification : Espèce typique de la pessière noire ; niche dans les forêts conifériennes et dans les peuplements d'épinettes rabougries qui poussent en montagne.

Nidification : La femelle dissimule habituellement le nid contre le tronc d'une épinette à moins de 4 m du sol ; elle le construit parfois au sol, dans une touffe d'herbe. Cette coupe est faite de brindilles, de lichen, de mousse et d'écorce ; elle est garnie de radicelles, de fibres végétales, de poils et de plumes. La couvée compte généralement 4 ou 5 oeufs que la femelle couve seule 11 ou 12 jours. Après l'éclosion, les petits sont nourris par les deux parents. Ils demeurent au nid 8 à 12 jours, jusqu'à leur envol. Ils dépendent encore des adultes 25 jours après le départ du nid.

Paruline azurée
Cerulean Warbler

p.166
Dendroica cerulea

Présence et répartition : Cette espèce « vulnérable » niche localement en Outaouais et en Montérégie, jusqu'aux confins de l'Estrie. Visiteur exceptionnel ailleurs dans nos régions.

Alimentation : S'alimente d'insectes qu'elle capture sur le feuillage à la cime des grands arbres.

Habitat de nidification : Niche dans la strate supérieure des érablières à caryer âgées.

Nidification : La femelle construit le nid sur une branche horizontale, entre 7 et 18 m de hauteur. Peu profond, celui-ci est fabriqué soigneusement avec de petits morceaux d'écorce, des herbes, de petites tiges, le tout entremêlé de lichen et de toiles d'araignée et garni de radicelles et de plumes à l'intérieur. La femelle pond généralement 4 oeufs qu'elle couve seule 12 ou 13 jours. Le mâle et la femelle nourrissent les petits au nid, jusqu'à l'envol, vers l'âge de 9 ou 10 jours.

Paruline noir et blanc
Black-and-white Warbler

p.176
Mniotilta varia

Présence et répartition : Niche dans toutes les régions du Québec méridional, sauf sur les sommets des Laurentides, dans les Chics-Chocs et au-delà de la pointe des Monts sur la Côte-Nord. Dans les Maritimes, niche dans l'ensemble des trois provinces. Arrive parmi les premières parulines au printemps.

Alimentation : S'alimente d'insectes qu'elle capture en arpentant le tronc et les branches à la manière des sittelles et des pics. Se nourrit aussi parfois dans le feuillage comme le font les autres parulines.

Habitat de nidification : Niche dans les forêts de feuillus, ainsi que dans les massifs de feuillus intolérants des forêts des zones boréale et mixte.

Nidification : Le nid est placé habituellement au sol, bien dissimulé au pied d'un arbre, d'un buisson, d'une souche ou d'une roche. Il est parfois construit dans les racines d'un arbre renversé ou dans les ramifications d'une souche, à moins de 2 m du sol. La femelle fabrique une coupe de feuilles sèches, d'herbes, de morceaux d'écorce, d'aiguilles, de mousse et de radicelles ; elle la garnit de poils et de fibres. La couvée compte généralement 4 ou 5 oeufs que la femelle couve seule de 10 à 13 jours. Les petits demeurent au nid 8 à 12 jours jusqu'à l'envol ; ils sont nourris par les deux adultes.

Paruline flamboyante
American Redstart

p.174
Setophaga ruticilla

Présence et répartition : Niche dans toutes les régions du sud du Québec et des Maritimes. Absente en hiver.

Alimentation : Se nourrit d'insectes qu'elle capture soit en vol comme les moucherolles, soit sur les branches et les feuilles, soit en chassant « à l'épouvante », c'est-à-dire en se déplaçant sur les branches la queue ouverte, en agitant les ailes, afin d'effrayer ses proies.

Habitat de nidification : Niche dans les jeunes forêts de feuillus, et dans les bois où les gaulis de feuillus sont développés, de la zone décidue à la zone boréale.

Nidification : Le nid est construit par la femelle entre 2 et 6 m du sol, souvent dans la fourche d'un petit arbre ou d'un grand arbuste. Il s'agit d'une coupe faite d'herbes, de petits morceaux d'écorce, de radicelles et de fibres végétales et qui est garnie de matériaux fins à l'intérieur. La femelle pond généralement 4 oeufs qu'elle couve seule de 10 à 14 jours. Le mâle aide la femelle à nourrir les petits au nid pendant les 8 ou 9 jours qui séparent l'éclosion de l'envol.

Paruline couronnée
Ovenbird

p.176

Seiurus aurocapillus

Présence et répartition : Niche au Québec au sud du 49ᵉ parallèle et partout dans les Maritimes. Absente en hiver.

Alimentation : Se nourrit d'insectes, d'araignées, d'escargots et de limaces qu'elle capture essentiellement au sol, en marchant lentement sur la litière.

Habitat de nidification : Niche surtout dans les forêts âgées où le parterre est dégagé, en particulier dans les forêts de feuillus de la zone décidue mais également dans les forêts plus nordiques, jusqu'en zone boréale.

Nidification : La femelle construit au sol un nid à ouverture latérale, qui ressemble à un ancien four à pain. Il est fait d'herbes, de fibres végétales, de radicelles, de feuilles et de petits morceaux d'écorce, et garni de petites radicelles. La couvée compte généralement 4 ou 5 oeufs que la femelle incube seule durant 12 jours en moyenne. Le mâle aide la femelle à nourrir les petits au nid. Ils y demeurent jusqu'à l'envol, vers l'âge de 8 à 10 jours. Les adultes s'occupent des jeunes jusqu'à l'âge de 21 à 35 jours.

Paruline des ruisseaux
Northern Waterthrush

p.176

Seiurus noveboracensis

Présence et répartition : Niche partout au Québec, jusqu'en Ungava, et dans les Maritimes. Absente en hiver.

Alimentation : Se nourrit d'insectes, de vers et d'escargots qu'elle trouve en fouillant les feuilles au sol. Au début du printemps, se nourrit aussi dans les mares, saisissant des feuilles qui trempent dans l'eau afin d'y surprendre ses proies.

Habitat de nidification : Niche dans les buissons denses au bord des cours d'eau, des lacs et des tourbières ; fréquente également les forêts inondées ou humides.

Nidification : La femelle place le nid dans une souche creuse, dans les racines d'un arbre renversé, parfois dans une dépression au sol ou dans une cavité sur la berge. Plutôt volumineux, le nid est fait de feuilles, de mousse, d'herbes, de brindilles, d'aiguilles de pins, de morceaux d'écorce et de radicelles, et garni d'herbes fines, de poils et de mousse à l'intérieur. La couvée compte généralement 4 ou 5 oeufs que la femelle couve seule 13 ou 14 jours. Les petits demeurent au nid durant une dizaine de jours au cours desquels ils sont nourris par le mâle et la femelle, jusqu'à l'envol.

Paruline hochequeue
Louisiana Waterthrush

p.176
Seiurus motacilla

Présence et répartition : Visiteur rare de l'Outaouais à l'Estrie, et dans les Maritimes. Absente en hiver.

Alimentation : Mange principalement des insectes terrestres et aquatiques et des araignées, mais aussi des mollusques, de petits poissons, des crustacés et des amphibiens. Elle se nourrit surtout au sol, au bord des ruisseaux et en eau peu profonde.

Habitat de nidification : Niche principalement dans les ravins boisés aux abords des ruisseaux qui coulent dans les forêts de feuillus âgées.

Nidification : Le nid est construit par le mâle et la femelle, habituellement près d'un ruisseau, d'une rivière, ou d'un torrent, dans une vieille souche, parmi les racines d'un arbre renversé ou dans une cavité sur la berge. Il est fait de feuilles et de mousse et garni d'herbes fines et de poils à l'intérieur. La femelle pond généralement 5 oeufs qu'elle couve seule de 12 à 14 jours. Le mâle aide la femelle à nourrir les petits au cours de leur séjour de 10 jours au nid, jusqu'au moment de l'envol. Les jeunes dépendent des adultes durant 30 jours après leur départ du nid.

Paruline à gorge grise
Connecticut Warbler

p.170, 180
Oporornis agilis

Présence et répartition : Niche en Abitibi, en Radissonie et au lac Saint-Jean. Rare en migration dans toutes nos régions.

Alimentation : Se nourrit d'insectes qu'elle capture en arpentant le sol ou les branches près du sol.

Habitat de nidification : Niche dans les tourbières à épinettes et mélèzes, les massifs de peupliers, les pessières claires et les peuplements de pins gris.

Nidification : Le nid est construit au sol, bien dissimulé dans la végétation à la base d'un arbuste, sur un petit monticule de sphaigne. Il s'agit d'une coupe faite d'herbes et de fibres végétales parfois entremêlées de feuilles, et garnie de matériaux fins à l'intérieur. La couvée compte 4 ou 5 oeufs. C'est à peu près tout ce qu'on sait de cette espèce très discrète, dont les individus se posent loin des nids avant de s'y rendre furtivement.

Paruline triste
Mourning Warbler

p.170, 180
Oporornis philadelphia

Présence et répartition : Niche dans tout le sud du Québec méridional et dans les trois provinces maritimes. Absente en hiver.

Alimentation : Se nourrit d'insectes et d'araignées qu'elle capture à faible hauteur dans la végétation ; mange aussi des petits fruits à l'automne.

Habitat de nidification : Niche dans les clairières des forêts de tous types, dans les ronceraies et sur le bord des routes et des marécages, partout où les bosquets d'arbustes sont développés.

Nidification : La femelle, probablement aidée du mâle, construit le nid au sol, à la base de ronces, de fougères ou de plantes herbacées ou encore dans un arbuste à moins de 1 m du sol. Assez volumineux, il est fait de feuilles sèches, d'herbes, de brindilles et de morceaux d'écorce et garni de poils, de radicelles et d'herbes fines à l'intérieur. La femelle pond généralement 4 oeufs qu'elle couve seule durant 12 jours. Après l'éclosion, le mâle aide la femelle à nourrir les petits qui demeurent au nid 7 à 9 jours. Ils volent vers 14 à 16 jours mais dépendent des parents jusqu'à l'âge de 21 à 30 jours.

Paruline masquée
Common Yellowthroat

p.168, 180
Geothlypis trichas

Présence et répartition : Niche dans toutes les régions du Québec méridional et des Maritimes. Absente en hiver.

Alimentation : Se nourrit principalement d'insectes et d'araignées qu'elle trouve sur le feuillage.

Habitat de nidification : Niche en milieux ouverts et broussailleux, souvent humides, depuis la zone décidue jusqu'à la zone boréale.

Nidification : Le nid, plutôt volumineux, est construit près du sol ou au sol par la femelle, bien dissimulé dans un buisson ou une touffe d'herbes hautes. Il s'agit d'une coupe faite d'herbes, de tiges et de feuilles, et garnie à l'intérieur d'herbes fines et de poils. La couvée compte généralement 3 à 5 oeufs que la femelle couve seule de 11 à 13 jours. Le mâle aide la femelle à nourrir les petits au nid pendant 8 à 10 jours. À la sortie du nid, les jeunes sont incapables de voler. Ils prennent leur envol 2 ou 3 jours plus tard et sont encore nourris par les parents pendant une douzaine de jours par la suite.

Paruline à calotte noire
Wilson's Warbler

p.168, 180
Wilsonia pusilla

Présence et répartition: Niche au Québec au nord d'une ligne reliant le Témiscamingue à Charlevoix, et jusqu'à la limite des arbres. Niche au Nouveau-Brunswick, localement en Nouvelle-Écosse et à l'Île-du-Prince-Édouard.

Alimentation: Capture des insectes à la manière des moucherolles, à partir d'un perchoir d'où elle s'élance avant de revenir se percher au même endroit. Mange parfois des petits fruits.

Habitat de nidification: Niche en zone boréale dans les lisières humides où poussent des aulnes et des saules et dans les tourbières entourées de mélèzes et d'épinettes.

Nidification: Le nid est construit par la femelle, habituellement dans la mousse ou au sol, au pied d'un arbre, d'un buisson ou d'une touffe d'herbe. Cette coupe volumineuse est faite presque entièrement d'herbes sèches auxquelles la femelle ajoute quelques petites feuilles et qu'elle garnit d'herbes et de poils à l'intérieur. La couvée compte généralement 4 à 6 oeufs que la femelle couve seule de 11 à 13 jours. Le mâle aide la femelle à nourrir les petits. Les jeunes demeurent au nid jusqu'à l'envol, vers 8 à 11 jours après l'éclosion. Les parents les nourrissent jusqu'à l'âge de 32 jours.

Paruline du Canada
Canada Warbler

p.170
Wilsonia canadensis

Présence et répartition: Niche dans l'ensemble du Québec méridional, sauf à Anticosti et aux îles de la Madeleine; niche dans les trois provinces maritimes. Absente en hiver.

Alimentation: Se nourrit d'insectes qu'elle capture au vol à la manière des moucherolles, quittant son perchoir pour attraper l'insecte avant de revenir se percher.

Habitat de nidification: Niche dans les jeunes forêts mixtes où les gaulis et les massifs d'arbustes sont particulièrement développés, parfois au bord des cours d'eau.

Nidification: La femelle construit seule le nid au sol, sur une butte de mousse, sur le tronc d'un arbre tombé ou dans les racines découvertes d'un arbre renversé. Cette coupe est faite d'herbes, de feuilles, de tiges et de morceaux d'écorce et garnie de radicelles, de fibres végétales et de poils. La femelle pond généralement 4 oeufs qu'elle couve seule environ 12 jours. Le mâle l'aide à nourrir les petits, qui séjournent au nid de 8 à 10 jours, jusqu'à l'envol.

Paruline polyglotte
Yellow-breasted Chat

p.168
Icteria virens

Présence et répartition : Visiteur inusité dans la région de Montréal et dans le sud-ouest du Nouveau-Brunswick et de la Nouvelle-Écosse.

Alimentation : Se nourrit d'insectes capturés dans les arbustes. Mange aussi des raisins sauvages et d'autres petits fruits.

Habitat de nidification : Niche en bordure des forêts, dans les fourrés, les pâturages buissonneux et les grands buissons en bordure des cours d'eau et des étangs.

Nidification : Le nid est construit par la femelle dans un petit arbre ou un arbuste entre 0,6 à 1,5 m du sol. Cette coupe volumineuse est faite de feuilles, de morceaux d'écorce, de brins de paille et de tiges de plantes ; elle est garnie d'herbes fines à l'intérieur. La couvée compte généralement 3 ou 4 oeufs que la femelle couve seule durant 11 jours. Les petits demeurent au nid jusqu'à l'envol, vers l'âge de 8 à 12 jours. Le mâle aide la femelle à nourrir les jeunes après l'éclosion.

Tangara écarlate
Scarlet Tanager

p.200
Piranga olivacea

Présence et répartition : Niche dans le sud du Québec, du Témiscamingue à Québec et, localement, plus loin au nord-est. Dans les Maritimes, niche au Nouveau-Brunswick et, localement, dans le sud-ouest de la Nouvelle-Écosse. Absent en hiver.

Alimentation : Se nourrit d'insectes capturés sur les feuilles, relativement haut dans les arbres. La femelle s'alimente encore plus haut dans la futaie que le mâle. De plus, elle recherche principalement sa nourriture dans les frondaisons tandis que le mâle demeure plus près du tronc.

Habitat de nidification : Niche dans les forêts de feuillus âgées et diversifiées, là où la voûte est épaisse et parfois où croissent le pin blanc ou la pruche.

Nidification : La femelle construit seule le nid sur une branche horizontale, loin du tronc, à une hauteur d'au moins 5 m. Bien dissimulé dans le feuillage, le nid est une coupe peu profonde faite de feuilles, de radicelles et de brindilles entrelacées, et garnie d'herbe et de radicelles. La femelle pond généralement 4 oeufs qu'elle couve seule pendant 12 à 14 jours. Après l'éclosion, le mâle et la femelle nourrissent les petits au nid jusqu'à l'envol, vers l'âge de 10 jours. Les jeunes demeurent dépendants des adultes de 12 à 15 jours après la sortie du nid.

Tohi à flancs roux
Eastern Towhee

p.186
Pipilo erythrophthalmus

Présence et répartition : Niche dans le sud du Québec, depuis l'Outaouais jusqu'aux Bois-Francs. Hiverne irrégulièrement dans le sud du Québec. Visiteur d'hiver rare dans les trois provinces maritimes.

Alimentation : Fouille bruyamment dans les feuilles mortes qui jonchent le sol, à la recherche d'insectes, d'araignées et de graines. Mange aussi des fruits à l'occasion. Fréquente les mangeoires en hiver, dans nos régions.

Habitat de nidification : Niche en terrain sec, à l'orée des bois, dans les clairières et les friches envahies de buissons.

Nidification : La femelle construit, au sol ou à moins de 1,5 m de hauteur, un nid qu'elle dissimule sous un buisson ou parmi des plantes grimpantes. Le nid est fait de brindilles, d'herbes, de morceaux d'écorce et de tiges de plantes, et garni de radicelles et d'herbes fines. La couvée compte généralement 3 ou 4 oeufs que la femelle couve seule 12 ou 13 jours. Après l'éclosion, le mâle participe au nourrissage des petits qui séjournent au nid jusqu'à l'envol, à l'âge de 10 à 12 jours. Les jeunes demeurent pendant quelques jours avec les parents après l'envol, avant de se disperser.

Bruant hudsonien
American Tree Sparrow

p.190
Spizella arborea

Présence et répartition : Niche au Nouveau-Québec et sur la basse Côte-Nord. Passe en migration et peut séjourner en hiver dans toutes nos régions.

Alimentation : Se nourrit principalement de graines de plantes en toutes saisons, mais mange aussi des insectes, des fleurs et des fruits durant la période de nidification. Fréquente les mangeoires en migration et en hiver.

Habitat de nidification : Niche dans la toundra, milieu parsemé de buissons et de conifères de petite taille.

Nidification : La femelle place le nid habituellement au sol, parfois dans un arbuste ou un arbre jusqu'à 1,5 m du sol. Elle fabrique une coupe de brins d'herbe, de tiges, de radicelles, de mousse, de lichens et de morceaux d'écorce et la garnit de plumes, de poils et parfois de mousse. La couvée compte généralement 3 à 5 oeufs que la femelle couve de 10 à 13 jours. Le mâle aide la femelle à nourrir les petits. Les jeunes quittent le nid vers 8 à 10 jours et peuvent voler vers 14 à 16 jours. Les parents les nourrissent encore durant 15 à 20 jours après le départ du nid.

Bruant familier
Chipping Sparrow

p.190
Spizella passerina

Présence et répartition : Niche dans tout le sud du Québec méridional et partout dans les Maritimes. Absent en hiver.

Alimentation : Granivore en toutes saisons ; mange aussi des insectes durant la saison de nidification.

Habitat de nidification : Affectionne les milieux humanisés et niche autour des habitations, notamment dans les conifères ornementaux. Niche également à l'orée des bois, dans les clairières et dans les plantations de conifères.

Nidification : Le nid est habituellement placé à l'extrémité d'une branche horizontale, généralement entre 1 et 3 m, parfois jusqu'à 7 m. Le mâle et la femelle recueillent les matériaux et construisent le nid, fait de tiges de plantes et de radicelles et garni à l'intérieur de cheveux, de poils, d'herbes fines, de duvet végétal et de radicelles. La femelle y pond généralement 4 oeufs qu'elle couve seule de 11 à 14 jours. Les petits séjournent au nid de 9 à 12 jours avant de s'aventurer à l'extérieur d'où ils prennent leur envol vers l'âge de 14 jours. Les deux parents les nourrissent, depuis l'éclosion jusqu'à l'âge de 24 jours.

Bruant des plaines
Clay-colored Sparrow

p.190
Spizella pallida

Présence et répartition : Niche sporadiquement dans le sud du Québec, surtout à l'ouest de Québec et au sud du 47e parallèle. Visite les régions plus au nord et à l'est, ainsi que les Maritimes. Absent en hiver.

Alimentation : Se nourrit essentiellement de graines de nature diverse ; mange aussi des insectes durant la saison de nidification.

Habitat de nidification : Niche en terrain sec dans les pâturages, les champs abandonnés ou négligés et les jeunes plantations de conifères.

Nidification : Le nid est placé au sol ou, plus souvent, dans les branches basses d'un arbuste ou d'un jeune conifère, à moins de 2 m du sol. La femelle construit une coupe de tiges de plantes et d'herbes et la garnit d'herbes fines et de poils. La couvée compte généralement 3 ou 4 oeufs que la femelle couve seule en grande partie durant 10 à 12 jours. Les petits quittent le nid à l'envol, 7 à 9 jours après l'éclosion. Les jeunes sont nourris par les deux parents au moins 15 à 17 jours.

Bruant des champs
Field Sparrow

p.190
Spizella pusilla

Présence et répartition: Niche dans le sud du Québec, de l'Outaouais à Québec. A déjà niché dans le sud-ouest du Nouveau-Brunswick. Visite d'autres régions du Québec et des Maritimes. Absent en hiver.

Alimentation: Se nourrit au sol, principalement d'insectes durant la saison de nidification et de graines en d'autres saisons.

Habitat de nidification: Niche dans les arbustes qui croissent en bordure des champs ou qui envahissent les champs en friche, ainsi que dans les jeunes plantations de pins.

Nidification: Le nid est placé au sol, dans une touffe d'herbe, ou dans un arbuste ou un petit arbre à moins de 1,5 m du sol. La femelle construit une coupe avec des herbes, des radicelles et des feuilles mortes et la garnit d'herbes fines, de radicelles et de poils. Elle pond généralement 3 à 5 oeufs et couve seule de 10 à 12 jours. Les petits quittent le nid à 7 ou 8 jours et volent vers l'âge de 12 ou 13 jours. Les deux parents s'en occupent jusqu'à l'âge de 25 à 34 jours.

Bruant vespéral
Vesper Sparrow

p.188
Pooecetes gramineus

Présence et répartition: Niche dans les régions agricoles du sud du Québec et des Maritimes, où il est cependant plus localisé. Absent en hiver.

Alimentation: Se nourrit au sol d'insectes et de graines de plantes sauvages et cultivées.

Habitat de nidification: Niche dans les champs secs où l'herbe est rare, les pâturages et les prés.

Nidification: Le nid est placé dans une petite dépression au sol, bien dissimulé dans la végétation. Il est fait d'herbes sèches, de tiges de plantes et de radicelles, et garni à l'intérieur d'herbes fines, de radicelles et quelquefois de crin de cheval. La couvée compte généralement 3 à 5 oeufs que la femelle incube seule de 11 à 14 jours. Les petits quittent le nid vers 9 à 14 jours et prennent leur envol quelques jours après. Les parents les nourrissent jusqu'à l'âge de 29 à 35 jours.

Bruant des prés
Savannah Sparrow

p.188

Passerculus sandwichensis

Présence et répartition : Niche dans l'ensemble du territoire québécois et dans les trois provinces maritimes. Absent en hiver.

Alimentation : Se nourrit essentiellement de graines de toutes sortes qu'il trouve au sol. En été, mange aussi insectes, araignées et escargots.

Habitat de nidification : Niche en milieux très ouverts : champs de foin, pâturages, dunes côtières, marais d'eau douce ou d'eau salée, tourbières.

Nidification : Le nid est habituellement placé au sol dans une dépression, bien camouflé dans la végétation. La femelle fabrique une coupe d'herbe et de tiges de plantes qu'elle garnit d'herbes fines, de radicelles et parfois de poils. Elle y pond généralement 4 oeufs qu'elle couve seule 12 ou 13 jours. Les petits quittent le nid vers 9 à 11 jours et volent vers 13 à 20 jours. Les deux parents les nourrissent durant une vingtaine de jours au total.

Bruant sauterelle
Grasshopper Sparrow

p.192

Ammodramus savannarum

Présence et répartition : Espèce « vulnérable » au Québec, qui niche localement du Pontiac à la Montérégie. Visite exceptionnellement les trois provinces maritimes et d'autres régions du Québec. Absent en hiver.

Alimentation : Se nourrit d'insectes qu'il capture au sol, notamment de criquets. Mange aussi diverses graines.

Habitat de nidification : Niche en sol sec et sablonneux dans les jachères et les anciens pâturages envahis surtout par des vivaces de grande taille.

Nidification : Le nid est construit au sol, bien dissimulé dans la végétation, qui forme un dôme au-dessus. C'est sans doute la femelle seule qui fabrique cette coupe d'herbes sèches, garnie d'herbes fines, de radicelles et quelquefois de poils. La couvée compte généralement 4 ou 5 oeufs que la femelle couve seule 11 ou 12 jours. Les jeunes quittent le nid 9 jours après l'éclosion et prennent probablement leur envol quelques jours après. Les deux parents les nourrissent.

Bruant de Henslow
Henslow's Sparrow

p.192
Ammodramus henslowii

Présence et répartition : A déjà niché dans le sud du Québec, de l'Outaouais aux confins de la Montérégie et de l'Estrie. Visiteur exceptionnel en Nouvelle-Écosse. Absent en hiver.

Alimentation : Se nourrit presque exclusivement d'insectes durant l'été, notamment de petits insectes apparentés aux grillons. Il complète son alimentation avec des graines diverses.

Habitat de nidification : Niche dans les champs de foin abandonnés et les prairies non fauchées où dominent encore les graminées, parfois les scirpes et le carex.

Nidification : La femelle construit le nid à peu près seule, au sol ou près du sol, dans la végétation très dense ; il est très bien dissimulé par les herbes, qui forment souvent un dôme au-dessus. Le nid est une coupe faite d'herbes sèches et garni d'herbes fines. La couvée compte généralement de 3 à 5 oeufs que la femelle couve seule durant 11 jours. Les petits séjournent au nid jusqu'au moment de l'envol, vers l'âge de 9 ou 10 jours ; les deux parents les nourrissent. Il y a généralement deux couvées par an.

Bruant de Le Conte
Le Conte's Sparrow

p.192
Ammodramus leconteii

Présence et répartition : Niche en Radissonie, en Abitibi-Témiscamingue et au Saguenay-Lac-Saint-Jean, peut-être à l'occasion le long de l'estuaire du Saint-Laurent. Visite exceptionnellement la Nouvelle-Écosse et le Nouveau-Brunswick.

Alimentation : Se nourrit essentiellement d'insectes et d'araignées qu'il capture au sol, où il passe la majeure partie de son temps. Mange aussi des graines.

Habitat de nidification : Dans nos régions, niche dans les grands champs relativement humides, dominés par des plantes herbacées denses, les marais à carex et les prés salés au-dessus des marais à spartine.

Nidification : Le nid est habituellement au sol, dans la végétation dense et enchevêtrée. Il s'agit d'une coupe fabriquée de brindilles fines que la femelle construit à l'intérieur d'une structure plus grossière formée avec des herbes et des tiges encore debout. La couvée compte généralement 4 oeufs que la femelle couve seule de 11 à 13 jours. Il semble que la femelle nourrisse seule les petits au nid. Les jeunes prennent leur envol vers l'âge de 8 à 10 jours.

Bruant de Nelson (Bruant à queue aiguë) p.192
Nelson's Sharp-tailed Sparrow *Ammodramus nelsoni*

Présence et répartition : Niche le long du fleuve et de l'estuaire, au lac Saint-Pierre, dans la baie des Chaleurs, aux îles de la Madeleine et sur les côtes des provinces maritimes ; niche aussi dans les marais du bas Saint-Jean au Nouveau-Brunswick.

Alimentation : Se nourrit principalement au sol et dans la végétation. Au cours de la saison de nidification, s'alimente essentiellement d'insectes divers ainsi que d'araignées, d'amphipodes et d'escargots, ces derniers étant remplacés par des vers dans les milieux d'eau douce. Mange aussi des graines de graminées et de diverses plantes.

Habitat de nidification : Niche à l'étage supérieur des marais salés, notamment où pousse la spartine, et dans les prés humides.

Nidification : Le nid est construit au sol par la femelle. Il s'agit d'une coupe faite d'herbes sèches, fixée aux tiges voisines et garnie d'herbes fines. La couvée compte généralement 3 à 5 oeufs que la femelle couve seule 10 ou 11 jours. Les petits séjournent au nid 10 jours, jusqu'au moment de l'envol. La femelle les nourrit seule durant une trentaine de jours au total.

Bruant fauve p.188
Fox Sparrow *Passerella iliaca*

Présence et répartition : Niche à l'est du méridien de Trois-Rivières et au nord du 47e parallèle dans les Hautes-Laurentides, sur la Côte-Nord, en Gaspésie, à Anticosti et aux îles de la Madeleine. Dans les Maritimes, niche dans les montagnes du nord du Nouveau-Brunswick, sur la côte atlantique de la Nouvelle-Écosse et dans les hautes-terres du Cap-Breton. De passage dans toutes les régions et occasionnel en hiver, surtout en Nouvelle-Écosse.

Alimentation : Gratte le sol avec ses pattes et fouille dans les feuilles mortes avec vigueur afin d'y dénicher sa nourriture : insectes et graines.

Habitat de nidification : Niche dans les forêts de conifères rabougris, à l'orée des sapinières et des pessières et dans les fourrés près de l'eau.

Nidification : Le nid est habituellement placé au sol ou dans les branches basses d'un conifère ou d'un arbuste. Il s'agit d'une coupe faite d'herbes, de brindilles, de mousse, de lichen et de radicelles, et garnie d'herbes, de poils, de laine ou de plumes. La couvée compte 2 à 5 oeufs que la femelle couve seule de 12 à 14 jours. Les petits demeurent au nid jusqu'à l'envol, vers l'âge de 9 à 11 jours. Les deux parents les nourrissent durant une trentaine de jours.

Bruant chanteur
Song Sparrow

p.188
Melospiza melodia

Présence et répartition : Niche dans tout le sud du Québec et l'ensemble des Maritimes. Se voit parfois en hiver dans le sud du Québec, du Nouveau-Brunswick et de la Nouvelle-Écosse.

Alimentation : Se nourrit en fouillant le sol ou en explorant le pied des buissons. Possède un régime varié : graines, petits fruits, insectes, petits vers. Mange essentiellement des insectes au cours de la saison de nidification. Fréquente les mangeoires.

Habitat de nidification : Niche en terrain relativement ouvert où poussent des arbustes, à l'orée des bois, au bord des routes et des cours d'eau, ainsi que dans les parcs, les jardins et les terrains vagues, à la ville et à la campagne.

Nidification : Le nid est habituellement dissimulé dans l'herbe ou dans un petit conifère, un arbuste ou une plante grimpante à moins de 4 m du sol. Cette coupe est faite de brindilles, d'herbe, de tiges, de feuilles et de morceaux d'écorce ; elle est garnie d'herbes fines, de racines et de poils. La couvée compte généralement 3 ou 4 oeufs que la femelle couve seule de 12 à 14 jours. Les petits demeurent au nid 9 à 11 jours et volent vers l'âge de 17 jours. Les parents s'en occupent jusqu'à l'âge de 24 à 34 jours. Ce bruant a deux couvées par saison.

Bruant de Lincoln
Lincoln's Sparrow

p.188
Melospiza lincolnii

Présence et répartition : Niche dans l'ensemble du Québec, sauf en Ungava ; très localisé dans les basses-terres du Saint-Laurent, au sud et à l'ouest de Trois-Rivières. Niche partout dans les Maritimes sauf dans le sud-ouest de la Nouvelle-Écosse. Passe partout en migration et absent en hiver.

Alimentation : Se nourrit essentiellement d'insectes et de graines qu'il trouve en fouillant le sol de ses pattes. Durant la saison de nidification, les insectes comptent pour plus de 60 % de son alimentation.

Habitat de nidification : Niche dans les tourbières, dans les prés humides envahis d'aulnes, de saules ou de conifères rabougris, et dans les zones de coupe forestière.

Nidification : Le nid est construit par la femelle qui le dissimule habituellement au sol, dans la végétation, ou quelquefois dans un arbuste entre 20 et 30 cm de hauteur. Il s'agit d'une coupe faite d'herbes sèches et garnie d'herbes fines et de radicelles à l'intérieur. La femelle pond généralement 4 ou 5 oeufs qu'elle couve seule de 12 à 14 jours. Les petits quittent le nid à l'envol, vers l'âge de 9 à 12 jours. Le mâle et la femelle les nourrissent probablement jusqu'à l'âge de 28 jours.

Bruant des marais
Swamp Sparrow

p.190
Melospiza georgiana

Présence et répartition : Niche dans tout le sud du Québec et dans les trois provinces maritimes. Absent en hiver.

Alimentation : Au cours du printemps et durant la saison de nidification, se nourrit essentiellement d'insectes qu'il trouve au sol ou dans l'eau peu profonde des marais. Devient plus granivore vers la fin de l'été : les graines finissent par constituer jusqu'à 97 % de son alimentation.

Habitat de nidification : Niche dans les marais d'eau douce où la végétation est haute, au bord des étangs et à la décharge des lacs, dans les prés humides, les tourbières et parfois dans les prés salés.

Nidification : Le nid est construit par la femelle, à moins de 1 m au-dessus de l'eau, bien accroché à des plantes herbacées rigides ou encore dans un arbuste. Il est fait à l'aide d'herbe et de tiges sèches et garni de brins d'herbes fins à l'intérieur. La couvée compte 4 ou 5 oeufs que la femelle couve seule de 12 à 15 jours. Après l'éclosion, le mâle aide la femelle à nourrir les petits qui demeurent au nid jusqu'à l'envol, vers l'âge de 9 à 13 jours.

Bruant à gorge blanche
White-throated Sparrow

p.186
Zonotrichia albicollis

Présence et répartition : Niche partout dans le sud du Québec et dans les Maritimes. Hiverne parfois, en petit nombre, dans le sud du Nouveau-Brunswick, de la Nouvelle-Écosse et du Québec.

Alimentation : Se nourrit au sol ou dans les arbres, principalement d'insectes et de larves au cours de la saison de nidification, et de graines diverses et de petits fruits à d'autres temps de l'année. Fréquente les mangeoires.

Habitat de nidification : Niche à l'orée des forêts décidues, mixtes ou conifériennes, dans les clairières, les fourrés et les secteurs en régénération.

Nidification : Construit par la femelle, le nid est habituellement au sol, à la base d'un arbuste ou d'un petit arbre, parfois dans les racines d'un arbre renversé et rarement dans un petit sapin à moins de 1 m du sol. Il s'agit d'une coupe faite de brindilles, d'herbes, d'aiguilles de conifères et de petits morceaux d'écorce et garnie d'herbes fines et de radicelles à l'intérieur. La couvée compte 4 à 6 oeufs que la femelle couve seule de 11 à 14 jours. Les petits quittent le nid à 8 ou 9 jours et volent vers l'âge de 10 à 12 jours. Les deux parents les nourrissent jusqu'à 13 à 20 jours après le départ du nid.

Bruant à couronne blanche
White-crowned Sparrow

p.186

Zonotrichia leucophrys

Présence et répartition : Niche au Nouveau-Québec et sur la basse Côte-Nord. Passe en migration dans toutes nos régions. Absent en hiver.

Alimentation : En été dans le Nord, se nourrit abondamment de jeunes capsules de mousse ainsi que de graines et de mouches noires. Plus tard, mange des chatons de saules, des insectes et des araignées. S'arrête aux mangeoires en migration.

Habitat de nidification : Niche dans les peuplements clairs d'épinettes rabougries de la taïga et dans la toundra.

Nidification : Le nid est placé habituellement au sol à l'abri d'un petit arbre ou d'un arbuste ou dissimulé dans la végétation basse. C'est la femelle qui construit cette coupe assez volumineuse de brindilles, d'herbes, de morceaux d'écorce, de mousse et de lichen ; elle la garnit d'herbes fines, de radicelles et de poils et y pond généralement 4 oeufs qu'elle couve seule durant 12 jours. Les petits quittent le nid 7 à 12 jours après l'éclosion et s'envolent vers l'âge de 11 ou 12 jours. Ils demeurent dépendants des adultes jusqu'à l'âge de 30 jours.

Junco ardoisé
Dark-eyed Junco

p.186

Junco hyemalis

Présence et répartition : Niche dans l'ensemble du territoire québécois, sauf en Ungava, et très localement dans les basses-terres du Saint-Laurent ; niche dans les trois provinces maritimes. Hiverne en petit nombre dans les Maritimes et l'extrême-sud du Québec.

Alimentation : Se nourrit essentiellement d'insectes au sol au cours de la saison de nidification. Mange aussi diverses graines et fréquente les mangeoires en migration et en hiver.

Habitat de nidification : Niche dans les clairières, à la lisière des forêts mixtes ou conifériennes et là où le sol est broussailleux et jonché de troncs d'arbres.

Nidification : Le nid est habituellement au sol, bien dissimulé dans la végétation, sous des racines ou un tronc renversé, ou encore dans un buisson dense. La femelle fabrique une coupe de racines, d'herbes et de mousse, et la garnit de radicelles, d'herbes fines, de poils et de brins de mousse. Elle y pond généralement 4 oeufs qu'elle couve durant 12 ou 13 jours. Les petits demeurent au nid 10 à 12 jours après l'éclosion, jusqu'au moment où ils prennent leur envol. Les deux parents s'occupent de la progéniture, de l'éclosion jusqu'à 14 jours environ après le départ du nid.

Bruant lapon
Lapland Longspur

p.194
Calcarius lapponicus

Présence et répartition: Niche dans l'Arctique québécois; passe en migration dans le sud du Québec. Se voit parfois en hiver dans les Maritimes et dans le sud du Québec.

Alimentation: Se nourrit au sol où il s'alimente d'insectes, d'araignées et de graines. Les jeunes sont nourris essentiellement d'insectes.

Habitat de nidification: Niche dans la toundra arctique, notamment là où poussent des touffes d'herbe ou de carex en sol humide.

Nidification: Le nid est placé habituellement au sol, bien dissimulé dans l'herbe ou sous un arbuste. La femelle fabrique une coupe d'herbe et la garnit d'herbes fines, de plumes et parfois de poils. La couvée compte généralement de 4 à 6 oeufs que la femelle couve de 10 à 14 jours. Les petits quittent le nid 8 à 10 jours après l'éclosion et volent à l'âge de 11 à 15 jours. Ils demeurent dépendants des parents jusqu'à l'âge de 23 jours.

Bruant des neiges
Snow Bunting

p.194
Plectrophenax nivalis

Présence et répartition: Niche près des côtes de la baie et du détroit d'Hudson. Hiverne dans les régions agricoles du sud du Québec et des Maritimes.

Alimentation: S'alimente au sol d'insectes et d'araignées; mange aussi des graines diverses. En hiver, se nourrit des graines de plantes qui émergent de la neige ainsi qu'en bordure des routes et sur les battures.

Habitat de nidification: Niche dans les terrains rocailleux de l'Arctique: grèves, escarpements, flancs de montagnes et talus d'éboulis, ainsi que dans la toundra à mousses.

Nidification: Le nid est fait par la femelle dans une anfractuosité dans la roche, ou dans divers types d'abris. Il est fabriqué d'herbe et de mousse et garni à l'intérieur d'herbes, de poils et de plumes. La couvée compte généralement de 4 à 7 oeufs que la femelle couve seule 12 ou 13 jours. Les petits séjournent au nid de 10 à 12 jours et prennent leur envol à l'âge de 13 ou 14 jours. Ils sont nourris par les deux parents pendant 24 jours environ.

Cardinal rouge
Northern Cardinal

p.200

Cardinalis cardinalis

Présence et répartition : Sédentaire de Hull à Québec. Dans les Maritimes, sédentaire dans le sud-ouest du Nouveau-Brunswick et de la Nouvelle-Écosse ; visite d'autres régions.

Alimentation : Se nourrit essentiellement de produits végétaux, notamment de fruits, de graines sauvages et de grains cultivés. Consomme aussi des insectes divers, des araignées et des escargots. Fréquente régulièrement les mangeoires.

Habitat de nidification : Niche à l'orée des bois, aux abords des friches et des terrains vagues, dans les fourrés et les clairières ainsi que dans les jardins et les parcs.

Nidification : Le nid est construit par la femelle qui le place dans une haie, une plante grimpante ou la partie dense d'un fourré, entre 1,5 à 2,4 m du sol. Il s'agit d'une coupe faite de brindilles, d'herbe, de feuilles et de morceaux d'écorce ou de papier et garnie de radicelles et de poils. La couvée compte généralement 3 ou 4 oeufs que la femelle couve durant 11 à 13 jours. Les petits quittent le nid à l'envol, après 9 ou 10 jours. Les adultes les nourrissent jusqu'à l'âge de 45 jours. Il y a souvent deux nichées par saison, parfois trois.

Cardinal à poitrine rose
Rose-breasted Grosbeak

p.200

Pheucticus ludovicianus

Présence et répartition : Niche de l'Abitibi à la pointe des Monts et plus au sud ; dans les Maritimes, niche dans les trois provinces.

Alimentation : Se nourrit de fruits et de graines ainsi que d'insectes divers, notamment de chenilles à tente et de vers phytophages. Mange aussi le doryphore de la pomme de terre.

Habitat de nidification : Niche dans les forêts de feuillus et mixtes. Fréquente les lisières des forêts et les clairières, les gaulis des jeunes forêts, les bois isolés et les parcs.

Nidification : La femelle, aidée du mâle, fait habituellement le nid dans un buisson ou une gaule, souvent dans une fourche verticale entre 1,5 à 4,5 m. Le nid en forme de coupe est fait de brindilles, de radicelles et d'herbes fines assemblées lâchement. La couvée compte généralement 3 ou 4 oeufs. Les deux parents couvent durant 11 à 14 jours ; le mâle peut chanter au nid. Après l'éclosion, les petits demeurent au nid 9 à 12 jours, jusqu'à l'envol. Les deux adultes les nourrissent jusqu'à l'âge de 26 à 33 jours.

Passerin indigo
Indigo Bunting

p.200
Passerina cyanea

Présence et répartition : Niche du Pontiac à la Beauce et localement plus au nord et à l'est. Niche localement dans le sud-ouest du Nouveau-Brunswick, sur la Miramichi, et dans le sud-ouest de la Nouvelle-Écosse. Visite les autres régions et absent en hiver.

Alimentation : Se nourrit principalement d'insectes capturés au sol ou sur les branches basses. Mange aussi des graines sauvages, des fruits et du grain.

Habitat de nidification : Niche dans les paysages de bocage, à l'orée des bois, dans les clairières et dans les secteurs en régénération. Fréquente les endroits ensoleillés où la végétation s'étage verticalement.

Nidification : La femelle construit seule le nid habituellement dans des ronces, dans un buisson ou un arbuste entre 0,3 à 1 m du sol. Cette coupe est faite de brindilles, d'herbe, de feuilles et de morceaux d'écorce. Elle est garnie d'herbes fines et de poils. La couvée compte généralement 3 ou 4 oeufs que la femelle couve seule 12 ou 13 jours. Les petits demeurent au nid jusqu'à l'envol, vers l'âge de 9 à 12 jours. La femelle assure l'essentiel du nourrissage des jeunes pendant une trentaine de jours.

Dickcissel d'Amérique (Dickcissel)
Dickcissel

p.198
Spiza americana

Présence et répartition : Espèce de l'Ouest qui visite rarement le Québec et les Maritimes. Passe surtout en automne.

Alimentation : Se nourrit d'insectes divers qu'il capture au sol. Mange aussi des graines et des grains cultivés. Fréquente les mangeoires.

Habitat de nidification : Niche en milieux ouverts : champs de foin, prés, friches et prairies.

Nidification : Le nid est construit par la femelle, habituellement près du sol dans un arbuste ou un buisson. Assez volumineux et façonné en coupe, il est fait d'herbe, de tiges de plantes et de feuilles et garni d'herbes fines et de radicelles à l'intérieur. La couvée compte généralement 4 oeufs que la femelle incube seule 11 ou 12 jours. Les jeunes demeurent au nid 8 ou 9 jours, jusqu'à l'envol. Le mâle et la femelle nourrissent les petits.

Goglu des prés (Goglu)
Bobolink

p.142

Dolichonyx oryzivorus

Présence et répartition : Niche dans les régions agricoles du Québec et des Maritimes. Niche aux îles de la Madeleine. Absent en hiver.

Alimentation : Se nourrit au sol, principalement d'insectes mais aussi d'araignées et de graines, durant la saison de nidification. Surtout granivore en automne et en hiver.

Habitat de nidification : Niche dans les prés et les champs où l'herbe est haute, notamment les champs de foin et les jachères.

Nidification : La femelle construit habituellement le nid dans une légère dépression du sol, bien dissimulé dans la végétation. Il s'agit d'une coupe plutôt lâche faite d'herbes et de feuilles sèches et garnie d'herbes fines à l'intérieur. La couvée compte généralement 5 ou 6 oeufs que la femelle couve seule de 10 à 13 jours. C'est elle surtout qui prend soin des petits, pendant plus de 30 jours. Les jeunes quittent le nid à l'âge de 10 à 14 jours et volent à 14 jours.

Carouge à épaulettes
Red-winged Blackbird

p.142

Agelaius phoeniceus

Présence et répartition : Niche dans toutes les régions du Québec méridional et des Maritimes. Les premiers mâles nous reviennent dès la fin de l'hiver.

Alimentation : Son régime varie selon les saisons. Durant la période de nidification, se nourrit essentiellement d'insectes qu'il capture au sol. Aux autres périodes de l'année, se nourrit d'une grande variété de graines et de grains cultivés, notamment de maïs. Fréquente aussi les mangeoires.

Habitat de nidification : Niche dans les endroits ouverts et humides, notamment dans les fossés et les marais à quenouilles et à scirpe et en bordure des cours d'eau, mais aussi en terrain plus sec dans les pâturages et les champs cultivés.

Nidification : La femelle construit seule le nid qu'elle attache à la végétation environnante, souvent à des quenouilles, à proximité ou à moins de 1 m au-dessus de l'eau. Il s'agit d'un coupe profonde faite de tiges de plantes et garnie d'herbes plus fines à l'intérieur. La femelle pond généralement 4 oeufs qu'elle couve seule de 10 à 12 jours. Après l'éclosion, les petits demeurent au nid jusqu'à l'envol, vers l'âge de 11 à 15 jours. Ils sont nourris, surtout par la femelle, jusqu'à 10 jours après le départ du nid.

Sturnelle des prés
Eastern Meadowlark

p.194
Sturnella magna

Présence et répartition: Niche dans les régions agricoles du Québec, essentiellement au sud et à l'ouest de Rivière-du-Loup. Dans les Maritimes, niche dans le bassin du fleuve Saint-Jean et la vallée de la Kemebecasis, au Nouveau-Brunswick, et dans la vallée d'Annapolis, en Nouvelle-Écosse.

Alimentation: S'alimente au sol ou près du sol, principalement d'insectes: punaises, sauterelles, chenilles, fourmis, scarabées. Complète son alimentation avec des graines, notamment au printemps et en automne.

Habitat de nidification: Niche en milieux ouverts, entre autres dans les champs de foin, les pâturages et les prés où l'herbe est assez dense et où on trouve une couche de chaume assez épaisse.

Nidification: La femelle construit seule le nid, dans une dépression du sol, bien dissimulé dans la végétation environnante et recouvert d'un dôme qu'elle fabrique en entrelaçant l'herbe qui pousse à côté. Le nid, fait d'herbes et de tiges, est garni d'herbes fines à l'intérieur. La couvée compte généralement 4 ou 5 oeufs que la femelle couve de 13 à 15 jours. Après l'éclosion, le mâle aide la femelle à nourrir les petits qui demeurent au nid durant 10 à 12 jours. Ils prennent leur envol quelques jours plus tard et demeurent dépendants des parents 14 jours ou plus après le départ du nid.

Carouge à tête jaune
Yellow-headed Blackbird

p.142
Xanthocephalus xanthocephalus

Présence et répartition: Visiteur inusité au Québec et rare dans les Maritimes.

Alimentation: Se nourrit essentiellement d'insectes qu'il capture au sol. Consomme aussi des araignées et des graines de graminés. S'alimente dans les champs cultivés et près des fermes.

Habitat de nidification: Niche en colonies dans les marais d'eau douce, dans les forêts inondées et sur les rives marécageuses des lacs et des rivières.

Nidification: Le nid, construit entièrement par la femelle, est attaché à la végétation émergente entre 60 cm à 2 m au-dessus de l'eau. Il s'agit d'un panier plutôt grossier fait de feuilles mortes, de quenouilles ou de roseaux. La femelle pond généralement 4 oeufs qu'elle couve de 10 à 13 jours. Les petits quittent le nid vers 9 à 12 jours et vont se tapir dans la végétation où la mère continue de les nourrir jusqu'à l'âge de 28 à 35 jours. Les jeunes volent vers l'âge de 21 jours.

Quiscale rouilleux
Rusty Blackbird

p.140
Euphagus carolinus

Présence et répartition : Niche dans l'ensemble du territoire québécois, sauf en Ungava et dans le sud, depuis l'Outaouais jusqu'aux rives de l'estuaire. Dans les Maritimes, niche dans les trois provinces.

Alimentation : Se nourrit de fruits et de graines, ainsi que d'insectes, d'escargots et de petits poissons qu'il capture en marchant en eau peu profonde ou sur les berges. S'alimente aussi parfois dans les champs.

Habitat de nidification : Niche près de l'eau en forêt. Fréquente les tourbières, les forêts marécageuses et les étangs à castors. On le retrouve aussi en bordure des lacs et des rivières.

Nidification : Le nid est construit par la femelle, habituellement au-dessus de l'eau ou tout près, souvent dans un petit conifère, parfois dans un arbuste feuillu, entre 60 cm et 6 m de hauteur. Le nid volumineux est fait de brindilles, de mousse et de lichen ; son intérieur est garni de matières végétales en décomposition qui durcissent et forment en séchant une coupe profonde et bien moulée qui est par la suite tapissée d'herbes fines. La couvée compte généralement 4 ou 5 oeufs que la femelle couve durant 14 jours. Après l'éclosion, le mâle participe au nourrissage des jeunes qui demeurent au nid jusqu'à l'envol, vers l'âge de 13 jours.

Quiscale bronzé
Common Grackle

p.140
Quiscalus quiscala

Présence et répartition : Niche dans tout le Québec méridional et partout dans les Maritimes. Quelques individus hivernent parfois près des fermes et aux mangeoires.

Alimentation : Possède un régime alimentaire varié dans lequel on trouve des matières végétales et animales très diverses : insectes, vers, écrevisses, petits poissons, petites grenouilles, souris, chauves-souris, petits oiseaux, oeufs et oisillons, graines, céréales, fruits. Fréquente aussi les mangeoires.

Habitat de nidification : Niche dans des habitats très variés : forêts claires, milieux humides, champs abandonnés où poussent quelques arbres, parcs et jardins où il affectionne notamment les conifères ornementaux.

Nidification : Niche en petites colonies ou par couples. La femelle place habituellement le nid dans un conifère, à hauteur variable. Plutôt volumineux, le nid en forme de coupe est fabriqué de brindilles, de plantes et d'herbes ; il est souvent renforcé de boue à l'intérieur et garni d'herbes fines et de radicelles. La couvée compte généralement 4 ou 5 oeufs que la femelle couve seule de 11 à 14 jours. Les petits quittent le nid vers 12 à 15 jours et volent à un âge variant entre 14 et 20 jours. Les parents s'en occupent encore quelques semaines après le départ du nid.

Vacher à tête brune
Brown-headed Cowbird

p.142
Molothrus ater

Présence et répartition : Niche dans toutes les zones habitées du sud du Québec et des Maritimes. Rare en hiver.

Alimentation : Se nourrit d'insectes et d'araignées qu'il consomme au sol, souvent près du bétail qui déplace des insectes en marchant. S'alimente aussi d'une grande variété de graines et de grains cultivés et fréquente les mangeoires.

Habitat de nidification : Fréquente les milieux ouverts, l'orée des forêts et les clairières en période de nidification.

Nidification : Le vacher ne construit pas de nid. La femelle pond dans le nid d'autres espèces. Dans nos régions, une quarantaine d'espèces seraient parasitées par le vacher et élèveraient ses jeunes, dont le Viréo aux yeux rouges, la Paruline jaune, la Paruline masquée, le Moucherolle tchébec et le Moucherolle phébi. La femelle pond de 1 à 7 oeufs, au rythme de un par jour, puis cesse quelques jours et recommence au même rythme. Dans le sud de l'Ontario, on a évalué qu'une femelle peut pondre une quarantaine d'oeufs par saison de reproduction. L'oeuf du vacher éclot après 10 à 12 jours d'incubation et le jeune est apte à l'envol de 10 à 13 jours après. Il dépend habituellement de ses parents adoptifs jusqu'à l'âge de 25 à 39 jours.

Oriole de Baltimore (Oriole du Nord)
Baltimore Oriole

p.200
Icterus galbula

Présence et répartition : Niche dans le sud du Québec jusqu'au Témiscamingue au nord et à Rimouski à l'est. Niche dans les régions agricoles de l'Île-du-Prince-Édouard, du sud du Nouveau-Brunswick et de l'ouest de la Nouvelle-Écosse. Absent en hiver.

Alimentation : Se nourrit de diverses chenilles, de fourmis, de pucerons, de doryphores et d'autres insectes capturés principalement dans le feuillage. S'abreuve également de nectar et mange des fruits.

Habitat de nidification : Niche dans les paysages de bocage, où il recherche les haies et les grands arbres isolés, au bord des cours d'eau et dans les vergers.

Nidification : La femelle construit seule un nid suspendu à une branche, souvent très haut, jusqu'à 18 m du sol. Camouflé dans le feuillage, il s'agit d'une bourse faite de fibres végétales, de poils et de ficelles réunis en une structure très résistante qu'on découvre à l'automne, une fois les feuilles tombées. La couvée compte généralement 4 ou 5 oeufs que la femelle couve 12 à 15 jours. Le mâle aide la femelle à nourrir les jeunes qui demeurent au nid de 11 à 14 jours, jusqu'au moment de l'envol, qui marque probablement le début de leur indépendance.

Durbec des sapins (Dur-bec des pins)   p.202
Pine Grosbeak   *Pinicola enucleator*

Présence et répartition : Habite à l'année le Québec à l'est d'une ligne reliant Mégantic à Chibougamau et jusqu'au centre du Nouveau-Québec. Habite en permanence les montagnes du nord du Nouveau-Brunswick et de la Nouvelle-Écosse ; niche localement à l'Île-du-Prince-Édouard. Présent dans toutes nos régions en hiver, où ses déplacements sont imprévisibles.

Alimentation : Se nourrit de graines, de bourgeons, de fruits et d'insectes. S'alimente en hiver dans les arbres fruitiers et les conifères, dont il extrait les graines des cônes. Visite également les mangeoires. Grégaire en hiver.

Habitat de nidification : Niche principalement dans les sapinières et les pessières jusqu'à la limite des arbres ; fréquente les clairières et l'orée des forêts.

Nidification : La femelle place habituellement le nid dans un conifère ou un arbuste, bien dissimulé dans une fourche ou sur une branche à proximité du tronc, à n'importe quelle hauteur. Façonné en forme de coupe, le nid est fait de brindilles, d'herbe et de mousse et garni de radicelles, d'herbe et de poils. La femelle y pond généralement 4 oeufs qu'elle couve seule de 13 à 15 jours. Les petits désertent le nid vers 14 à 18 jours et volent vers 18 à 23 jours. Les deux parents nourrissent les jeunes pendant une quarantaine de jours.

Roselin pourpré   p.202
Purple Finch   *Carpodacus purpureus*

Présence et répartition : Niche dans l'ensemble du Québec méridional et partout dans les trois provinces maritimes. Présent en nombre variable en hiver, dans toutes nos régions.

Alimentation : Se nourrit de graines diverses, notamment de mauvaises herbes et de graminées, de graines de conifères et de samares d'érable et de frêne. Mange aussi des insectes vers la fin du printemps et beaucoup de fruits durant l'été. Fréquente les mangeoires.

Habitat de nidification : Niche dans les forêts et les plantations de conifères, les forêts mixtes ou décidues, où poussent quelques grands conifères, l'orée des bois, ainsi que les conifères ornementaux des parcs et des jardins.

Nidification : La femelle et le mâle construisent ensemble le nid, habituellement dans un conifère et généralement assez haut. Cette coupe est faite de brindilles, d'herbes et de radicelles et garnie d'herbes fines et de poils à l'intérieur. La couvée compte généralement 4 ou 5 oeufs que la femelle couve seule durant 13 jours. Les petits séjournent au nid jusqu'à l'envol, vers l'âge de 14 jours. Les deux parents les nourrissent encore quelque temps après le départ du nid.

Roselin familier
House Finch

p.202

Carpodacus mexicanus

Présence et répartition : Espèce en expansion, qui habite en permanence le sud du Québec ; niche du Témiscamingue à Québec ainsi que localement sur la rive sud du fleuve jusque dans le Bas-Saint-Laurent. Visite occasionnellement d'autres régions. Dans les Maritimes, niche dans le sud du Nouveau-Brunswick et le sud-ouest de la Nouvelle-Écosse ainsi que localement à l'Île-du-Prince-Édouard.

Alimentation : Se nourrit surtout de graines diverses, en toutes saisons. Mange des bourgeons et des fruits à l'occasion. Visite assidûment les mangeoires.

Habitat de nidification : Niche principalement dans les jardins des villes et des villages, surtout dans les quartiers bien pourvus en arbres et en arbustes.

Nidification : La femelle construit seule le nid, habituellement dans un grand conifère, dans une plante grimpante ou sur un support tel qu'un treillis de tonnelle, une jardinière ou une saillie d'édifice, entre 1,5 à 6 m du sol. Le nid en forme de coupe peu profonde est fait de ramilles, d'herbe, de radicelles, de ficelle et de duvet végétal. La couvée compte généralement 4 ou 5 oeufs que la femelle couve de 12 à 17 jours. Après l'éclosion, le mâle aide au nourrissage des jeunes qui demeurent au nid jusqu'à l'envol, soit durant 11 à 19 jours. Il y a généralement deux nichées par année.

Bec-croisé des sapins (Bec-croisé rouge)
Red Crossbill

p.202

Loxia curvirostra

Présence et répartition : Niche sporadiquement dans le sud du Québec et dans les trois provinces maritimes. Peut se voir dans nos régions à tout moment de l'année.

Alimentation : Se nourrit essentiellement de graines de conifères qu'il extrait des cônes à l'aide de ses mandibules croisées. Mange à l'occasion des petits fruits, des graines de feuillus, des bourgeons et des insectes. Visite parfois les mangeoires.

Habitat de nidification : Vit dans les forêts de conifères, et fréquente également les peuplements et les plantations de conifères en zone décidue. Ses déplacements erratiques seraient liés à l'abondance des graines d'épinette blanche, de pin blanc et de pruche.

Nidification : Niche à n'importe quelle saison. La femelle construit seule le nid, dans un conifère, à l'extrémité d'une branche, à toute hauteur. Il est fabriqué de ramilles, de morceaux d'écorce, de tiges de plantes et d'herbes et garni à l'intérieur de duvet végétal, de mousse, de poils, de plumes et parfois d'aiguilles de pin. La couvée compte généralement 3 ou 4 oeufs que la femelle couve de 12 à 18 jours. Les petits séjournent au nid jusqu'à l'envol, vers l'âge de 15 à 24 jours. Ils demeurent dépendants des deux parents au moins 33 jours après le départ du nid.

Bec-croisé bifascié (Bec-croisé à ailes blanches)   p.202
White-winged Crossbill   *Loxia leucoptera*

Présence et répartition: Habite à l'année l'ensemble du territoire québécois, sauf l'Ungava, et les trois provinces maritimes. Moins présent dans les régions habitées du sud.

Alimentation: Se nourrit essentiellement de graines de conifères, surtout d'épinette et de mélèze, qu'il extrait des cônes à l'aide de ses mandibules croisées. Mange parfois des graines de bouleau et d'aulne, des fruits et des insectes. Attiré par le sel qu'on épand sur les routes en hiver; visite parfois les mangeoires.

Habitat de nidification: Habite principalement la forêt boréale et la taïga, notamment les forêts d'épinettes et de mélèzes.

Nidification: Niche en toutes saisons, à l'endroit et au moment où la production de graines est suffisante. Le nid est vraisemblablement construit par la femelle qui le place habituellement dans une épinette, sur une branche horizontale, à n'importe quelle hauteur. Il est fait de brindilles, de lichen du genre *Usnea* et de morceaux d'écorce, et garni d'herbes, de poils et de plumes à l'intérieur. La couvée compte 2 à 4 oeufs, parfois 5, que la femelle couve seule de 12 à 14 jours. Le mâle aide à nourrir les jeunes après l'éclosion. Il semble que les jeunes volent une semaine après le départ du nid et qu'ils dépendent encore des adultes pendant plusieurs jours à l'extérieur du nid.

Sizerin flammé   p.204
Common Redpoll   *Carduelis flammea*

Présence et répartition: Niche au Nouveau-Québec. Hiverne dans toutes les régions du Québec méridional et des Maritimes.

Alimentation: Se nourrit de graines de bouleau, de saule, d'aulne et de diverses plantes herbacées. Durant la saison de nidification, les insectes entrent probablement pour une bonne part dans son alimentation. Visite les mangeoires durant l'hiver.

Habitat de nidification: Dans l'Arctique, niche dans les ravins et sur les pentes rocailleuses où poussent quelques buissons rampants; dans la taïga, niche dans les épinettes rabougries et les fourrés d'aulnes, de saules et de bouleaux.

Nidification: La femelle construit seule le nid; dans l'Arctique, il est dissimulé au sol dans les broussailles ou dans une crevasse de rocher, tandis que plus au sud, il est placé dans un arbuste ou un petit arbre à 1 ou 2 m du sol. Il s'agit d'une coupe, faite d'herbes et de brindilles, et garnie de duvet végétal, de poils, de plumes et parfois de fourrure de lemming. La couvée compte généralement 3 à 5 oeufs que la femelle couve seule de 10 à 11 jours. Les petits séjournent au nid jusqu'à l'envol, vers l'âge de 10 à 12 jours. Les deux parents les nourrissent encore deux semaines après le départ du nid.

Sizerin blanchâtre
Hoary Redpoll

p.204
Carduelis hornemanni

Présence et répartition : Niche dans l'extrême-nord du Nouveau-Québec. Visite en hiver le sud du Québec et les Maritimes ; beaucoup moins commun que le Sizerin flammé.

Alimentation : Se nourrit de graines et de bourgeons de bouleau et de saule ainsi que de graines de plantes herbacées. Mange aussi des insectes durant la saison de nidification. Visite les mangeoires en hiver.

Habitat de nidification : Niche dans les ravins et sur les pentes rocailleuses où croissent quelques arbustes nains dans l'Arctique ; dans les régions subarctiques, on le trouve dans les épinettes rabougries et les fourrés d'aulnes, de saules et de bouleaux.

Nidification : Le nid est placé dans un conifère, un petit feuillu, un arbuste ou une crevasse dans un rocher. La femelle fabrique une coupe avec des brindilles et des herbes et la garnit de plumes et de duvet végétal, parfois de poils de lemming et de caribou. La couvée compte généralement 4 ou 5 oeufs que la femelle couve seule de 10 à 15 jours. Les petits séjournent 9 à 14 jours au nid et volent à l'âge de 10 à 14 jours. Le mâle et la femelle nourrissent les jeunes durant 25 à 30 jours au total.

Tarin des pins (Chardonneret des pins)
Pine Siskin

p.204
Carduelis pinus

Présence et répartition : Habite à l'année l'ensemble du Québec méridional et des Maritimes.

Alimentation : Se nourrit surtout de graines de conifères (épinette, pin, mélèze, thuya, pruche), de feuillus (bouleau, aulne, érable, orme) et de plantes herbacées. Mange à l'occasion des insectes, des bourgeons et des petits fruits. Visite assidûment les mangeoires.

Habitat de nidification : Niche dans les conifères des zones boréale et mixte, et dans les conifères ornementaux des villes et des villages.

Nidification : Le nid est construit habituellement à l'extrémité d'une branche de conifère, à n'importe quelle hauteur. C'est une structure aplatie que la femelle fabrique de brindilles, d'herbes, de radicelles, de morceaux d'écorce et de lichens du genre *Usnea* et qu'elle garnit de radicelles, de poils et de plumes. La couvée compte généralement 3 ou 4 oeufs que la femelle incube seule 13 ou 14 jours. Les petits séjournent au nid jusqu'à l'envol, soit durant 14 ou 15 jours. Les jeunes sont nourris par la mère, peut-être un peu par le père, jusqu'à quelques semaines après le départ du nid.

Chardonneret jaune
American Goldfinch

p.204
Carduelis tristis

Présence et répartition : Niche dans toutes les régions du Québec méridional et des Maritimes. Hiverne dans le sud de nos régions.

Alimentation : Se nourrit surtout de graines de plantes herbacées comme le chardon et le pissenlit. La nidification tardive de l'oiseau correspond à la période d'abondance des graines de mauvaises herbes. Mange aussi des insectes durant l'été et fréquente assidûment les mangeoires.

Habitat de nidification : Niche dans les terrains vagues, les jardins, les champs en friche ou cultivés, les milieux ouverts au bord des routes et des rivières et les forêts en régénération.

Nidification : Le nid est construit entièrement par la femelle qui l'installe habituellement dans une fourche d'arbre ou d'arbuste, jusqu'à 10 m du sol. Solidement attaché à son support, cette coupe est fabriquée de morceaux d'écorce, de tiges de plantes et d'herbes et garnie à l'intérieur de duvet provenant du chardon, de l'asclépiade et de la quenouille. La couvée compte généralement 4 à 6 oeufs que la femelle couve seule de 10 à 14 jours. Les petits séjournent au nid de 10 à 17 jours et volent à l'âge de 20 jours. Les parents les nourrissent jusqu'à 19 à 30 jours après le départ du nid.

Gros-bec errant
Evening Grosbeak

p.204
Coccothraustes vespertinus

Présence et répartition : Niche sporadiquement dans le Québec méridional et les Maritimes. Présent toute l'année dans nos régions, mais de façon irrégulière.

Alimentation : Se nourrit de graines de plantes herbacées, d'arbustes ou d'arbres, notamment de graines de conifères et des samares de l'érable à Giguère ; mange aussi le noyau de fruits. Vient facilement aux mangeoires. En été, les insectes comptent pour une bonne part de son régime alimentaire : coléoptères, arpenteuses, tordeuses.

Habitat de nidification : Niche dans les forêts conifériennes ou mixtes.

Nidification : La femelle construit une coupe peu profonde haut dans les arbres et tout près du tronc. Le nid est fait de brindilles, de racines et de morceaux d'écorce ; il est garni de radicelles et de brindilles fines à l'intérieur. La couvée compte généralement 3 ou 4 oeufs que la femelle couve seule de 11 à 14 jours. Le mâle aide à nourrir les petits qui séjournent au nid jusqu'à l'envol, vers l'âge de 13 ou 14 jours. Après le départ du nid, les jeunes demeurent dépendants des adultes jusqu'à l'automne.

Moineau domestique
House Sparrow

p.198
Passer domesticus

Présence et répartition: Sédentaire; niche dans toutes les régions habitées du Québec méridional et des Maritimes.

Alimentation: Le moineau se nourrit au sol de graines variées et de grain qu'il trouve près des fermes ou dans les bouses et le crottin. Mange aussi des insectes, qui comptent pour 50 à 70 % de l'alimentation des oisillons. Visite les mangeoires.

Habitat de nidification: Niche près des habitations, autant à la ville que dans les fermes. Profite de la moindre ouverture dans le revêtement des édifices pour y faire son nid, qu'il construit également dans les plantes grimpantes, les nichoirs, les cavités naturelles et les trous de pics.

Nidification: Le mâle et la femelle aménagent la cavité avec des herbes et des tiges de plantes et garnissent l'intérieur du nid de plumes et de poils. Le moineau peut également construire un nid en forme de sphère ouverte sur le côté et suspendu entre 3 et 9 m dans un arbre. La couvée compte généralement 4 à 6 oeufs que la femelle couve seule durant 11 jours. Le mâle participe au nourrissage des jeunes qui quittent le nid à l'envol, vers l'âge de 14 jours. Les jeunes demeurent dépendants des adultes 7 à 10 jours après le départ du nid. Le moineau a deux ou trois nichées par saison.

Clubs et sociétés d'ornithologie au Québec

Au Québec, les ornithologues sont principalement regroupés dans des clubs régionaux affiliés à l'Association québécoise des groupes d'ornithologues.
Cette association publie la revue *QuébecOiseaux*.

Association québécoise des groupes d'ornithologues
4545 rue Pierre-de-
  Coubertin
C.P. 1000, succursale M
Montréal, Qc
H1V 3R2

Clubs régionaux

Société du loisir ornithologique de l'Abitibi
C.P. 91
Rouyn-Noranda, Qc
J9X 5C1

Société d'ornithologie du Témiscamingue
C.P. 137
Latulipe, Qc
J0Z 2N0

Club des ornithologues de l'Outaouais
C.P. 419, succ. A
Hull, Qc
J8Y 6P2

Club ornithologique des Hautes-Laurentides
C.P. 291
Saint-Jovite, Qc
J0T 2H0

Les observateurs d'oiseaux de la Rivière-du-Nord
1134, rue Mathieu
Bellefeuille, Qc
J0R 1A0

Société d'ornithologie de Lanaudière
C.P. 339
Joliette, Qc
J6E 3Z6

Club d'observateurs d'oiseaux de Laval
3235, boul. St-Martin est
bureau 215
Laval, Qc
H7E 5G8

Club d'ornithologie de la région des Moulins
C.P. 239
Terrebonne, Qc
J6W 3L5

Club d'ornithologie d'Ahuntsic
C.P. 35045
1221 rue Fleury est
Montréal, Qc
H2C 3K4

Société de biologie de Montréal
4777 av. Pierre-de-
  Coubertin
Montréal, Qc
H1V 1B3

Société québécoise de protection des oiseaux
C.P. 43, succ. B
Montréal, Qc
H3B 3J5

Société d'observation de la faune ailée du Sud-Ouest
C.P. 1231
Saint-Timothée, Qc
J6S 6S1

Club des ornithologues de Châteauguay
15, boul. Maple
Châteauguay, Qc
J6J 3P7

Club d'ornithologie de Longueuil
C.P. 21099
comptoir Jacques-Cartier
Longueuil, Qc
J4J 5J4

Club du loisir ornithologique maskoutain
2070, rue Saint-Charles
Saint-Hyacinthe, Qc
J2T 1V2

Club d'ornithologie de Sorel-Tracy
C.P. 1111
Sorel, Qc
J3P 7L4

Société ornithologique du centre du Québec
C.P. 131
Drummondville, Qc
J2B 6V6

Société de loisir ornithologique de l'Estrie
C.P. 1263
Sherbrooke, Qc
J1H 5L7

Club d'observateurs d'oiseaux de la Haute-Yamaska
C.P. 813
Granby, Qc
J2G 8W8

Club des ornithologues de Brome-Missisquoi
C.P. 256
Cowansville, Qc
J2K 3S7

**Club des ornithologues
des Bois-Francs**
21, rue Roger
Victoriaville, Qc
G6P 2A8

**Club des ornithologues
de la région de
l'Amiante**
5070, route du Domaine
du Lac
Saint-Ferdinand, Qc
G0N 1N0

**Club d'ornithologie
de Trois-Rivières**
C.P. 953
Trois-Rivières, Qc
G9A 5K2

**Club des ornithologues
de la Mauricie**
C.P. 21
Grand-Mère, Qc
G9T 5K7

**Club des ornithologues
de Québec**
Domaine de Maizerets
2000, boul. Montmorency
Québec Qc
G1J 5E7

**Club des ornithologues
amateurs du
Saguenay - Lac-St-Jean**
C.P. 1265
Jonquière, Qc
G7S 4K8

**Club d'ornithologie
de la Manicouagan**
C.P. 2513
Baie-Comeau, Qc
G5C 2T2

**Les ornithologues
sud-côtois**
C.P. 994
Saint-Jean-Port-Joli, Qc
G0R 3G0

**Club des ornithologues
du Bas-St-Laurent**
C.P. 118
Pointe-au-Père, Qc
G5M 1R1

**Club des ornithologues
de la Gaspésie**
C.P. 334
Pabos, Qc
G0C 2H0

**Club d'ornithologie des
Îles-de-la-Madeleine**
C.P. 1239
Cap-aux-Meules, Qc
G0B 1B0

**Clubs et sociétés
d'ornithologie
dans les Maritimes**

Au Nouveau-Brunswick

Au Nouveau-Brunswick,
les ornithologues sont
regroupés à l'intérieur
de la Fédération
des naturalistes du
Nouveau-Brunswick et de
ses clubs affiliés. La
Fédération publie la
revue N.B. *Naturalist* / *Le
Naturaliste du* N.-B.

**Fédération des
naturalistes du
Nouveau-Brunswick**
277, avenue Douglas
Saint John, N.B.
E2K 1E5

Clubs régionaux

**Association des
Naturalistes de la Baie
de Bouctouche**
RR#2 Boîte 9
Bouctouche, N.B.
E0A 1G0

**Chignecto
Naturalists' Club**
C.P. 1590
Sackville, N.B.
E0A 3C0

**Club de Naturalistes de
la Péninsule acadienne**
C.P. 421
Lamèque, N.B.
E0B 1V0

**Club d'ornithologie
du Madawaska**
Musée du Madawaska
195, boul. Hébert
Edmundston, N.B.
E3V 2S8

Club l'Envolée Chaleur
Boîte 20, Site 9, RR #1
Robertville, N.B.
E0B 2K0

**Club Les ami(e)s
de la nature**
207, ch. Chartersville
Dieppe, N.B.
E1A 1K3

**Ford Alward Naturalist
Association**
a/s Grant Milroy
RR # 5
Hartland, N.B.
E0J 1N0

Fredericton Nature Club
C.P. 772, Station A
Fredericton, N.B.
E3B 5B4

**Kennebecasis
Naturalists' Society**
C.P. 1565
Sussex, N.B.
E0E 1P0

**Moncton
Naturalists' Club**
C.P. 28036
Highfield Square
Moncton, N.B.
E1C 9N4

Saint John Naturalists' Club
277 Douglas Avenue
Saint John, N.B.
E2K 1E5

The Ornitho Restigouche Club
a/s Margaret Gallant Doyle
6 Van Horne Street
Campbellton, N.B.
E3N 3K3

En Nouvelle-Écosse

En Nouvelle-Écosse, les ornithologues sont regroupés à l'intérieur de la Nova Scotia Bird Society. Cette société publie la revue *Nova Scotia Birds*.

Nova Scotia Bird Society
a/s Nova Scotia Museum
1747 Summer Street
Halifax, N.S.
B3H 3A6

Plusieurs ornithologues sont aussi membres d'un autre organisme. Il s'agit de la Federation of Nova Scotia Naturalists. Cette société publie la revue *The Federation of Nova Scotia Naturalists Newsletter*.

Federation of Nova Scotia Naturalists
a/s Nova Scotia Museum of Natural History
1747 Summer St
Halifax, N.S.
B3H 3A6

Clubs régionaux

Annapolis Field Naturalists Society
C.P. 576
Annapolis Royal, N.S.
B0S 1A0

Blomidon Naturalists Society
C.P. 127
Wolfville, N.S.
B0P 1X0

Cape Breton Naturalists Society
a/s Cape Breton Center for Heritage and Science
225 George St
Sydney, N.S.
B1P 1J5

Chignecto Naturalists Club (couvre aussi la région de Amherst en Nouvelle-Écosse)
C.P. 1327
Sackville, N.B.
E0A 3C0

Cobequid Naturalists Club
a/s Colchester Historical Society Museum
29 Young Street
Truro, N.S.
B2N 3W3

Eastern Mainland Field Naturalists
a/s K. Lauff
Boîte 4, Site 13, RR 7
Antigonish, N.S.
B3G 2L4

Halifax Field Naturalists
a/s Nova Scotia Museum of Natural History
1747 Summer St
Halifax, N.S.
B3H 3A6

Les Amis du Plein Air
C.P. 472
Cheticamp, N.S.
B0E 1H0

Pictou County Naturalist's Club
C.P. 218
Stellarton, N.S.
B0K 1S0

South Shore Naturalists Club
a/s DesBrisay Museum
Bridgewater, N.S.
B2N 2W9

Tusket River Environmental Protection Association
a/s Carol Jacquard
Boîte 8A , RR #1
Tusket, N.S.
B0W 3M

À l'Île-du-Prince-Édouard

À l'Île-du-Prince-Édouard, les ornithologues sont regroupés à l'intérieur de la Natural History Society of Prince-Edward-Island. Cette société publie la revue *Island Naturalist*.

Natural History Society of Prince-Edward-Island
C.P. 2346
Charlottetown, P.E.I.
C1A 7M5

OUVRAGES GÉNÉRAUX

NATIONAL GEOGRAPHIC SOCIETY, *Guide d'identification des oiseaux de l'Amérique du Nord*, National Geographic Society, Washington, 1983, 472 p.

PETERSON, R. T., *Les oiseaux de l'est de l'Amérique du Nord*, Éditions Broquet, LaPrairie, 1989, 384 p.

STOKES, D. W. et L. Q., *Guide des oiseaux de l'est de l'Amérique du Nord*, Éditions Broquet, L'Acadie, 1997, 471 p.

STOKES, D. W. et L. Q., *Nos oiseaux. Tous les secrets de leur comportement*, Les Éditions de l'Homme, Montréal, 1989 et 1990, 3 v.

CANADA

FINLAY, J.C. (ÉDITEUR), *A Bird-Finding Guide to Canada*, Hurtig Publishers Ltd, Edmonton, 1984, 387 p.

GODFREY, W. E., *Les Oiseaux du Canada*, édition révisée, Musée national des sciences naturelles / Musées nationaux du Canada, Ottawa, 1986, 650 p.

QUÉBEC

AUBRY, Y., et GAUTHIER, J. (sous la direction de), *Les oiseaux nicheurs du Québec: Atlas des oiseaux nicheurs du Québec méridional*, Association québécoise des groupes d'ornithologues, Société québécoise de protection des oiseaux, Service canadien de la faune, Environnement Canada, région du Québec. Montréal, 1995, 1295 p.

CYR, A. et LARIVÉE, J., *Atlas saisonnier des oiseaux du Québec*, Presses de l'Université de Sherbrooke et Société de loisir ornithologique de l'Estrie, Sherbrooke, 1995, 711 p.

DAVID, N., *Liste commentée des oiseaux du Québec*, Association québécoise des groupes d'ornithologues, Montréal, 1996, 169 p.

ROBERT, M., *Les oiseaux menacés du Québec*, Association québécoise des groupes d'ornithologues et Service canadien de la faune, Montréal, 1989, 109 p.

SURPRENANT, M., *Les oiseaux aquatiques du Québec, de l'Ontario et des Maritimes*, Éditions Michel Quintin, Waterloo, 1993, 285 p.

Guides des sites et ouvrages régionaux

ARTIGAU, J.-P., *Sites ornithologiques de l'Outaouais*, Club des ornithologues de l'Outaouais, Hull, 1996, 43 p.

BANNON, P., *Où et quand observer les oiseaux dans la région de Montréal*, Société québécoise de protection des oiseaux, Centre de conservation de la faune ailée de Montréal, Montréal, 1991, 364 p.

CORMIER, C. et SAVARD, G., *Liste annotée des oiseaux du Saguenay - Lac-St-Jean*, Clubs des ornithologues amateurs du Saguenay - Lac-St-Jean, Jonquière, 1995, 175 p.

CYR, G. et al., *Guide des sites de la Côte-Nord*, Club d'ornithologie de la Manicouagan, Baie-Comeau, 1992, 52 p.

DAVID, N., *Les meilleurs sites d'observation des oiseaux au Québec*, Québec Science Éditeur, Sillery, 1990, 311 p.

DUCHARME, C. et HARNOIS, M., *À la découverte des oiseaux de Lanaudière*, Société d'ornithologie de Lanaudière, Joliette, 1997, 297 p.

FRADETTE, P., *Les oiseaux des Îles-de-la-Madeleine : Populations et sites d'observation*, Attention Frag'îles, Mouvement pour la valorisation du patrimoine naturel des Îles, L'Étang-du-Nord, 1992, 292 p.

GAGNON, L. et SCHELL, J., *Anticosti. Guide écotouristique*, Éditions Broquet, L'Acadie, 1994, 151 p.

GIRARD, S., *Itinéraire ornithologique de la Gaspésie*, Club des ornithologues de la Gaspésie, Percé, 1988, 166 p.

LARIVÉE, J., *Chronobiologie des oiseaux du Bas-Saint-Laurent. Migration et reproduction*, Club des ornithologues du Bas-St-Laurent, Pointe-au-Père, 1993, 160 p.

LEPAGE, D., *L'observation des oiseaux en Estrie : Les meilleurs sites, les périodes favorables*, Société de loisir ornithologique de l'Estrie, Sherbrooke, 1993, 290 p.

MESSELY, L., OTIS, P. et TALBOT, D., *Guide des sites ornithologiques de la grande région de Québec*, Club des ornithologues de Québec, Québec, 1993, 300 p.

SOCIÉTÉ ORNITHOLOGIQUE DU CENTRE DU QUÉBEC, *L'observation des oiseaux au lac Saint-Pierre (Guide des sites)*, Société ornithologique du centre du Québec, Drummondville, 1988, 243 p.

TANGUAY, S., *Guide des sites naturels du Québec*, Éditions Michel Quintin, Waterloo, 1988, 251 p.

UNION QUÉBÉCOISE POUR LA CONSERVATION DE LA NATURE (UQCN), *Guide des milieux humides du Québec. Des sites à découvrir et à protéger*, Éd. Franc-Vert, Québec, 1993, 217 p.

VAN DE WALLE, É., *Liste annotée des oiseaux de l'Abitibi*, Société du loisir ornithologique de l'Abitibi, Rouyn-Noranda, 1997, 151 p.

MARITIMES

ERSKINE, A. J., *Atlas of Breeding Birds of the Maritime Provinces*, Nimbus Publishing Ltd, Nova Scotia Museum, Halifax, 1992, 270 p.

NOUVEAU-BRUNSWICK

DALZELL, B., *Oiseaux du Nouveau-Brunswick : Une liste annotée*, Comité des mentions d'oiseaux du Nouveau-Brunswick, Albert, parution 1998 / David S. Christie, éd., Rose-Alma Mallet, trad.

Guides des sites et ouvrages régionaux

Birding in the Moncton Area, Moncton Naturalists' Club, Moncton, 1996, 27 p.

Boyer, G. F., *Birds of the Nova Scotia—New Brunswick Border Region* (2e édition) (addendum de 20 p. compilé par Stuart Tingley (1981)), Service canadien de la faune, Sackville, 1972, 46 p.

Burrows, R., *Birding in Atlantic Canada. Acadia / L'Acadie*, Jesperson Press Ltd, St. John's, 1992, 206 p.

Christie, D. S., *Des pies et des pipines. Les oiseaux du parc national Fundy et des environs*, Guilde de Fundy, Alma, 1991, 33 p.

Dalzell, B., *Grand Manan Birds. A Checklist with Occurence Graphs and a Site Guide* (3e édition), Grand Manan Tourism Association, North Head, 1991, 56 p.

Les oiseaux de la Péninsule acadienne, Club de Naturalistes de la Péninsule acadienne, 1994, 16 p.

Liste d'identification des oiseaux / Bird Checklist, Club d'ornithologie du Madawaska, Edmundston, 1995, 40 p.

NOUVELLE-ÉCOSSE

Tufts, R. W., *Birds of Nova Scotia* (3e édition), Nimbus Publishing Ltd, Nova Scotia Museum, Halifax, 1986, 478 p.

Guides des sites et ouvrages régionaux

Burrows, R., *Birding in Atlantic Canada. Nova Scotia*, Jesperson Press Ltd, St. John's, 1988, 163 p.

Cohrs, J. S. et al., *Birding Nova Scotia* (3e édition), The Nova Scotia Bird Society, Halifax, 1991, 86 p.

ÎLE-DU-PRINCE-ÉDOUARD

Hogan, G., *Familiar birds of Prince Edward Island*, Ragweed Press, 1991, 152 p.

Guides des sites et ouvrages régionaux

Burrows, R., *Birding in Atlantic Canada. Acadia / L'Acadie*, Jesperson Press Ltd, St. John's, 1992, 206 p.

Hogan, G., *25 of the best, easy to reach birding spots on Prince Edward Island*, The Bird's Eye Nature Store, Charlottetown 1989, 32 p.

CHANTS D'OISEAUX : DISCOGRAPHIE

Cornell Laboratory of Ornithology / Interactive Audio. *A Field Guide to Bird songs. Eastern and Central North America* (3e édition), The Peterson Field Guide Series, Houghton Mifflin Co., Boston, 1990.

ELLIOT, L., *Les oiseaux de nos jardins et de nos campagnes*, Centre de conservation de la faune ailée de Montréal, Montréal, 1992.

ELLIOT, L., STOKES, D. et L., *Stokes Field Guide to Bird Songs. Eastern Region*, Time Warner AudioBooks, New York, 1997.

ELLIOT, L. et MACK, T., *Les sons de nos forêts*, Centre de conservation de la faune ailée de Montréal, Montréal, 1991.

LAWSON, R. W. et WALTON, R. K., *Backyard Bird Song. A Guide to Bird-song Identification. Eastern and Central North America*, The Peterson Field Guide Series, Houghton Mifflin Co., Boston, 1994.

LAWSON, R. W. et WALTON, R. K., *Birding by Ear. A Guide to Bird-song Identification. Eastern and Central North America*, The Peterson Field Guide Series, Houghton Mifflin Co., Boston, 1989.

LAWSON, R. W. et WALTON, R. K., *More Birding by Ear. A Guide to Bird-song Identification. Eastern and Central North America*, The Peterson Field Guide Series, Houghton Mifflin Co., Boston, 1994.

MAMMIFÈRES DU QUÉBEC ET DE L'EST DU CANADA

400 pages couleurs
ISBN 2-89435-081-3

Prix national Alcuin d'excellence du design

Le seul guide complet de tous les mammifères terrestres et marins de chez nous!

- 94 espèces répertoriées
- photos couleurs saisissantes
- rubriques bien documentées
- cartes de distribution

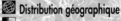

- Distribution géographique
- Mensurations
- Poids
- Caractères distinctifs
- Habitat
- Gîte
- Reproduction
- Régime alimentaire
- Comportement social
- Longévité
- Prédateurs
- Statut des populations
- Notes

LES AUTEURS :

Jacques Prescott

Spécialiste reconnu, oeuvrant depuis 20 ans au sein du ministère de l'Environnement et de la Faune du Québec.

Pierre Richard

Biologiste de gestion des mammifères marins au ministère fédéral des Pêches et Océans depuis 15 ans.

LES OISEAUX AQUATIQUES DU QUÉBEC, DE L'ONTARIO ET DES MARITIMES

Marc Surprenant
288 pages couleurs
ISBN 2-920438-82-4

**Prix d'excellence
de l'Association des professeurs
de sciences du Québec**

**Prix national Alcuin
d'excellence du design**

- photos couleurs de grande qualité
- cartes de distribution
  du nord-est américain et du monde
- rubriques bien documentées

*«Le volume est remarquable et la
qualité des photos impressionnante.
Voilà un document que tout amateur
d'oiseaux devrait avoir en
sa possession.»*
Pierre Gingras, La Presse

*«Voici un guide de référence indis-
pensable des mieux conçus et des
plus pratiques sur la gent ailée
aquatique.»*
**Fédération canadienne
de la faune**

GUIDES NATURE QUINTIN

LES OISEAUX AQUATIQUES DU QUÉBEC, de l'Ontario et des Maritimes

MARC SURPRENANT

ÉDITIONS MICHEL QUINTIN

 DESCRIPTION   **NIDIFICATION**

 ESPÈCES SEMBLABLES   **ALIMENTATION**

HABITAT   **NOTES**